W0016376

Dieses indianische Weisheitsbuch der sieben heiligen, geheimen Riten ist ein einzigartiges Kulturdokument.
Schwarzer Hirsch, der große Häuptling und letzte heilende Weise der Ogalalla-Sioux, hat die sieben Riten seines Volkes dem amerikanischen Ethnologen Epes Brown zur zuverlässigen Aufzeichnung mitgeteilt, nachdem der Rat der Alten beschlossen hatte, es sei in dieser Weltstunde ratsam, das bekanntzumachen, was bisher verborgen blieb. Vor langer Zeit hatte der Große Geist den Indianern dieses helfende Wissen kundgetan. Heute aber sei der Zeitpunkt gekommen, öffentlich darüber zu sprechen. Die Wahrheit schütze sich kraft ihres eigenen Wesens vor Entweihung, und vielleicht finde sie sogar Gehör in der ganzen Welt.
Wie die heilige Pfeife zu den Menschen gekommen ist, was sie in Kultfeiern für eine Funktion ausübt, welche Gesinnung den uns zunächst fremd anmutenden sieben heiligen Riten zugrunde liegt und was damit bewirkt wird, erzählte Schwarzer Hirsch. In diesem Buch ist alles wortgetreu aufgezeichnet. Die Bilder wollen veranschaulichen, was an seelischer Wirklichkeit sichtbar gemacht werden kann. Das Nachwort von Frithjof Schuon führt in die Kultur der nordamerikanischen Prärie- und Waldindianer ein. Der Beitrag des hervorragenden Kenners der Geschichte und der heutigen Situation der indianischen Völker Nordamerikas, Hans Läng (Leiter der Nord- und Mittelamerika-Abteilung des Völkerkundemuseums der Universität Zürich und des Indianer-Museums der Stadt Zürich), erklärt die gegenwärtige Lage und weist nach, wie die Pflege alter Traditionen das Selbstbewußtsein der Indianer stärkt und heute wieder erneuert.

Bereits erschienen:
Schwarzer Hirsch: Ich rufe mein Volk – Leben, Visionen und Vermächtnis, Lamuv Taschenbuch 13

Schwarzer Hirsch

Die heilige Pfeife

Das indianische Weisheitsbuch der sieben geheimen Riten

Aufgeschrieben von Joseph Epes Brown
Mit einem Nachwort von Frithjof Schuon und einem Bericht von Hans Läng
Aus dem Englischen von Gottfried Hotz

Lamuv Taschenbuch 19

CIP-Kurztitelaufnahme der Deutschen Bibliothek

Black Elk:
Die heilige Pfeife : d. indian. Weisheitsbuch d. 7 geheimen Riten / Schwarzer Hirsch. Aufgeschrieben von Joseph Epes Brown. Mit e. Nachwort von Frithjof Schuon u. e. Bericht von Hans Läng. - 1. Aufl., 1.–5. Tsd. - Bornheim : Lamuv Verlag, 1982.
(Lamuv Taschenbuch; 19)
Einheitssacht.: The sacred pipe (dt.)
ISBN 3-921521-68-8

NE: Brown, Joseph Epes (Bearb.); GT
VW: Schwarzer Hirsch - Black Elk

1. Auflage, 1.–6. Tausend, September 1982
2. Auflage, 7.–11. Tausend, April 1983
Lamuv Verlag, Martinstraße 7, 5303 Bornheim 3
© Copyright by Joseph Epes Brown, 1956
© Copyright der deutschen Ausgabe Walter Verlag AG, Olten, 1978
Umschlagentwurf und Gestaltung: Gerhard Steidl
Umschlagfoto: Edward Sheriff Curtis, Indianer vom Stamm der Ogalalla-Sioux
Gesamtherstellung: Steidl, Düstere Straße 4, 3400 Göttingen
ISBN 3-921521-68-8

INHALT

VORWORT DES HERAUSGEBERS

DER GRÖSSTE TEIL DESSEN, WAS IN DIESEM BUCHE *überliefert wird, wurde früher von den Indianern geheimgehalten. Sie glaubten, und mit Recht, diese Dinge seien zu heilig, um ausgeplaudert zu werden; indessen, die wenigen noch lebenden Weisen der Sioux sind der Ansicht, es sei heute, da wir uns dem Ende eines Zeitalters nähern, erlaubt und sogar wünschenswert, das Wissen um diese Dinge zu verbreiten. In einer solchen Zeit gehe den Menschen das Verständnis für die am Anfang offenbarten Wahrheiten ab, und besonders auch die Fähigkeit, aus diesen Wahrheiten zu leben, und das habe auf jedwelchem Gebiete Chaos und Unordnung zur Folge; die Wahrheit schütze sich aber kraft ihres eigenen Wesens vor Entweihung, und vielleicht finde sie sogar Ohren und Herzen, die imstande sind, sie in ihrer Tiefe zu erfassen und dadurch die Brücke zu verstärken, welche gebaut werden muß, damit wir aus diesem dunklen Zeitalter hinausgelangen.*

Die Geschichte der heiligen Pfeife der Sioux wurde vom früheren »Hüter der Pfeife«, Hirschkopf [Hächaka Pa, Elk Head], drei Männern mündlich überliefert; von diesen dreien war nur noch Schwarzer Hirsch oder Schwarzer Wapiti [Hächaka Ssapa, Black Elk] am Leben, als ich bei den Sioux weilte. Als Hirschkopf diese heilige Geschichte der Sioux dem Schwarzen Hirsch anvertraute, sagte er, sie müsse »von Geschlecht zu Geschlecht weitergegeben« werden: »Denn solange sie bekannt und die Pfeife in Gebrauch ist, wird unser Volk leben; ist sie einmal vergessen, so wird unser Volk ohne Mitte sein und verderben.« Ich hoffe darum, dieses Buch werde, wenn auch nur in geringem Maße, dazu beitragen, diese Mitte eines edlen Volkes zu erhalten; denn noch heute sind trotz ungeheurem Druck viele entschlossen, ihre alten Riten beizubehalten, die einst vom Großen Geiste offenbart wurden. Es muß besonders betont werden, daß alle von Schwarzem Hirsch in diesem Buche beschriebenen Riten der ursprünglichen Form entsprechen; sie weichen daher zuweilen weitgehend von den umständlicheren – aber nicht wesentlichen – Formen ab, welche diese Riten in den letzten Jahrhunderten angenommen haben.

Außer dort, wo wir andere Quellen angaben, stammen alle Anmerkungen, welche die Überlieferungen der Sioux betreffen, unmittelbar von Schwarzem Hirsch, oder gelegentlich von dem eng mit ihm befreundeten Kleinen Krieger [Osuye Dschikala, Little Warrior, eigentlich: Kleine Kriegerbande], der uns in mancher Weise beistand.
Wir wünschen unsere Dankbarkeit vor allem dem Sohne Schwarzen Hirschs auszudrücken; wir hatten in ihm einen Dolmetscher, der nicht nur Englisch und Lakota gründlich versteht, sondern auch mit der alten Weisheit und den Riten seines Volkes vertraut ist. Der Mangel an all diesen Kenntnissen trägt weitgehend Schuld daran, daß so viele Schriften über die Indianer grobe Mißverständnisse verbreiten.
Für die deutsche Ausgabe hat der Übersetzer die indianischen Wörter nach Möglichkeit in deutscher Schreibweise wiedergegeben.

JOSEPH EPES BROWN

SCHWARZER HIRSCH SPRICHT

IM GROSSEN Gesichte, das ich in meiner Kindheit hatte, als ich erst neun Winter zählte, war etwas, das mir von immer größerer Wichtigkeit erschien, je mehr Monde vorübergingen: nämlich unsere heilige Pfeife und ihre Bedeutung für unser Volk.

Es wurde uns von den weißen Männern gesagt – wenigstens von denen, die Christen sind –, Gott habe den Menschen seinen Sohn gesandt, der auf der Erde Ordnung und Frieden wiederherstellen wollte; und es wurde uns gesagt, Jesus Christus sei gekreuzigt worden, er werde aber beim Jüngsten Gericht, am Ende dieser Welt oder dieses Zeitalters, wieder erscheinen. Das verstehe ich und weiß, daß es wahr ist; aber der weiße Mann sollte auch dies wissen: für das Rote Volk war es der Wille von Uakan-Tanka, dem Großen Geiste, daß sich ein Tier in ein zweibeiniges Wesen verwandelte, um seinem Volke die hochheilige Pfeife zu bringen; und wir wurden auch gelehrt, die Weiße-Büffelkuh-Frau, die uns die heilige Pfeife brachte, werde am Ende dieser Welt wieder erscheinen – eine Wiederkunft, von der wir Indianer wissen, daß sie nicht sehr ferne sein kann.

Die meisten Leute nennen unsere Pfeife »Friedenspfeife«; aber noch ist kein Friede auf Erden, selbst nicht zwischen Nachbarn, und es wurde mir gesagt, seit langer Zeit sei kein Friede mehr auf der Welt gewesen. Unter »Christen« wird viel von Frieden gesprochen, doch es ist nur Gerede. Vielleicht ist es möglich – und dies ist mein Gebet –, daß durch unsere heilige Pfeife und durch dieses Buch, in dem ich erklären werde, was unsere Pfeife wirklich ist, Friede zu jenen Völkern kommt, die verstehen können –, verstehen mit dem Herzen und nicht mit dem Kopf allein. Dann werden sie

inne werden, daß wir Indianer den einen wahren Gott kennen und daß wir beständig zu ihm beten.
Ich wollte dieses Buch aus keinem andern Wunsch heraus machen, als dem, meinem Volk beim Erkennen der Größe und Wahrhaftigkeit unserer eigenen Überlieferungen zu helfen; und auch, um mitzuhelfen, Frieden auf die Erde zu bringen, nicht nur unter den Menschen, sondern auch zwischen der Menschheit und der ganzen Schöpfung.
Wir sollten verstehen, daß alles das Werk des Großen Geistes ist. Wir sollten wissen, daß Er in allen Dingen ist: in den Bäumen, den Gräsern, den Flüssen, den Bergen und all den vierbeinigen Tieren und den geflügelten Völkern; und was noch wichtiger ist: wir sollten verstehen, daß Er auch über all diesen Dingen und Wesen ist. Wenn wir all das tief in unsern Herzen erfassen, dann werden wir den Großen Geist fürchten, lieben und kennen; und dann werden wir uns bemühen, so zu sein, so zu handeln und so zu leben, wie Er es will.

25. Dezember 1947

Manderson, Süd-Dakota

SCHWARZER HIRSCH

[Hächaka Ssapa]

DIE HERKUNFT DER HEILIGEN PFEIFE

VOR VIELEN, vielen Wintern geschah es: zwei Lakota[1] waren auf der Jagd. Sie standen auf einem Hügel und schauten nach Wild aus; da sahen sie, als eben die Sonne aufging, aus der Ferne etwas in fremdartiger und wunderbarer Weise auf sich zukommen. Als es sich ihnen näherte, sahen sie, daß es eine sehr schöne Frau war; sie war in weißes Hirschleder gekleidet und trug ein Bündel auf dem Rücken. Nun empfand einer der beiden Männer Begierde und sprach zu seinem Freund von seinen Gelüsten; aber sein Freund sagte, er sollte keine solchen Gedanken haben, denn das sei sicher eine Uakan-Frau[2]. Die Frau war jetzt ganz nahe bei den Männern. Sie legte ihr Bündel ab und hieß den mit den bösen Absichten zu ihr treten. Als sich der junge Mann der geheimnisvollen Frau näherte, wurden beide von einer großen Wolke eingehüllt, die sich bald wieder hob. Jetzt stand die heilige Frau allein dort, und zu ihren Füßen lag der böse Mann; er bestand nur noch aus Knochen, und Schlangen fraßen ihn[3]. Die Uakan-Frau sagte darauf zu dem andern, dem guten Mann:
»Schau, was du siehst! Ich komme zu eurem Volk und wünsche mit eurem Häuptling Stehendes Hohlhorn [Hächloketscha Nadschin] zu sprechen. Kehre zu ihm zurück und sag ihm, er soll ein großes Tipi[4] errichten, in dem er sein ganzes Volk versammeln kann, und sich auf mein Kommen vorbereiten. Ich will euch etwas von großer Wichtigkeit mitteilen.«
Der junge Mann kehrte zum Tipi seines Häuptlings zurück und erzählte ihm alles, was sich begeben hatte, und daß diese Uakan-Frau sie besuchen komme und sie alles darauf vorbereiten müßten. Der Häuptling Stehendes Hohlhorn ließ ver-

schiedene Tipis niederlegen, und daraus wurde ein großes Zelt gemacht, so wie es die heilige Frau verlangt hatte[5]. Dann sandte er einen Ausrufer herum, damit das Volk seine besten Lederkleider anziehe und sich sofort im Zelt versammle. Die Leute waren natürlich alle sehr gespannt, als sie in dem großen Zelt auf das Kommen der heiligen Frau warteten, und jedermann war neugierig, zu erfahren, was diese geheimnisvolle Frau ihnen wohl zu berichten wünsche.
Bald meldeten die jungen Männer, die das Erscheinen der geheimnisvollen Frau zu beobachten hatten, sie sähen diese aus der Ferne in wunderbarer Weise daherkommen; und dann betrat die heilige Frau plötzlich das Zelt, schritt im Sinne der Sonnenbahn rundum[6] und trat vor Stehendes Hohlhorn[7]. Sie nahm das Bündel von ihrem Rücken, hielt es auf beiden Armen dem Häuptling entgegen und sagte:
»Betrachte dies und liebe es stets! Es ist hochheilig [lila uakan], und du mußt es immer ehrfürchtig behandeln. Kein unreiner Mensch darf es je sehen, denn in diesem Bündel ist eine heilige Pfeife [Tschannunpa]. Damit sollt ihr in den kommenden Wintern eure Stimme zu Uakan-Tanka, eurem Altvater und Vater, senden[8].«
Als die Uakan-Frau dies gesagt hatte, nahm sie eine Pfeife aus dem Bündel und auch einen kleinen runden Stein, den sie auf den Boden legte. Indem sie die Pfeife mit dem Stiel gen Himmel hob, sagte sie:
»Mit dieser heiligen Pfeife sollt ihr auf der Erde leben; denn die Erde ist eure Altmutter und Mutter[9] und heilig. Jeder Schritt, der auf ihr getan wird, sollte wie ein Gebet sein. Der Pfeifenkopf ist aus rotem Stein; er ist die Erde. In den Stein geschnitten und gegen die Mitte gerichtet ist dieses Büffelkalb; es vertritt alle Vierbeinigen[10], die auf eurer Mutter leben. Der Pfeifenstiel ist aus Holz, und er stellt all das dar,

was auf der Erde wächst. Und diese zwölf Federn, die hier hängen, wo der Stiel im Kopf sitzt, sind von dem gefleckten Adler [Uambali galeschka] [11]; sie vertreten den Adler und alle Geflügelten in der Luft. Alle diese Völker und alle Dinge des Weltalls gesellen sich zu dem, der die Pfeife raucht – alle senden sie ihre Stimme zu Uakan-Tanka, dem Großen Geist. Wenn ihr mit dieser Pfeife betet, so betet ihr für alle und mit allem.«

Dann berührte die Uakan-Frau mit dem Pfeifenende den runden Stein, der auf dem Boden lag, und sagte:

»Durch diese Pfeife sollt ihr mit all euren Verwandten verbunden sein: mit Großvater und Vater, mit Großmutter und Mutter. Diesen runden Stein, der aus dem gleichen roten Stein gemacht ist wie der Pfeifenkopf, hat euer Vater Uakan-Tanka euch auch gegeben. Er ist die Erde, eure Altmutter und Mutter, und da sollt ihr leben und euch vermehren. Diese Erde, die er euch gab, ist rot, und die Zweibeinigen, die auf der Erde leben, sind rot; und das Große Geheimnis gab euch auch einen roten Tag und einen roten Pfad [12]. All das ist heilig, vergeßt es nicht! Der Anbruch jedes Morgengrauens ist eine heilige Begebenheit, und jeder Tag ist heilig, denn das Licht kommt von eurem Vater Uakan-Tanka; auch sollt ihr stets eingedenk sein, daß die Zweibeinigen und all die andern Völker, die auf der Erde leben, heilig sind und danach behandelt werden müssen.

Von nun an soll die heilige Pfeife auf dieser roten Erde stehen, und die Zweibeinigen sollen sie ergreifen und ihre Stimmen zu Uakan-Tanka erheben. Die sieben Kreise [13], die ihr auf diesem Stein seht, haben eine hohe Bedeutung: sie stehen für die sieben Riten, in denen die Pfeife gebraucht werden soll. Der erste große Kreis stellt den ersten Ritus dar, den ich euch geben will; die andern sechs Kreise stellen

die Riten dar, die euch später unmittelbar geoffenbart werden[14]. Stehendes Hohlhorn, sei gut zu diesen Gaben und zu deinem Volke, denn sie sind uakan! Mit dieser Pfeife sollen die Zweibeinigen sich vermehren, und alles, was gut ist, soll ihnen zukommen. Aus der Höhe hat euch Uakan-Tanka diese heilige Pfeife gegeben, damit ihr durch sie Wissen erlangt. Für diese große Gabe sollt ihr stets dankbar sein! Doch jetzt, bevor ich euch verlasse, will ich dich im ersten Ritus unterweisen, in dem dein Volk die Pfeife gebrauchen soll.
Es soll für dich ein geheiligter Tag sein, wenn einer deines Volkes stirbt. Du mußt dann seine Seele festhalten, wie ich es dich lehren will. Dadurch wirst du viel Macht erlangen; denn wenn diese Seele zurückgehalten wird, wird sie in dir deine Anteilnahme und Liebe für deinen Nachbarn verstärken. Solange der Verblichene in seiner Seele bei eurem Volk behalten wird, werdet ihr durch ihn fähig sein, eure Stimme zu Uakan-Tanka dringen zu lassen[15].
Es soll auch ein geheiligter Tag sein, wenn eine Seele freigelassen wird und in ihre Heimat zu Uakan-Tanka zurückkehrt; denn an diesem Tage werden vier Frauen geweiht, und sie werden in Zukunft Kinder tragen, die den Pfad des Lebens auf geheimnismäßige Weise wandeln und ihrem Volk ein Beispiel geben werden. Sieh mich an, denn ich bin es, die sie in den Mund nehmen; dadurch werden sie geheiligt werden.
Wer die Seele eines Menschen zurückhalten will, muß ein

TAFEL 1 · Der Hüter der Heiligen Pfeife, Schwarzer Hirsch, im hohen Alter, fast erblindet. Er wurde am Little Powder River im Dez. 1863 geboren und starb 1952 in der Nähe von Manderson auf der Pine Ridge Reservation in Süddakota. Sein Sohn, der Dolmetscher zwischen Brown und Schwarzer Hirsch, starb 1973. Aufnahme von I. E. Brown.

guter und reiner Mann sein, und er soll die Pfeife so gebrauchen, daß alle mit der Seele zusammen ihre Stimmen zu Uakan-Tanka schicken. Die Frucht eurer Mutter, der Erde, und die Frucht von allem, was sie trägt, wird auf diese Weise gesegnet sein, und dein Volk wird dann den Lebenspfad in einer geheimnisgemäßen Art abschreiten. Vergeßt nicht, daß euch Uakan-Tanka sieben Tage gab, um eure Stimmen zu Ihm zu senden. Solange ihr dessen eingedenk seid, werdet ihr leben; alles andere wird euch Uakan-Tanka selbst offenbaren.«

Die Uakan-Frau begann das Zelt zu verlassen, doch sie wandte sich nochmals zu Stehendem Hohlhorn und sagte: »Betrachte diese Pfeife! Denke stets daran, wie heilig sie ist und behandle sie danach, denn sie soll euch bis zum Ende des Zeitalters mitnehmen. Denke daran, in mir sind vier Alter[16]. Ich gehe jetzt, aber ich werde während allen diesen Zeitaltern über dein Volk wachen, und am Ende will ich wieder kommen.«

Nachdem sie im Sinne der Sonnenbahn das Zelt umschritten hatte, ging die heilige Frau, aber bald schaute sie zu den Menschen zurück und setzte sich nieder. Als sie sich erhob, sahen die Leute zu ihrem Erstaunen, daß sie ein rotbraunes Büffelkalb geworden. Dieses Kalb ging ein Stück weit, legte sich nieder und wälzte sich. Es schaute zu den Leuten zurück, und als es aufstand, war es ein weißer Büffel. Auch

---

TAFEL 2 · Little Warrior [Kleiner Krieger] war ein Freund von Schwarzer Hirsch und ebenfalls ein bekannter Priester und Heiler der Oglala-Sioux. Er hat die Rechte zum Gruß erhoben. In der Linken hält er die Heilige Pfeife und die Pfeifentasche. Eingehüllt ist er in eine Wolldecke, die noch traditionell verziert ist. Aufnahme von I. E. Brown.

der weiße Büffel ging weiter fort, wälzte sich auf der Erde und wurde nun ein schwarzer Büffel. Dieser entfernte sich noch mehr von den Menschen, hielt an, und nachdem er sich nach allen vier Richtungen des Weltalls verneigt hatte, verschwand er über den Hügel.

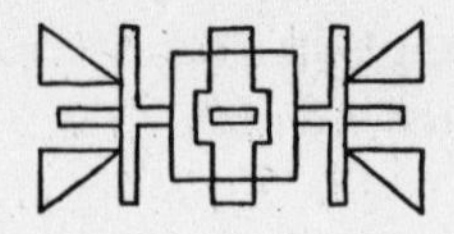

DAS ZURÜCKHALTEN DER SEELE

I

DIESEN RITUS üben wir aus, um die Seelen [uanari] unserer Toten[17] zu läutern und damit unsere Liebe füreinander zunehme. Die vier reinen Frauen, welche die geweihten Teile[18] des Büffels essen [was ich beschreiben werde], müssen stets daran denken, daß ihre Kinder uakan sein werden und deshalb auf eine heilige Art erzogen werden sollen. Die Mutter soll alles für ihre Kinder opfern und muß in sich selber und in den Kindern eine hohe Liebe zu Uakan-Tanka entwickeln, denn zu ihrer Zeit sollen diese Kinder geweihte Menschen und Führer ihres Volkes werden, mit der Kraft begabt, andere uakan zu machen. Anfänglich hielten wir nur die Seelen einiger unserer großen Führer zurück, doch später haben wir die Seelen fast aller tugendhaften Leute zurückbehalten.

Beim Zurückhalten einer Seele gemäß den genauen Riten, welche die Weiße-Büffelkuh-Frau [Ptesan-Uin] – auch bekannt als Weißes-Büffel-Mädchen – uns gab, wird die Seele so geläutert, daß sie und der Geist eines werden; damit wird sie fähig, zu der »Stelle«, wo sie geboren wurde – zu Uakan-Tanka –, zurückzukehren und braucht nicht über die Erde zu wandern, wie die Seelen schlechter Leute es tun müssen; im weitern hilft uns das Zurückhalten einer Seele, des Todes eingedenk zu sein und auch des Großen Geistes, der über allem Sterblichen steht.

Wann immer eine Seele behalten wird, gehen viele des Volkes zu ihrem Tipi, um zu beten; und am Tage, an dem die Seele freigelassen wird, versammelt sich das ganze Volk und sendet seine Stimmen durch die Seele, die über Seinen heiligen Pfad fortreisen soll, zu Uakan-Tanka. Aber jetzt will

ich euch erklären, wie dieser Ritus zuerst von unserem Volk ausgeführt wurde.
Einer der Ur-Urenkel von Stehendem Hohlhorn hatte ein Kind, das von seinen Eltern sehr geliebt wurde; aber es geschah, daß das Kind eines Tages starb, was den Vater in tiefe Trauer versetzte. Darum ging er zum »Bewahrer der heiligen Pfeife« – das war zu jener Zeit Hohes Hohlhorn – und sprach zu ihm: »Wir wurden von der Weißen-Büffelkuh-Frau im Gebrauch der Pfeife unterrichtet und darin, wie man die Seele eines Menschen zurückhält, der gestorben ist. Jetzt bin ich sehr traurig, weil ich meinen geliebten Sohn verloren habe. Ich möchte seine Seele zurückbehalten, wie wir es gelehrt wurden; und da du der Bewahrer der hochheiligen Pfeife bist, wünsche ich, daß du mich unterweisest!«
»Hau! Hetschetu uelo! Es ist gut!« sagte Hohes Hohlhorn, und sie gingen dorthin, wo das Kind lag und die Frauen bitterlich weinten. Als sie sich näherten, verstummte das Weinen. Hohes Hohlhorn trat zur Leiche und sagte:
»Dieser Knabe scheint tot zu sein, doch ist er es nicht wirklich, denn wir werden seine Seele bei uns behalten, und dadurch werden unsere Kinder und Enkel uakan werden. Wir werden nun das tun, was uns die Weiße-Büffelkuh-Frau und die Pfeife lehrten. Es ist der Wunsch von Uakan-Tanka, daß dies getan werde.«
Dann wurde eine Locke von des Kindes Haar genommen, und als Hohes Hohlhorn dies tat, betete er:
»O Uakan-Tanka, blicke auf uns! Es ist zum erstenmal, daß wir Deinen Willen auf diese Weise vollziehen, wie wir es durch die Weiße-Büffelkuh-Frau gelehrt wurden. Wir wollen die Seele dieses Kindes behalten, damit unsere Mutter Erde Früchte trage und unsere Kinder den Pfad des Lebens in einer geheiligten Weise durchwandeln.«

Hohes Hohlhorn machte sich bereit, die Haarlocke des Kindes zu reinigen. Eine glühende Kohle wurde hereingebracht und ein Büschel Süßgras[19] daraufgelegt.
»O Uakan-Tanka«, betete Hohes Hohlhorn, »dieser Rauch des Süßgrases wird zu Dir aufsteigen und sich im Weltall ausbreiten; sein Wohlgeruch wird von den Geflügelten wahrgenommen werden, von den Vierbeinern und den Zweibeinern, denn wir wissen, daß wir alle Verwandte sind: mögen alle unsere Brüder zutraulich sein und uns nicht fürchten!«
Hohes Hohlhorn nahm die Haarlocke auf, und indem er sie in den Rauch hielt, bewegte er sie himmelwärts, zur Erde und nach den vier Teilen des Weltalls; dann redete er zur Seele im Haar:
»Sieh, o Seele! wo du auf dieser Erde wohnst, wird ein heiliger Ort sein; dieser Mittelpunkt wird die Leute uakan machen, wie du es bist. Unsere Enkel werden nun den Lebenspfad mit reinem Herzen wandeln und mit sicheren Schritten!«
Nachdem er die Haarlocke im Rauch gereinigt hatte, wandte sich Hohes Hohlhorn zur Mutter und zum Vater des Kindes und sagte:
»Wir werden große Kenntnisse durch diese Seele erlangen, die hier geläutert wurde. Seid gut zu ihr und liebt sie, denn sie ist uakan! Wir erfüllen jetzt den Willen von Uakan-Tanka, wie er uns durch die Heilige Frau offenbart wurde; denn erinnert ihr euch nicht, wie sie sich, als sie fortging, ein zweites Mal umkehrte? Dieses Verhalten stellte das »Zurückhalten der Seele« dar, das wir nun vornehmen. Möge es uns helfen, uns daran zu erinnern, daß alle Früchte der Geflügelten, der Zweibeinigen und der Vierbeinigen in Wirklichkeit Gaben Uakan-Tankas sind. Sie sind alle uakan und sollten danach behandelt werden!«

Die Haarlocke wurde in geweihtes Wildleder gewickelt und dieses Säckchen an einem besondern Platz des Tipis untergebracht. Dann ergriff Hohes Hohlhorn die Pfeife, und nachdem er sie über den Rauch gehalten hatte, füllte er sie sorgfältig in der vorgeschriebenen Weise. Den Stiel himmelwärts richtend, betete er:

»Unser Altvater Uakan-Tanka, Du bist alles und doch über allem! Du bist der Anfang. Du warst seit Ewigkeit. Diese Seele, die wir zurückhalten, wird im Mittelpunkt des heiligen Reifens dieses Volkes sein [20]; durch diesen Mittelpunkt werden unsere Kinder starke Herzen haben und den roten Pfad in geheiligter Weise wandeln.

O Uakan-Tanka, Du bist die Wahrheit. Die zweibeinigen Völker, die ihren Mund an diese Pfeife legen, werden die Wahrheit selbst; nichts Unreines wird in ihnen sein. Hilf uns, den heiligen Lebenspfad ohne Fährnis wandeln, mit Gedanken und Herzen, die immerwährend auf Dich gerichtet sind!«

Hierauf wurde die Pfeife angezündet und geraucht, dabei wurde sie im Sinne der Sonnenbahn herumgereicht. Die ganze in der Pfeife enthaltene Welt wurde dem Großen Geiste dargebracht [21]. Als Hohes Hohlhorn die Pfeife zurückerhielt, rieb er sie auf der West-, Nord-, Ost- und Südseite mit Süßgras ab, um sie zu reinigen, falls ein Unwürdiger sie berührt hätte. Indem er sich an die Leute wandte, sagte er dann:

»Meine Verwandten, diese Pfeife ist uakan. Wir alle wissen, daß sie nicht lügen kann. Kein Mann, in dem irgendeine Falschheit ist, darf ihr Mundstück berühren. Im weiteren, meine Verwandten, hat unser Vater Uakan-Tanka uns seinen Willen hier auf Erden kundgetan, und wir müssen stets das tun, was Er wünscht, wenn wir den heiligen Pfad begehen

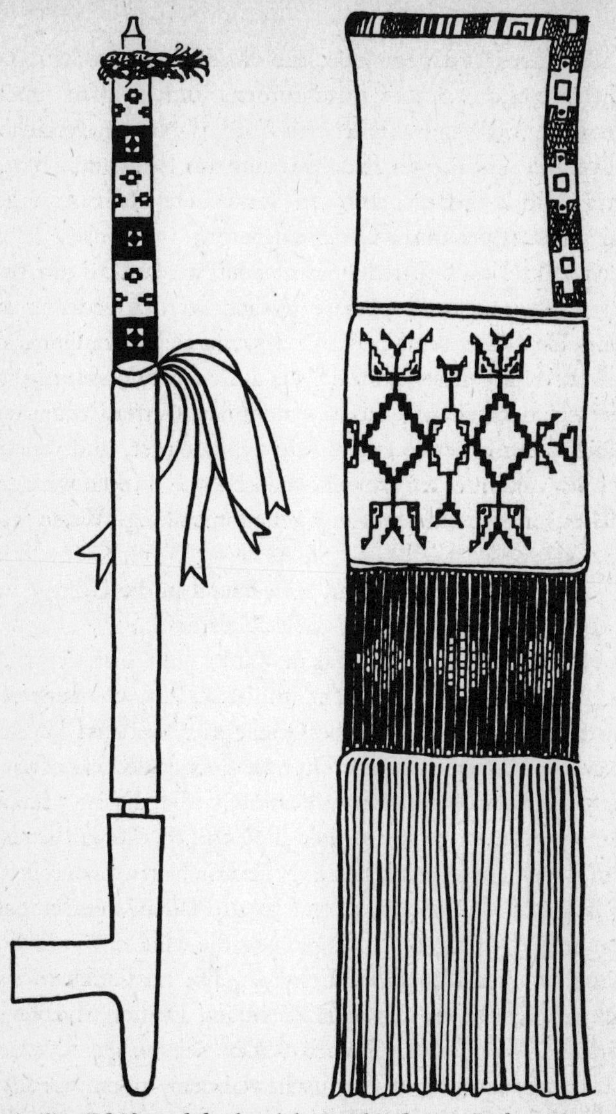

Die heilige Pfeife und der bestickte und befranste Ledersack, worin sie – auseinandergenommen – mit dem Tabak getragen wird.

wollen. Dies ist das erstemal, daß wir den heiligen Ritus des »Behaltens der Seele« durchführen, und es wird unsern Kindern und Kindeskindern zu großem Nutzen gereichen. Altmutter und Mutter Erde, wir sind aus Erde und gehören Dir. O Mutter Erde, von der wir unsere Nahrung erhalten, Du bist um unser Gedeihen besorgt, wie unsere leiblichen Mütter es sind. Jeder Schritt, den wir auf Dir tun, sollte auf geheimnismäßige Weise gemacht werden; jeder Schritt sollte ein Gebet sein. Bedenkt das, meine Verwandten, auf daß die Kraft dieser reinen Seele auf eurer Wanderung mit euch sei, denn auch sie ist die Frucht der Mutter Erde; sie ist wie ein Same, der in eure Mitte gepflanzt ist, und welcher mit der Zeit in euren Herzen wachsen und wirken wird, auf daß unsere Geschlechter auf geheimnismäßige Weise wandeln.«

Hohes Hohlhorn hielt dann seine Hand in die Höhe[22] und erhob seine Stimme zum Großen Geiste:

»O Vater und Altvater Uakan-Tanka, Du bist der Eine, der über allem Leben wacht und es erhält. O meine Altmutter, Du bist die irdische Quelle alles Lebens! Und die Früchte, Mutter Erde, die Du trägst, sind die Lebensquelle für die Erdenvölker. Du wachst stets über Deine Früchte, wie eine Mutter es tut. Mögen die Schritte, die wir in unserem Leben auf Dir tun, gesegnet und nicht schwach sein!

Hilf uns, o Uakan-Tanka, den roten Pfad mit entschlossenen Schritten zu gehen! Mögen wir, die wir Dein Volk sind, in geheimnismäßiger Art bestehen, Dir zu Gefallen! Gib uns die Kraft, die aus dem Verstehen Deiner Macht entspringt! Weil Du uns Deinen Willen bekanntgabst, wollen wir den Lebenspfad in Ehrfurcht wandeln, indem wir Liebe zu Dir und Kenntnis um Dich in unsern Herzen tragen! Dafür und für alles danken wir Dir!«

Dann wurde ein Bündel gemacht, das den Körper des Kindes enthielt. Die Männer trugen es aus dem Lager hinaus zu einem erhöhten Platz und legten es auf ein in einem Baum angebrachtes Gerüst[23]. Nach ihrer Rückkehr trat Hohes Hohlhorn mit dem Vater des Kindes in das Tipi, um ihn für die große Aufgabe zu unterrichten, die zu erfüllen er sich anschickte, und die ihn uakan werden ließ.

»Du behältst nun«, sagte Hohes Hohlhorn, »die Seele deines Sohnes, der nicht tot, sondern bei dir ist. Von jetzt an mußt du auf geheimnismäßige Weise leben, denn dein Sohn wird in diesem Tipi sein, bis seine Seele freigelassen wird. Du mußt bedenken, daß die Sitten, die du für diese Zeit festsetzest, unverbrüchlich einzuhalten sind. Achte gut darauf, daß kein schlechter Mensch die Behausung betritt, in welcher du die Seele zurückhältst, und daß kein Zank und Hader stattfindet; immer muß in dieser Wohnung Eintracht herrschen, denn alle Dinge haben einen Einfluß auf die Seele, die hier geläutert wird.

Deine Hände sind uakan, behandle sie danach! Und deine Augen sind uakan; schaue deine Verwandten und alle Dinge, die du siehst, mit den Augen des Geistes an![24] Auch dein Mund ist geheiligt, und jedes Wort, das du sagst, sollte dem geweihten Zustand entsprechen, in dem du von jetzt an lebst. Immer wieder sollst du dein Haupt erheben, um in den Himmel zu schauen. Wenn du von den Früchten der Mutter Erde issest, nähre gleicherweise deinen Sohn! Tust du das und alles andere, was ich dich gelehrt habe, so wird Uakan-Tanka barmherzig zu dir sein. Tag und Nacht wird dein Sohn mit dir sein; wache all diese Zeit über seine Seele, denn durch sie wirst du dich stets an Uakan-Tanka erinnern! Vom heutigen Tage an wirst du uakan sein, und wie ich dich unterwiesen habe, wirst du jetzt fähig sein, andere zu lehren. Die heilige Pfeife wird einen langen Weg machen, bis zum Ende, und so wird es mit der Seele deines Sohnes sein. So ist es in der Tat! Hetschetu uelo!«

II

Bevor ich euch sage, wie die Seele freigegeben wird, sollte ich euch wohl einige andere Obliegenheiten erklären, die ein Seelenbewahrer zu kennen und auszuführen hat.

Wer die Seele eines Menschen zurückhält, darf nie kämpfen, nicht einmal ein Messer benützen, ganz gleich zu welchem Zweck. Er muß die ganze Zeit im Gebet zubringen und in jeder Hinsicht seinem Volk ein Beispiel sein. Das Volk soll diesen heiligen Mann lieben und ehren, ihm häufig Nahrung und Geschenke bringen, und der »Bewahrer der Seele« wird dafür oft dem Großen Geiste zum Nutzen des Volkes die Pfeife darbringen.

Geht eine Abteilung von Kriegern auf die Jagd, so soll der »heilige Seelenbewahrer« sie begleiten; aber während die andern jagen, soll er allein auf einem Hügel sitzen und mit seiner Pfeife seine Stimme zu den Mächten über uns schikken, zum guten Gelingen der Jagd und zum Wohlergehen des ganzen Stammes. Wird dann eine Büffelkuh in der Nähe des »Bewahrers« getötet, so gehört sie ihm, und er soll hingehen und sich neben sie setzen. Dann soll er die Pfeife füllen, dabei zuerst einige Prisen Kinnikinnik[25] den geflügelten Mächten des Westens, Nordens, Ostens, Südens und der Mutter Erde darbringen und schließlich die letzte in die Höhe halten und sie dem Großen Geiste opfern, in dem alle Mächte sind. Wenn die Pfeife in dieser Art gefüllt worden ist, soll er ihr Mundstück gegen die Nase der Büffelkuh richten[26] und in folgender Weise beten:

»O Uakan-Tanka, Du hast uns Deinen Willen durch einen Vierbeinigen kundgetan, damit Dein Volk den heiligen Pfad gehe und unsere Kinder und Kindeskinder gesegnet seien. Ich opfere diese Prise Dir vor allen, denn Du bist stets zuerst, und dann opfere ich sie Tatanka, dem Büffel.
Du, o Tatanka, hast vier Alter, und das letzte Mal, als Du auf uns zurückschautest, sahen wir, daß Du die Frucht unserer Mutter Erde bist, von der wir leben. Du wirst deshalb der Erste sein, der im Mittelpunkt des Reifens [Kreises] unseres Volkes seinen Platz haben soll, denn Du stärkst unsere Körper und auch unseren Geist, wenn wir Dich nach göttlichem Gebot behandeln. Du gabst uns den Willen von Uakan-Tanka bekannt, so daß jetzt eine geweihte Seele im Mittelpunkt unseres Reifens ist. Du wirst mit dieser Seele in unserer Mitte sein, und dort wirst Du Deinem Volk Glück schenken. Geh jetzt in die Mitte von unseres Volkes Reifen!«
Männer, die vom »Bewahrer der Seele« unterwiesen worden sind, schlachten dann die so geweihte Büffelkuh und sagen zu jedem Teil angemessene Gebete. Das von der Schulterpartie genommene Fleisch stellt die zweibeinigen Völker dar, aber vor allem die heilige Frau, die uns die Pfeife brachte; es ist darum hochheilig [lila uakan], und wird stets mit Verehrung behandelt. Dem »Seelenbewahrer« ist nicht erlaubt, beim Schlachten behilflich zu sein, da er weder Messer noch Blut berühren soll, wie ich eben erwähnte; aber er darf dieses heilige Fleisch zusammen mit dem Büffelfell auf seinem Pferd zum Lager zurücknehmen, denn auch das Fell ist uakan und wird für besondere Zwecke verwendet [27]. Ihre Ankunft im Lager wird vom Ausrufer bekanntgegeben, und das Fleisch wird dann zum Tipi des Seelenbewahrers gebracht. In diesem Augenblick muß einer der Helfer im Zelt drin zur Seele sagen:

»Enkel, die auserwählte Speise wird in der Mitte dieser Behausung, in deinem Heim, bleiben. Sie wird von großem Nutzen für das Volk sein! Hetschetu uelo!«
Innerhalb des Tipis, in dem eine Seele behalten wird, soll immer eine Frau sein, die dazu bestimmt wurde, das Mysterienbündel zu hüten; die erste Frau, welche diese heilige Pflicht zu erfüllen hatte, war Roter-Tag-Frau. Diese geweihte Person trocknete das Uakan-Fleisch an der Sonne, und dieses wurde später zu uasna verarbeitet; das ist das Trockenfleisch [papa], das mit wilden Kirschen zerstoßen und mit Mark aus Büffelknochen vermischt wurde. Diese heilige Speise muß in einer besonders bemalten Schachtel aus Büffelhaut versorgt und für den Tag, an dem die Seele freigelassen wird, aufbewahrt werden.
An schönen Tagen wird das Seelenbündel ins Freie genommen und an einem Dreifuß, nach Süden gerichtet, aufgehängt [28]. Dann kommen die Leute in großer Zahl, um Gaben zu bringen und zu beten, was sehr verdienstlich ist. Diese Gaben werden auch in einer besonders bemalten Rohlederkiste aufbewahrt und später an Arme und Bedürftige weitergegeben.
Nachdem das Büffelfell auf ritenmäßige Weise gegerbt ist, wird es bemalt und nochmals über Süßgrasrauch geläutert. Der Seelenbewahrer muß dann das Fell nach den vier Weltgegenden richten und sagen:
»Du, o Seele, mein Enkel, steh fest auf dieser Erde und sieh um dich; schau zum Himmel, in die vier Weltgegenden, und schau auf deine Mutter, die Erde! Und du, o Büffel, der du wirklich hier in diesem Fell bist [29], du kamst zu unserm Volk, um ihm einen großen Dienst zu erweisen; nun sollst du mit dieser Seele vereinigt werden. Ihr werdet beide im Mittelpunkt des Reifens [Kreises] dieses Volkes stehen und die

Einheit dieses Volkes darstellen. Indem ich dieses Fell über dich decke, o Seele, lege ich es um den ganzen Stamm, als bildete er eine einzige Seele.«

Wenn das Uakan-Bündel am Dreifuß vor dem Zelt hängt, wird diese Büffeldecke mit der Haarseite nach außen über es gehängt, und auf die Spitze des Dreifußes soll eine Kriegshaube aus den Federn des Uambali galeschka, des Gefleckten Adlers, gehängt werden.

Wenn den Gehilfen auch erlaubt ist, die übrige Ausrüstung zu handhaben, so darf doch nur der geweihte »Bewahrer« das heilige Bündel berühren. Dabei trägt er dieses Bündel jedesmal an seinem Herzen in der Beuge seines linken Armes, denn dieser ist das dem Herzen nächste Glied; und immer wenn das Bündel in das Zelt zurückgetragen wird, muß es zuerst dem Himmel, dann der Erde und den vier Weltgegenden dargeboten werden.

Bevor der Ritus der Freilassung der Seele vorgenommen werden kann, müssen viele Dinge gesammelt werden, was für arme Leute manche Jahre beanspruchen mag; aber die allgemeine Dauer, in welcher eine Seele behalten werden kann, beträgt ein Jahr. Sollte der Bewahrer vor der Freilassung der Seele sterben, so betreut seine Frau die Seele, zusammen mit der ihres Gatten; sollte jedoch auch die Frau sterben, so hüten die Gehilfen alle drei Seelen; und das ist natürlich eine sehr große und heilige Verantwortung.

III

Vor der Freilassung der Seele versammelt sich alles Volk, denn jedermann nimmt an diesem großen Ritus teil, der am besten als »Heiligmachung« bezeichnet werden kann. Wenn dieser Zeitpunkt naht, gehen alle Männer auf die Büffeljagd, und wenn sie viele Büffel erlegen, werden die Knochen aufgeschlagen und ausgesotten, und aus dieser Mischung von Fett und Mark macht man uasna. Die Frauen dörren die besten Teile des Fleisches, das dann papa geheißen wird. Alle diese Vorbereitungen haben einen ritenmäßigen Charakter.

Nachdem er sich mit den andern heiligen Männern des Dorfes besprochen hat, setzt der Seelenbewahrer den Tag fest; wenn diese Zeit da ist, errichten die Gehilfen aus verschiedenen kleineren Tipis eine Ritualhütte und bedecken den Boden darin mit heiliger Salbei.

Der Helfer des Seelenbewahrers nimmt dann eine Pfeife, und während er sie himmelwärts hebt, ruft er:

»Sieh her, o Uakan-Tanka! Wir sind jetzt daran, Deinen Willen zu erfüllen. Mit allen heiligen Wesen dieser Welt opfern wir Dir diese Pfeife!«

Der Helfer ergreift hierauf eine Prise des heiligen Tabaks, Kinnikinnik, hält sie und den Pfeifenstiel gegen Westen und ruft:

»Mit diesem Uakan-Tabak bringen wir Dich, o geflügelte Macht des Westens, in diese Pfeife. Wir wollen unsere Stimmen zu Uakan-Tanka erheben und erflehen Deine Hilfe!

Dieser Tag ist geheiligt, weil eine Seele freigelassen wird. Auf der ganzen Welt soll Glück und Frohsinn sein. O Du, heilige Macht dort, wo die Sonne untergeht, es ist etwas Großes, das wir tun, indem wir Dich in die Pfeife stecken. Gib uns für unsere Riten einen der zwei heiligen Tage, über die Du herrschest, den roten und den blauen!«[30]

Diese Macht des Westens, jetzt im Tabak, wird in der Pfeife untergebracht, und indem er eine andere Prise Kinnikinnik gegen Norden hält, betet der Helfer:

»O Du Donnerwesen, dort, wo Uasiah seine Wohnung hat, der Du mit den reinigenden Winden kommst und über die

Gesundheit des Volkes wachst! O kahlköpfiger Adler des Nordens, Deine Schwingen ermüden nie! Da ist auch ein Platz für Dich in dieser Pfeife, die Uakan-Tanka geopfert werden soll. Hilf uns und gib uns einen Deiner zwei heiligen Tage!«

Dann hält er eine andere Prise Kinnikinnik gegen Osten und fährt fort zu beten:

»O Du heiliges Wesen vom Orte, wo die Sonne heraufkommt, der Du das Wissen regierst! Dein ist der Pfad der aufgehenden Sonne, die Licht in die Welt bringt. Dein Name ist Huntka, denn Du hast Weisheit und bist lang-beschwingt[31]. Da ist ein Platz für Dich in der Pfeife; hilf uns unsere Stimmen zu Uakan-Tanka schicken! Gib uns Deine heiligen Tage!«

Diese Macht des Ostens wird in die Pfeife getan. Dann streckt der Helfer eine andere Prise gegen Süden und betet:

»O Du, der Du den Pfad bewachst, der zum Orte führt, dem wir immer zugewandt sind und über den unsere Geschlechter wandeln, wir tun Dich in diese heilige Pfeife! Du bewachst unser Leben und die Leben aller Völker des Weltalls. Alles, was sich bewegt, und alles, was ist, will eine Stimme zu Uakan-Tanka schicken. Wir haben eine Stelle für Dich in der Pfeife; hilf uns, unsere Stimme zu erheben, und gib uns einen Deiner guten Tage! Dies erbitten wir von Dir, o Weißer Schwan, dort, wohin wir immer gewendet sind.«

Der Pfeifenstiel und eine Prise Kinnikinnik werden dann gegen die Erde gehalten:

»O Du, heilige Erde, aus der wir gekommen sind, Du bist demütig und nährst alle Dinge; wir wissen, daß Du uakan bist und wir Dir alle verwandt sind. Altmutter und Mutter Erde, die Du Frucht trägst, für Dich ist ein Platz in dieser Pfeife. O Mutter, möge Dein Volk den Pfad des Lebens wandeln gegen die starken Winde! Mögen wir fest auf Dir dahinschreiten! Mögen unsere Füße nicht straucheln! Wir alle, die wir uns auf Dir bewegen, senden unsere Stimmen zu Uakan-Tanka. Hilf uns! Wir alle miteinander rufen wie einer: Hilf uns!«

Wenn die Pfeife so mit allen Mächten und allem, was das Weltall hegt, gefüllt ist[32], übergibt der Helfer sie dem Seelenbewahrer, der sie ergreift und im Gehen jammernd[33] zum Tipi des Betreuers der hochheiligen Pfeife schreitet. Er betritt das Tipi, indem er den Pfeifenstiel südwärts streckt, und legt sie in die Hände des Pfeifenbetreuers.

»Hi Ho! Hi Ho! Danke!« sagt der heilige Mann, wenn er die Pfeife nimmt. »Diese Pfeife, die du mir gebracht hast, ist so heilig wie die ursprüngliche, die uns von der Weißen-Büffelkuh-Frau gegeben wurde. In der Tat sind sie für den, der versteht, die gleichen. Doch die Pfeife, die du mir jetzt gebracht hast, ist besonders heilig, denn ich habe gesehen, daß in sie das ganze Weltall getan wurde. Was ist es, das du wünschest?«

»Wir wünschen, daß du diese Pfeife rauchst und dann die Riten zur Freilassung der Seele meines kleinen Sohnes leitest[34]. Wir wünschen, daß du die ursprüngliche Uakan-Pfeife bringst, die du verwahrst.«

TAFEL 3 · *Oben:* Tabakpfeife mit bemaltem Beutel.

Unten: »Mit dieser Heiligen Pfeife sollt ihr auf der Erde leben; denn die Erde ist eure Altmutter und Mutter und heilig.« Der Pfeifenkopf ist aus rotem Stein [Catlinit] und mit Bleieinlagen verziert. »Der Pfeifenstiel ist aus Holz, und er stellt das dar, was auf der Erde wächst. Und diese Federn, die hier hängen, wo der Stiel im Kopf sitzt, sind vom gefleckten Adler; sie vertreten den Adler und alle Geflügelten in der Luft.« Eine von Tatanka witko hergestellte Nachbildung im Indianermuseum der Stadt Zürich.

»Hau, hetschetu uelo«, antwortet der heilige Mann, »ich werde kommen!« Er bietet die Pfeife dem Himmel, der Erde und den vier Weltgegenden dar und raucht sie. Wenn er fertig ist, sammelt er sorgfältig die Asche, denn auch sie ist uakan.

Die beiden Männer kehren hierauf zur Hütte zurück, wo alles für den großen Ritus bereit ist. Nach ihrem Eintritt gehen sie im Sinne der Sonnenbahn rund herum und setzen sich in den Westteil des Raumes, der Türe gegenüber. Die Frau des Seelenbewahrers geht zu ihrem Tipi und jammert auf dem Wege. Sie nimmt das heilige Bündel auf und kommt zur Hütte zurück, wo sie vor den »Bewahrer der heiligen Pfeife« tritt und das Bündel auf seine ausgestreckten Hände legt. »Danke, danke!« sagt der heilige »Verwahrer«, und dann spricht er zu der Seele im Bündel:

»Du, o Seele, warst bei deinem Volk, doch bald wirst du Abschied nehmen. Heute ist dein Tag, und er ist uakan. Heute neigt sich dein Vater Uakan-Tanka herab, um dich zu sehen. Alle deine Verwandten haben dich gut betreut. Du und die heilige Frau der vier Alter, die uns die heilige Pfeife brachte, ihr seid nun miteinander in dieser Hütte; dieses Fell, das die heilige Frau darstellt und dich bedeckt hat, wird dein ganzes Volk bedecken. Die heilige Pfeife, die sie uns brachte, hat den Stamm glücklich gemacht. Siehe, dieses ist der heilige Tag! Hetschetu uelo!«

Eine runde Fläche Erdboden wird aufgescharrt, um eine Büffelsuhle darzustellen, und das Mysterienbündel daraufgelegt. Ein anderer runder Platz wird dann mit der wegge-

---

TAFEL 4 · Pfeifentasche der Oglala-Sioux. In der Mitte der Perlstickerei das Maka Oise Topa, das Symbol der Mutter Erde. Indianermuseum der Stadt Zürich.

scharrten Erde gleichmäßig bedeckt und von West nach Ost und von Nord nach Süd ein Kreuz drüber gezeichnet. Die Pfeife legt man auf dieses Kreuz, mit dem Stiel nach Westen und dem Pfeifenkopf nach Osten. Dann wird das heilige Bündel aufgenommen und neben die Pfeife gelegt, am Ende des guten roten Pfades, denn das ist der Ort, wohin die Seele bald reisen wird.

Einer der Gehilfen geht danach zum Feuer in der Mitte[35] des Tipis, klaubt mit einem gespaltenen Stecken eine Kohle auf und legt sie vor den Pfeifenbewahrer. Dieser nimmt die Pfeife in seine linke Hand, und indem er eine Prise eines heiligen Krautes mit der rechten Hand aufnimmt, hält er sie himmelwärts und senkt sie langsam zur Kohle, wobei er viermal innehält und betet:

»O Altvater Uakan-Tanka, an diesem Deinem heiligen Tage sende ich diesen Wohlgeruch zu Dir, der den Himmel oben erreichen will. In diesem Kraut drin ist die Erde, diese große Insel; in ihm drin sind meine Altmutter, meine Mutter, und all die Vierbeinigen, die Geflügelten und die zweibeinigen Völker, die alle auf heilige Weise wandeln. Der Wohlgeruch dieses Krautes wird das ganze Weltall erfüllen. O Uakan-Tanka, sei mitleidig zu jeglichem!«

Der Pfeifenkopf wird dann so über den Rauch gehalten, daß der Rauch durch die Pfeife zieht und aus dem Ende des Stieles tritt, der himmelwärts gerichtet ist. Auf diese Art raucht Uakan-Tanka als Erster, und mit diesem Akt wird die Pfeife geläutert und geweiht. Während dies geschieht, betet der Pfeifenbewahrer:

»O Uakan-Tanka, schau auf diese Pfeife! Der Rauch dieses Krautes soll alles auf Erden bedecken und sogar den Himmel erreichen. Möge der Weg Deines Volkes wie dieser Rauch sein! Wir haben Dir diese Pfeife dargebracht, und jetzt tue ich den heiligen Kinnikinnik in ihren Kopf. Du hast uns gelehrt, daß der runde Pfeifenkopf die wirkliche Mitte des Weltalls ist, wie auch das menschliche Herz. O Uakan-Tanka, neige Dich hernieder, um heute auf uns zu schauen; sieh auf Deine Pfeife, mit der wir jetzt unsere Stimme erheben, zusammen mit den geflügelten Völkern, den Vierbeinigen und mit allen Früchten unserer Mutter Erde! Alles, was Du geschaffen, will sich mit uns vereinigen, um diese Stimme auszusenden!«

Wie der heilige Bewahrer die Pfeife füllt, vollzieht er die ritengemäßen Tabakopfer nach den sechs Richtungen mit den folgenden Gebeten:

»O Du, geflügelte Macht dort, wo die Sonne niedersteigt, Du bist uakan! Mit Dir und durch Dich senden wir eine Stimme zu Uakan-Tanka, bevor wir diese Seele freilassen. Da ist ein Platz für Dich in dieser Pfeife. Hilf uns! Gib unserm Volk Deine roten und blauen Tage, damit sie den heiligen Lebenspfad auf geheimnisgemäße Weise wandeln!

O geflügelte Macht des Ortes, wo Uasiya wohnt [der Norden], Reiniger der Erde, der Zweibeinigen und von allem, was unrein ist, mit der Seele eines zweibeinigen Wesens möchten wir durch Dich eine Stimme zu Uakan-Tanka schicken! Es ist ein Platz für Dich in der Pfeife, und so hilf uns, diese Stimme auszusenden! Gib uns die beiden heiligen Tage, die Du hast!

O Du, Geflügelter vom Orte, von wo die Sonne kommt; Du, der Du langgeflügelt bist und das Wissen beherrschst, das Licht des Weltalls, wir sind dabei, eine Stimme mit dieser Seele, die bei unserem Volke war, zu Uakan-Tanka zu schicken. Auch Du hast zwei große rote und blaue Tage; gib sie uns und hilf uns, eine Stimme auszuschicken!

O Du, Maraska, weißer Schwan des Ortes, dem wir immer

zugerichtet sind [Süden], Du gebietest über den roten Pfad, der zum Hause von Uasiya führt. Du lenkst alle die vierbeinigen und zweibeinigen Völker, die über diese heilige Straße wandern. Wir sind daran, eine Seele freizugeben, die über Deinen Pfad reisen soll. Durch diese Seele schicken wir unsern Ruf zu Uakan-Tanka. Hilf uns, diese Stimme auszusenden, und gib uns Deine beiden heiligen Tage!
O Du, gefleckter Adler, der Du dem Himmel am nächsten wohnst, nahe bei Uakan-Tanka, Deine Schwingen sind mächtig! Du bist der Eine, der sich des heiligen Reifens unseres Stammes annimmt und all dessen, was in diesem Kreise ist. Mögen alle Völker glücklich sein und viele Segnungen erfahren! Wir sind dabei, eine Seele freizugeben, die auf eine weite Reise gehen wird, auf daß die Schritte der zukünftigen Geschlechter heilig seien. Es ist ein Platz für Dich in der Pfeife! Hilf uns, unsere Stimme zu Uakan-Tanka zu schikken, und gib uns die heiligen roten und blauen Tage, die Dir gehören!
O Uakan-Tanka, wir haben vor, Dir diese Pfeife darzubieten. Sieh herab auf uns und auf unsere Altmutter und Mutter Erde. Alles ist uakan, was auf unserer Mutter, der irdischen Quelle alles Lebens, ist. Die Schritte unseres Volkes sind auf ihr. Mögen sie fest und stark sein! Von Dir, Altmutter Erde, soll eine Seele freigelassen werden. Da ist ein Platz für Dich in der Pfeife, und für all Deine heiligen Dinge und Völker! Alle miteinander senden wir unsere gemeinsame Stimme zu Uakan-Tanka. Hilf uns, auf heilige Weise, die Dir gefällt, zu wandeln! Gib uns die heiligen roten und blauen Tage, die Dir gehören!«
Auf diese Art wird das ganze Weltall in die Pfeife gebracht, und dann sagt der »Hüter der heiligen Pfeife«, zu den Leuten gewendet:

»Da wir all das richtig ausgeführt haben, soll die Seele eine gute Reise tun, und sie wird unserm Volk helfen, sich zu vermehren und auf dem heiligen Pfade so zu wandeln, daß es Uakan-Tanka gefällt.«

Und darauf sagt er zu der Seele:

»O du Seele, mein Großkind, du bist die Wurzel dieses großen Ritus; aus dir soll viel erwachsen, das uakan ist. Durch diesen Ritus wird unser Volk lernen, großmütig zu sein, den Bedürftigen zu helfen und auf allen Wegen den Lehren Uakan-Tankas zu folgen. O Seele, dies ist dein Tag! Die Zeit ist nun da!

Vier Jungfrauen werden es sein, die immer die Macht dieser Riten mit sich führen. Du, o Seele, wirst sie mit diesem heiligen Büffelmantel bedecken. Dies ist dein Tag, ein Tag der Freude, denn viel wurde unserm Volk zuteil. Alles, was in der Vergangenheit mit dir war, ist heute hier mit dir. Deine Verwandten sind mit Speise gekommen, die geläutert und dir dargebracht werden und dann den vier Jungfrauen gegeben wird; hierauf wird sie unter den Armen und Unglücklichen verteilt werden. Aber jetzt ist für uns die Zeit gekommen, diese Pfeife Uakan-Tanka zu opfern und dann zu rauchen[36]: wir opfern Ihm alles, was im Weltall ist; wir senden durch diese Pfeife unsere Stimme zu Ihm. Hetschetu uelo!

Hi-ai-hay-i-i! [zweimal], Tunkaschila Uakan-Tanka, Altvater, Großer Geist, schau herab auf uns! Heute ist der heilige Tag für diese Seele. Möge sie den kommenden Geschlechtern helfen, in geheimnismäßiger Art zu leben! Wir opfern Dir, o Uakan-Tanka, die Pfeife und bitten Dich, dieser Seele, ihren Verwandten und dem ganzen Volke zu helfen. Sieh diese Pfeife und neige Dich herab, damit Du siehst, wie wir Deinen Willen erfüllen! Von dieser Erde senden wir

eine Stimme zu Dir. Hab Mitleid mit uns und der Seele, die aus der Mitte von dieses Stammes Reifen freigelassen wird! O Altvater Uakan-Tanka, sei uns gnädig, damit unser Volk leben möge!«
Darauf antwortete der Gehilfe: »Hay Yi! Dank! So sei es!«
Und dann entzündete Hohes Hohlhorn die Pfeife[37], rauchte einige wenige Züge und händigte sie dem Seelenbewahrer aus, der sie Himmel, Erde und den vier Richtungen anbot, um sie, nachdem er ein wenig daraus geraucht, in sonnenweisem Umgang weiterzugeben, damit alles Volk rauchen möge. Jedermann bat sich irgendeine Gunst aus, wenn er am Rauchen war, und als die Pfeife zu Hohem Hohlhorn zurückkam, wurde sie gereinigt und die Asche sorgfältig in einen besonderen Wildlederbeutel geschüttet[38].
Nun, nachdem die Pfeife Uakan-Tanka dargebracht war, begann Hohes Hohlhorn zu wehklagen, und bald taten es auch alle Anwesenden. Ich sollte euch vielleicht hier erklären, daß es gut ist, in diesem Augenblick zu jammern, denn es zeigt, daß wir der befreiten Seele und auch des Todes gedenken, der zu allen Geschöpfen und Dingen kommen muß; und es ist auch ein Zeichen unserer Demütigung vor dem Großen Geist, denn wir wissen, daß wir gleich dem Staube sind vor Ihm, der Alles ist und in dem alle Stärke liegt.
Alle der Seele dargebrachten Speisen waren außerhalb der Hütte niedergelegt worden; diese Speisen nahmen die Frauen jetzt auf und betraten damit die Hütte, auf deren Südseite ein mannshoher Weidenstab aufgepflanzt war. Um sein oberes Ende war ein Stück Wildleder mit aufgemaltem Gesicht gebunden. Oben auf dieses Gesicht war eine Kriegshaube gesetzt, und um den Pfosten eine Büffeldecke gelegt. Diese Figur stellte die Seele dar, und an sie gelehnt waren Bogen und Pfeile, Messer und alle Besitztümer des Verstor-

benen. Nachdem die Frauen die Hütte mit den Speisen betreten hatten, gingen sie darin entsprechend der Sonnenbahn rundum, und auf der Südseite anhaltend, umarmten sie den Seelenpfosten; sie stellten die Nahrung ab und verließen die Hütte.
Ein kleiner Bissen von jeder der für die Seele gebrachten Speisen wurde in eine Holzschüssel gelegt und diese vor die beiden heiligen Männer gestellt, die an der Westwand saßen. Dann kamen vier reine Jungfrauen herein und nahmen die Plätze an der Nordseite ein, denn die Macht dieser Richtung ist Reinheit. Hohes Hohlhorn erhob sich und sprach zur Seele:
»Du, o Seele, bist die Hokschitschankiya, der Ursame[39]! Du bist die Wurzel des heiligen Baumes, der in der Mitte des Reifens unseres Stammes ist. Möge dieser Baum blühen! Möge unser Volk und mögen die geflügelten und die vierbeinigen Völker gedeihen! O Seele, deine Verwandten haben dir diese Speisen gebracht, die du bald essen wirst, und durch diese Handlung wird sich die Güte im Stamme ausbreiten. O Seele, Uakan-Tanka hat dir vier Verwandte gegeben, die hier an der Nordwand sitzen, und sie stellen unsere echten Verwandten dar: Altvater und Vater Uakan-Tanka, und Altmutter und Mutter Maka, die Erde. Denke an diese vier Verwandten, die in Wirklichkeit alle Einer sind, und mit diesen im Herzen schau auf dein Volk zurück, wenn du über den großen Pfad reisest!«
Man grub eine kleine Vertiefung am Fuße des Seelenpfostens aus, dann nahm Hohes Hohlhorn die Holzschüssel, in der die gereinigte Nahrung war, und während er sie gegen die Höhlung hielt, sagte er zur Seele:
»Du hast vor, diese Uakan-Speise zu essen. Wenn sie in deinen Mund gelegt ist, wird sich ihr Einfluß ausbreiten und

die Früchte unserer Mutter, der Erde, sich vermehren und gedeihen machen. Deine Altmutter ist uakan; auf ihr stehen wir, während wir die Speise in deinen Mund legen. Vergiß uns nicht, wenn du zu Uakan-Tanka fortgehst, sondern sieh auf uns zurück!«
Die Speise wurde in die Höhlung gelegt und darüber der Saft wilder Kirschen gegossen, denn dieser Saft ist das Lebenswasser. Die Höhlung bedeckte man mit Erde, denn die Seele hat ihre letzte Mahlzeit beendet.
Die vier Jungfrauen machten sich hierauf bereit, das geweihte Büffelfleisch zu essen und den Kirschensaft zu trinken; doch zuvor wurde die Speise über dem Rauch des Süßgrases gereinigt, und Hohes Hohlhorn sprach zu den Jungfrauen:
»Großkinder, ihr erhaltet jetzt die Hokschitschankiya, den geistigen Samen der Seele; diese wird euch und eure Früchte für immer heiligen. Enkelinnen, denkt daran, eure Nahrung und alles, was ihr habt, zu teilen, denn in der Welt sind stets Bedürftige, Waisen und Alte. Vor allem aber, ihr Enkelinnen, vergeßt nie eure vier großen Verwandten, die durch eure Verwandten hier auf Erden vertreten sind. Ihr werdet jetzt die heiligen Früchte der Mutter Erde essen und trinken, und durch diese werdet ihr und werden eure Früchte uakan sein. Denkt stets daran, Kinder!«
Hohes Hohlhorn nahm dann die Eßschüssel auf, und jedesmal, wenn er Speise in den Mund einer der Jungfrauen schob, sagte er:
»Ich lege diese Speise in deinen Mund. Sie ist süß und uakan-duftend. Das Volk wird deine Geschlechter kommen sehen!«
Die vier Jungfrauen bückten sich und tranken den Kirschensaft, der in der Holzschüssel auf dem Boden war, und als sie ihn ausgetrunken hatten, sagte Hohes Hohlhorn zu ihnen:

»Enkelinnen, alles, was wir heute getan haben, ist voller Geheimnis, ist lila uakan, denn alles geschah nach den Anweisungen der himmlischen Frau, die auch ein Büffel war und die uns unsere hochheilige Pfeife brachte. Sie erzählte uns, daß sie vier Alter habe; auch ihr, Enkelinnen, habt diese Alter. Erfaßt dies alles im Tiefsten, denn es ist wichtig. Es ist etwas Großes, was wir heute hier tun. So ist es in Wahrheit! Hetschetu uelo!«

Hohes Hohlhorn ging rundum zur Südseite und, das Seelenbündel ergreifend, sagte er zu diesem:

»Enkel, du wirst von hier weg und auf eine große Reise gehen. Vater und Mutter und alle deine Verwandten haben dich geliebt. Bald werden sie glücklich sein.«

Der Vater des Kindes umarmte hierauf das heilige Bündel, indem er es an seine beiden Schultern hielt. Hohes Hohlhorn sagte zu ihm:

»Du liebtest deinen Sohn und du behieltest ihn im Mittelpunkt von unseres Stammes Kreis. So wie du gut zu deinem vielgeliebten Sohn warst, so sei auch zu allen andern Leuten! Der geheimnisreiche Einfluß der Seele deines Sohnes wird über deinem Volke sein; er ist wie ein Baum, der stets blüht.«

Hohes Hohlhorn schritt dann rundherum zur Nordseite, und jede der Jungfrauen mit dem heiligen Bündel berührend, sagte er:

»Der Baum, der dazu auserwählt wurde, die Mitte eures heiligen Reifens zu sein, ist dieser. Möge er immerfort gedeihen und auf geheimnismäßige Weise blühen!«

Und dann rief er, das Bündel gen Himmel hebend:

»Schau stets zurück auf dein Volk, auf daß es mit sicheren Schritten den heiligen Pfad wandle!«

Dieses rief Hohes Hohlhorn viermal und schritt dabei zum

Hütteneingang. Sobald er das vierte Mal, gerade außerhalb der Tür, anhielt, schrie er mit schriller Stimme:
»Sieh dein Volk! Schau auf es zurück!«
Im Augenblick, als das Bündel aus der Hütte herauskam[40], war die Seele freigelassen und reiste über den »Geisterpfad«[41], der zu Uakan-Tanka führt.
Sobald die Seele das Bündel mit der Haarlocke verlassen hat, ist es nicht mehr in direktem Sinne uakan – heilig –, aber es darf von den Angehörigen, sofern diese es wünschen, als Andenken behalten werden[42].
Jede der vier Jungfrauen erhielt eine Büffeldecke geschenkt, und dann verließen sie die Hütte gleich nach Hohem Hohlhorn.
Damit war der Ritus vollzogen. Das ganze Lagervolk war glücklich und froh; es stürzte herbei, um die vier Jungfrauen zu berühren, die nun lila uakan waren und stets die große Einwirkung mit sich tragen würden, welche dem Stamme Kraft und Mut verleiht. Den Armen und Unglücklichen wurden Gaben gespendet, und jedermann feierte und freute sich. Es war wirklich ein guter Tag. Hetschetu uelo!

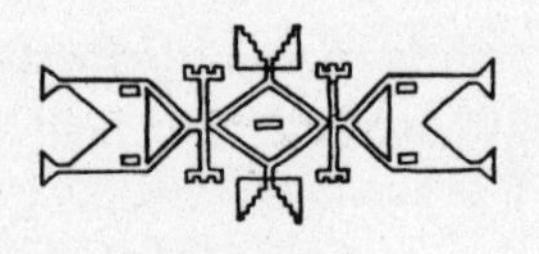

DER RITUS des Inikare – der Schwitzbadhütte – benützt alle Mächte des Weltalls: die Erde und was aus ihr sprießt, Wasser, Feuer und Luft. Das Wasser stellt die Donnerwesen dar, die schreckenerregend daherkommen, aber Gutes bringen; denn der Dampf, der aus den Felsen kommt, in denen Feuer ist, jagt Grauen ein, aber er läutert uns und erlaubt uns so, nach dem Willen von Uakan-Tanka zu leben. Der Große Geist kann uns sogar ein Gesicht senden, wenn wir sehr rein werden.

Wenn wir das Wasser in der Schwitzhütte benützen, sollen wir an Uakan-Tanka denken, der ewig fließt und Seine Macht und Sein Leben allem mitteilt; wir sollten sogar wie Wasser sein, das schwächer ist als alle Dinge und dennoch stärker als selbst der Fels.

Die Schwitzhütte besteht aus zwölf oder sechzehn jungen Weiden; auch diese haben uns eine Lehre zu geben, denn im Herbst sterben ihre Blätter und kehren zur Erde zurück, doch im Frühling erwachen sie zu neuem Leben. So sterben auch die Menschen, auferstehen aber in der wahren Welt des Großen Geistes, wo nichts ist als die Geister aller Dinge; und dieses echte Leben können wir hier auf Erden kennenlernen, wenn wir unsere Leiber und Seelen läutern, wodurch wir Uakan-Tanka näher kommen, der die All-Reinheit ist.

Die Weiden, die das Gerüst des Schwitzhauses ergeben, werden so aufgestellt, daß sie die vier Weltteile bezeichnen; damit wird das ganze Gehäuse bildlich zum Weltall. Es beherbergt die zweibeinigen, die vierbeinigen und die geflügelten Völker und alle Dinge der Welt; alle diese Völker und alle diese Dinge müssen gereinigt werden, bevor sie eine Stimme zu Uakan-Tanka senden können.

Die Steine, die wir in diesem Ritus verwenden, stellen unsere Altmutter Erde dar, von der alle Früchte stammen, und sie stellen auch die unzerstörbare und immerwährende Natur des Großen Geistes dar.
Das Feuer, das diese Steine erhitzt, stellt die Macht Uakan-Tankas dar, der allen Dingen Leben verleiht: es ist wie ein Sonnenstrahl, denn auch die Sonne ist, in einem bestimmten Anblick, Uakan-Tanka.
Der runde Feuerplatz in der Mitte der Schwitzhütte ist der Mittelpunkt des Weltalls, wo Uakan-Tanka mit seiner Macht, dem Feuer, wohnt. Alle diese Dinge sind für uns uakan und müssen in ihrer Tiefe erfaßt werden, wenn wir uns selbst ernsthaft zu läutern begehren, denn die Kraft eines Dinges oder einer Handlung liegt darin, wie man sie erfaßt und versteht.
Das Schwitzgehäuse wird stets mit dem Eingang nach Osten errichtet, denn aus dieser Richtung kommen Licht und Weisheit. Etwa zehn Schritte östlich des Gehäuses richten wir eine heilige Feuerstelle her, welche Peta owihankeschni, »Feuer ohne Ende«, genannt wird; darin werden die Steine erhitzt. Um diesen Herd zu erstellen, legen wir zuerst vier Äste so nebeneinander, daß sie von Ost nach West liegen, darauf vier Äste, die von Nord nach Süd liegen, und dann lehnen wir um diese herum weitere Äste so, daß sie oben zusammenstoßen, als wollten sie ein Zelt bilden, zuerst an der Westseite, dann auf der Nord-, der Ost- und der Südseite; Steine werden an diesen vier Richtseiten hingelegt, und auf das Ganze häufen wir noch eine gewisse Anzahl Steine auf. Aber während wir diesen Herd bauen, müssen wir beten:
»O Altvater Uakan-Tanka, Du bist und warst schon immer. Ich möchte auf dieser Erde Deinen Willen tun, wie Du

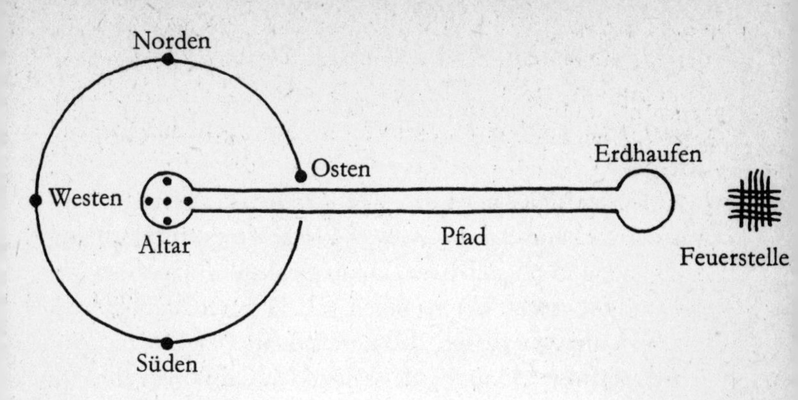

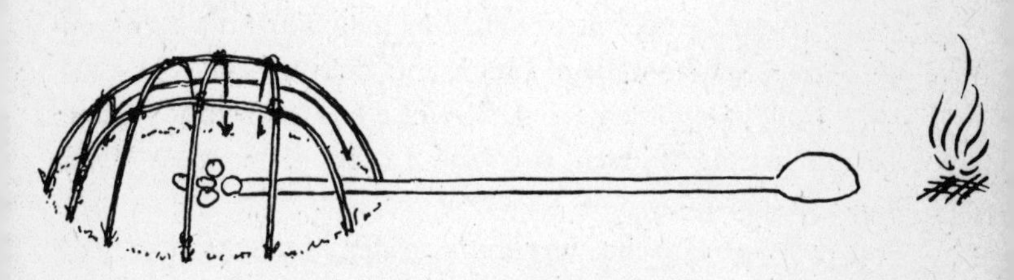

Die »Inipi« genannte Reinigungshütte

es uns gelehrt hast. Während wir diese Steine in die vier Weltgegenden legen, wissen wir, daß Du es bist, der in der Mitte ist. O heilige Steine, ihr helft uns, den Willen Uakan-Tankas zu erfüllen!«
Und wenn wir das Feuer anzünden, immer an der dem Osten zugewandten Seite, beten wir:
»O Uakan-Tanka, dies ist Dein ewiges Feuer, das uns auf dieser großen Insel geschenkt wurde! Es ist Dein Wille, daß wir diese Stelle dem Geheimnis gemäß errichten. Dieses Feuer brennt immer, dank ihm werden wir auferstehen, geläutert und Deinen Kräften näher.«
Wenn wir den Altar in der Schwitzhütte errichten, wo später die erhitzten Steine hinkommen, stecken wir zuerst in

der Mitte der Hütte einen Stock in den Boden und ziehen dann um diesen Punkt mit einem Rohlederriemen einen Kreis. Während wir diesen heiligen Mittelpunkt festlegen, beten wir:

»O Altvater und Vater Uakan-Tanka, der alles gemacht hat, was besteht, und der immer war, betrachte mich! Und Du, Altmutter und Mutter Erde, Du bist uakan und hast heilige Ohren, höre mich! Wir stammen von Dir, wir sind ein Teil von Dir, und wir wissen, daß unsere Leiber zu Dir zurückkehren, dann, wenn unser Geist über den Großen Pfad reist. Jetzt, da ich diesen Mittelpunkt in der Erde festlege, gedenke ich Deiner, zu der mein Leib eingehen wird; doch vor allem denke ich an Uakan-Tanka, mit dem unser Geist eins wird. Indem ich mich auf diese Weise reinige, will ich mich Deiner würdig machen, o Uakan-Tanka, damit mein Volk leben möge!«

Nun wird eine runde Vertiefung in der Mitte der Schwitzhütte ausgegraben; mit der ausgehobenen Erde wird ein Pfad gemacht, der aus dem Haus nach Osten führt, und am Ende dieses Pfades wird ein kleiner Erdhügel errichtet; dabei beten wir:

»Auf Dir, Altmutter Erde, will ich den heiligen Lebenspfad bauen. Wenn wir uns selbst für den Stamm reinigen, werden wir den Pfad mit sichern Schritten begehen, denn er ist es, der zu Uakan-Tanka führt; auf ihm sind vier Schritte heilig. Möge unser Volk diesen Pfad verfolgen! Mögen wir rein sein! Mögen wir zu neuem Leben erstehen!«

Und jetzt, da wir eine Stimme unmittelbar zum Großen Geiste senden, rufen wir:

»Altvater Uakan-Tanka, wir haben Deinen Willen vernommen, und wir kennen die heiligen Schritte, die wir zu tun haben. Mit der Hilfe aller Dinge und aller Lebewesen schikken wir unsere Stimme zu Dir. Habe Mitleid mit uns! Hilf uns! Ich stelle mich auf diesen heiligen Pfad und schicke meine Stimme zu Dir durch die vier Mächte, von denen wir wissen, daß sie nur eine Macht sind. Hilf mir bei alledem! O mein Altvater Uakan-Tanka, nimm Dich unser an! Hilf meinem Volk und allen Dingen, auf geheimnismäßige Art zu leben, Dir zu Gefallen! Verhilf uns, o Uakan-Tanka, zu neuem Leben!«

Derjenige, welcher den Reinigungsritus leitet, betritt jetzt die Hütte allein und mit seiner Pfeife. Er geht in der Richtung der Sonnenbahn herum und setzt sich im Westen nieder, dann weiht er die Vertiefung in der Mitte, indem er Tabakprisen an ihre vier Seiten legt, wodurch sie zu einem Altar wird. Darauf räuchert er Süßgras und reibt den Rauch über seinen ganzen Leib, über Füße, Kopf, Hände, und auch die Pfeife wird über dem Rauch gereinigt; alles wird geheiligt, und befindet sich irgend etwas Ungutes in der Hütte, so wird es durch die Macht des Rauches vertrieben.

Der Leiter muß nun der geflügelten Macht an der Stelle, wo die Sonne untergeht und von wo die reinigenden Wasser kommen, eine Prise Tabak opfern: die Macht wird angerufen und um ihre Hilfe in diesem Ritus gebeten. Darauf wird der heilige Tabak in die Pfeife getan, und in gleicher Weise werden den andern Mächten Tabakprisen geopfert: dem Norden, von dem die reinigenden Winde kommen; dem Osten, wo die Sonne aufsteigt und woher die Weisheit kommt; dem Süden, der die Quelle und das Ende allen Lebens ist; dem Himmel oben und schließlich der Mutter Erde. Wenn die Hilfe jeder Macht angerufen und jede Tabakprise in die Pfeife getan ist, rufen alle, die außerhalb der Hütte stehen: »Hau!«; denn sie sind froh und zufrieden, daß diese heiligen Handlungen vollzogen sind.

Jetzt, da die Pfeife gefüllt und alles uakan gemacht worden ist, verläßt der Leiter die Hütte. Er schreitet den Pfad entlang nach Osten und legt die Pfeife auf den Erdhügel, mit dem Kopf auf der Westseite und nach Osten gerichtetem Stiel.

Alle, die geläutert werden sollen, betreten jetzt die Hütte, der Leiter an der Spitze; jeder spricht, wenn er sich zum Eintreten bückt, folgendes Gebet:

»Hiho! Hiho! Pila maya! Danke! Indem ich mich tief niederbeuge, um diese Hütte zu betreten, denke ich daran, daß ich nichts bin vor Dir, o Uakan-Tanka, der Du alles bist. Du bist es, der uns auf diese Insel gesetzt hat; wir sind die letzten Wesen, die Du erschufst, Du, der Erste und der schon immer war. Hilf mir, rein zu werden, bevor ich meine Stimme zu Dir erhebe! Hilf uns in all dem, das wir nun tun werden!«

Sobald sie in der Hütte sind, machen die Männer die Runde in sonnenweisem Umgang und setzen sich auf die geweihte Salbei, die auf den Boden gestreut ist; der Ritenmeister sitzt auf der Ostseite, gerade neben der Tür. Alle bleiben eine Weile still im Gedenken an die Güte Uakan-Tankas und wie Er es war, der alle Dinge schuf. Dann wird die Pfeife hereingereicht durch den Gehilfen, der oft eine Frau ist und während des Ritus draußen bleibt. Der Mann, der westlich sitzt, ergreift die Pfeife und legt sie, den Stiel nach Westen gerichtet, vor sich hin.

Mit einem gegabelten Stecken ergreift nun der Gehilfe einen der Steine aus dem heiligen Feuer Peta owihankeschni, und über den heiligen Pfad kommend, reicht er ihn ins Gehäuse hinein, wo er in die Mitte des runden Altars gelegt wird; dieser erste Stein ist dem Großen Geiste gewidmet, der immer in der Mitte von allem ist. Der westlich sitzende Mann berührt den Stein mit dem Fuß der Pfeife, und jedesmal, wenn ein Stein auf den Altar gelegt wird, berührt er ihn mit der Pfeife, wobei alle Männer rufen: »Hay ye! Dank sei gesagt!«

Der zweite Stein, der hereingegeben wird, kommt auf die Westseite des Altars, der nächste auf die Nordseite, dann einer östlich, einer südlich, einer ist für die Erde, und schließlich wird die Vertiefung mit dem Rest der Steine aufgefüllt; zusammen stellen sie alles dar, was es im Weltall gibt.

Der Mann im Westen bietet jetzt die Pfeife dem Himmel, der Erde und den vier Weltgegenden dar, zündet sie an, und nach wenigen Zügen – deren Rauch er über seinen ganzen Körper reibt – gibt er die Pfeife dem Mann zu seiner Linken weiter und sagt: »Hau Ate« oder »Hau Tunkaschila«, entsprechend dem Verwandtschaftsgrad. Der, welcher die Pfeife entgegennimmt, sagt seinerseits: »Hau Ate« oder »Hau Tunkaschila«, und auf diese Weise geht die Pfeife im Sinne des Sonnenlaufes im Kreis herum. Wenn sie zum Mann auf der Westseite zurückkommt, reinigt er sie, in der Besorgnis, es könnte eine unreine Person sie berührt haben, und schüttet die Asche sorgfältig an den Rand des Altars. Diese erste Benützung der Pfeife im Schwitzhaus erinnert uns an die heilige Weiße-Büffel-Frau, die einstmals unser Zelt in geheimnisvoller Weise betrat und dann verschwand.

Die Pfeife wandert von Hand zu Hand bis zum Ritenmeister, der an der Ostseite sitzt. Dieser hält die Pfeife einen Augenblick über den heiligen Altar, den Stiel gegen Westen gerichtet, und bewegt sie dann dem heiligen Pfad entlang nach Osten; der vor der Türe stehende Gehilfe übernimmt sie, und nachdem er sie ritusgemäß gefüllt hat, lehnt er sie an den heiligen Erdhügel, mit dem Kopf nach Osten und dem

Stiel nach Westen, denn es ist die Macht des Westens, die jetzt angerufen werden soll.
Der Gehilfe schließt das Schwitzhaus, worauf es darin ganz dunkel wird; diese Dunkelheit stellt diejenige der Seele dar, von der wir uns nun selber reinigen müssen, um des Lichtes teilhaftig zu werden.
Im Verlaufe des Inipi-Ritus wird die Tür viermal geöffnet, um Licht hereinzulassen; dies erinnert uns an die vier Zeitalter und wie wir durch die Güte des Großen Geistes das Licht in jedem dieser Zeitalter erhalten haben. Der Mann auf der Westseite schickt jetzt eine Stimme in folgender Weise zu Uakan-Tanka:
»Hi-ey-hey-i-i« [viermal]. Dies sagen wir, wann immer wir Hilfe benötigen oder verzweifelt sind; und sind wir nicht jetzt wirklich in Dunkelheit und brauchen das Licht?[43]
»Ich schicke eine Stimme [viermal]. Höre mich!« Auch das ruft er viermal, und dann betet er weiter:
»Uakan-Tanka, Altvater, Du warst zuerst und bist immer gewesen. Du hast uns zu dieser großen Insel gebracht, und hier wünscht Dein Volk dem Geheimnis gemäß zu leben. Lehre uns, alle Mächte des Weltalls zu kennen und zu schauen, und gib uns das Wissen, damit wir erkennen, daß sie in Wirklichkeit nur Eine Macht sind. Möge unser Volk stets seine Stimme zu Dir senden, wandelnd auf dem heiligen Pfade des Lebens!
O ehrwürdige Steine, Tunkayatakapaka, ihr seid jetzt hier bei uns; Uakan-Tanka schuf die Erde und hat euch in ihre nächste Nähe gesetzt. Auf euch werden die Geschlechter wandeln, und ihre Schritte sollen nicht stolpern! O Felsen, ihr habt weder Augen noch Mund oder Glieder; ihr bewegt euch nicht, aber indem es euern heiligen Atem [den Dampf] erhält, wird unser Volk einen langen Atem auf seinem Weg

über den Lebenspfad haben; euer Atem ist der wahre Atem des Lebens.
Da ist ein Geflügelter – an jenem Orte, wo die Sonne zur Ruhe geht –, der jene Wasser regiert, denen alle lebenden Wesen ihr Leben verdanken. Mögen wir diese Wasser hier in geweihter Weise benützen!
O ihr, die ihr ewig steht, die ihr aufwärts durch die Erde stoßt und selbst bis an den Himmel reicht, ihr Baumvölker seid euer viele; doch einer unter euch wurde im besonderen auserwählt, diese heilige Reinigungshütte zu tragen. Ihr, Baumvölker, seid die Beschützer der Geflügelten, denn auf euch bauen sie ihre Nester und ziehen ihre Familien auf; und unter euch sind viele Völker, denen ihr Schutz gewährt. Mögen sie und alle ihre Nachkommen zusammen als Verwandte dahinwandeln!
Jedem irdischen Ding, o Uakan-Tanka, hast Du eine Kraft verliehen, und weil das Feuer die mächtigste Deiner Schöpfungen ist, da es alle andern Dinge verzehrt, tun wir es hier in unsere Mitte; und wenn wir es sehen und bedenken, erinnern wir uns in Wirklichkeit an Dich. Möge dieses heilige Feuer stets in unserer Mitte sein! Hilf uns bei dem, was wir vollenden!«
Der Leiter besprüht nun die Steine mit Wasser, einmal für unsern Großvater Tunkaschila, ein anderes Mal für unsern Vater Ate, einmal für unsere Großmutter Untschi, einmal für unsere Mutter Ina, die Erde, und ein letztes Mal für Tschannunpa, die Pfeife; diese Besprengung wird mit einem Salbei- oder Süßgraszweig vorgenommen, damit der Dampf wohlriechend werde, und wenn er steigt und die kleine Hütte füllt, ruft der Leiter:
»O Uakan-Tanka, sieh mich an! Ich bin das Volk. Indem ich mich weihe, weihe ich das ganze Volk als Eines, damit

es leben möge. Wir wünschen, neu geboren zu werden! Hilf uns!«

Es ist jetzt sehr heiß in der Hütte, aber es tut gut, die reinigende Wirkung des Feuers, der Luft und des Wassers zu spüren und den Duft der geweihten Salbei zu riechen. Nachdem diese Mächte stark in uns gearbeitet haben, wird die Türe aufgerissen, was uns an das erste Zeitalter mahnt, in dem wir das Licht von Uakan-Tanka empfingen. Man bringt nun Wasser herein, und der Leiter, der an der Ostseite sitzt, reicht es in sonnenweisem Umgang herum, und jeder trinkt ein wenig oder reibt davon über seinen Leib. Wenn wir das tun, denken wir an den Ort, wo die Sonne untergeht und von wo das Wasser kommt, und die Macht dieser Richtung hilft uns beten.

Der Gehilfe vor der Schwitzhütte nimmt die gefüllte Pfeife vom Erdhügel, bietet sie Himmel und Erde dar, trägt sie über den heiligen Pfad und gibt sie – den Pfeifenstiel voraus – dem an der Westseite der Hütte sitzenden Mann. Dieser bietet jetzt die Pfeife den sechs Richtungen dar, nimmt einige Züge und reibt seinen Körper mit dem Rauch ab. Dann wird die Pfeife im Kreis herumgereicht, bis sie ganz ausgeraucht ist. Der im Westen sitzende Mann leert die Pfeife, schüttet den verbrannten Tabak in die Mitte neben den Altar und gibt die Pfeife wie vorher nach außen. Der Gehilfe füllt sie wieder und stellt sie an den heiligen Hügel, den Stiel nach Norden gerichtet, denn während der zweiten Zeitspanne der Dunkelheit in der Hütte wird die Macht des Fliegenden im Norden angerufen.

Die Türklappe wird geschlossen, und wir sind zum zweiten Mal im Dunkeln. Jetzt betet der Mann im Norden:

»Siehe, o Schwarzer Adler, dort, wo der Riese Uasiya sein Haus hat! Uakan-Tanka hat Dich dorthin gestellt, damit Du diesen Pfad bewachst; Du bist dort, um über die Gesundheit des Volkes zu wachen, damit es lebe. Hilf uns mit Deinem reinigenden Winde! Möge er uns rein machen, so daß wir in geweihter Weise auf dem heiligen Pfade wandeln, Uakan-Tanka zum Wohlgefallen!

O Altvater Uakan-Tanka, Du bist über allen Dingen! Du bist es, der dem Ort, wo Uasiya lebt, diese Macht verlieh; und Du bist es, der auf die Erde einen heiligen Felsen stellte, der jetzt in der Mitte unseres Reifens [44] ist. Du hast uns auch das Feuer gegeben; und dort, am Orte, wo die Sonne niedersteigt, gabst Du die Macht Uakinyan-Tanka [45], der die Wasser beherrscht und die hochheilige Pfeife bewacht. Du hast einen Geflügelten in die Gegend gestellt, wo die Sonne heraufkommt, und der schenkt uns Weisheit; und Du hast ebenfalls einen Geflügelten an den Ort gestellt, dem wir stets zugekehrt sind: er ist die Quelle des Lebens, und er leitet uns auf dem heiligen roten Pfad. Alle diese Mächte sind Deine Mächte, und sie sind in Wirklichkeit Eine; sie sind jetzt alle hier in dieser Hütte.

O Uakan-Tanka, Altvater, über allem ist es Dein Wille, den wir hier erfüllen. Durch die Macht, die vom Orte kommt, wo der Riese Uasiya lebt, machen wir uns selbst so rein und weiß wie neuen Schnee. Wir wissen, daß wir jetzt im Dunkeln sitzen, doch bald wird das Licht erscheinen. Mögen wir, wenn wir dieses Zelt verlassen, alle unreinen Gedanken, alle Unwissenheit hinter uns lassen! Könnten wir wie neugeborene Kinder sein! Mögen wir zu neuem Leben erstehen, o Uakan-Tanka!«

Die Steine werden jetzt mit Wasser besprengt – viermal für die Mächte der vier Himmelsgegenden –, und wenn der Dampf aufsteigt, singen wir eine Melodie oder gar einen Gesang, denn dies hilft uns, das Geheimnis aller Dinge zu

verstehen; und der leise Donner, den wir auf der Trommel erzeugen, mahnt uns an die Donnerwesen des Westens, welche die Wasser beherrschen und die Güte bringen.
Die Hüttenklappe wird bald zum zweiten Male geöffnet, was den Eintritt der reinigenden Mächte des Nordens darstellt, und wir sehen auch das Licht, das die Dunkelheit zerstört, genau wie Weisheit die Unwissenheit vertreibt. Dem Leiter, der an der Ostseite sitzt, wird Wasser gereicht; er bietet es den Männern an und erwähnt ihren Verwandtschaftsgrad, wie ich es vorher beschrieben habe.
Die Pfeife wird wieder hereingebracht und dem auf der Nordseite sitzenden Mann gegeben; dieser bietet sie den sechs Richtungen an, und nach wenigen Zügen – wobei er sich mit dem Rauch ganz einreibt – reicht er sie im Kreis herum. Wenn der ganze Kinnikinnik aufgebraucht ist, wird die Pfeife nach Norden zurückgereicht, wo sie gereinigt und die Asche am Altar niedergelegt wird. Dann gibt man die Pfeife dem Gehilfen hinaus, der sie wieder füllt und an den Hügel lehnt, diesmal mit nach Osten gerichtetem Stiel, denn wir wollen jetzt die Macht dieser Richtung anrufen.
Die Hüttenklappe wird geschlossen, und der an der Ostseite sitzende Mann erhebt seine Stimme:
»O Großer Geist, Uakan-Tanka, ich habe eben den Tag, das Licht des Lebens gesehen. Dort wo die Sonne aufgeht, hast du die Macht der Weisheit dem Morgenstern verliehen. Der Fliegende, der diesen Pfad bewacht, ist langgeflügelt, und mit den zwei heiligen Tagen, die Du, o Uakan-Tanka, ihm gegeben, hat er den Weg des Stammes überwacht. O Du, der Du diesen Pfad beherrschst, wo die Sonne aufgeht, sieh auf uns mit Deinen roten und blauen Tagen und hilf uns, unsere Stimmen Uakan-Tanka zuzusenden! O Du, der das Wissen sein nennt, gib uns etwas davon, damit unsere

Herzen erleuchtet werden und wir alles, was heilig ist, erkennen mögen!
O Morgenstern, dort am Orte, wo die Sonne heraufkommt! O Du, der die Weisheit hat, nach der wir streben, hilf uns, uns und alles Volk zu reinigen, damit unsere zukünftigen Geschlechter Licht haben, wenn sie auf dem heiligen Pfade wandeln! Du führst die Morgendämmerung, wenn sie vorwärts dringt, und auch den Tag, der ihr mit seinem Lichte folgt, welches Wissen ist. Dies tust Du für uns und alle Völker der Welt, damit sie klar sehen beim Wandern auf dem Uakan-Pfad; auf daß sie alles erkennen mögen, was heilig ist, und sich auf geweihte Weise vermehren.«
Wieder wird Wasser auf die Steine gegossen, und wir fangen an, einen heiligen Gesang zu singen. Bald nachdem die Hitze auf uns eingewirkt hat, wird die Klappe zum dritten Male geöffnet, und das Licht des Ostens flutet über uns. Wenn die Pfeife dem Mann an der Ostseite hereingereicht wird, rufen alle Männer: »Hi ho! Hi ho! Pila maya!« Der Leiter hält die Pfeife himmelwärts und erhebt seine Stimme: »Uakan-Tanka, wir gedenken des Lichts, das Du uns durch die Macht des Ortes gabst, wo die Sonne aufgeht. Hilf uns, o Macht des Ostens! Hab Mitleid mit uns!«
Die Pfeife wird dann angezündet und im Kreise herum geraucht, und wieder nimmt sie der Gehilfe, wenn wir damit fertig sind, und lehnt sie diesmal mit südwärts gerichtetem Stiel an den Erdhügel. Wieder wird Wasser in sonnenweisem Umgang herumgereicht, und jeder reibt den ganzen Körper damit ab, besonders auch den Scheitel. Darauf schließt man die Tür zum letzten Mal. Es ist der Mann an der Südseite, der jetzt seine Stimme ausschickt:
»O Altvater Uakan-Tanka, schau herab auf uns! Du hast dort, wohin wir stets gerichtet sind, eine große Macht hin-

gestellt, und aus dieser Richtung kamen viele Geschlechter und kehrten dorthin zurück. Es ist ein Geflügelter in dieser Richtung, der den heiligen roten Pfad bewacht, auf welchem die Geschlechter heraufgezogen kamen. Das Geschlecht, das heute hier ist, wünscht, sich selbst zu reinigen und zu läutern, um neu zu erstehen!
Wir wollen das Süßgras als ein Opfer an Uakan-Tanka verbrennen, und sein Wohlgeruch wird sich durch den Himmel und über die Erde verbreiten; und es wird die Vierbeinigen, die Fliegenden, die Sternvölker des Himmels und alle Dinge zu Verwandten machen. Von Dir, o Altmutter Erde, die Du demütig bist und uns wie eine Mutter trägst, wird der Duft ausgehen; möge diese Kraft durch das ganze Weltall hindurch gefühlt werden und die Füße und Hände der Zweibeinigen reinigen, damit sie über den heiligen Pfad voranschreiten mögen, die Häupter zu Uakan-Tanka erhoben!«
Was vom Wasser übriggeblieben ist, wird jetzt über die Steine geleert, die noch sehr heiß sind; und wenn der Dampf aufsteigt und alles durchdringt, singen wir – mit oder ohne Worte – einen heiligen Gesang. Bald sagt der Leiter des Inipi:
»Der Gehilfe wird gleich die Türe zum letztenmal öffnen, und wenn sie offen ist, werden wir das Licht sehen. Es ist der Wunsch Uakan-Tankas, daß das Licht in die Dunkelheit dringe, damit wir nicht nur mit unsern beiden Augen schauen, sondern vor allem mit dem andern Auge, dem des Herzens, mit Tschante Ischta, mit dem wir alles, was wahr und gut ist, sehen und erkennen. Wir danken dem Gehilfen; mögen seine Nachkommen gesegnet sein! Es ist gut! Es ist beendigt! Hetschetu uelo!«
Wird die Hüttentür geöffnet, rufen alle Männer: »Hi ho! Hi ho! Dank sei gesagt!« Und sie sind alle glücklich, denn sie

sind aus dem Dunkel herausgekommen und leben jetzt im Licht[46]. Der Gehilfe bringt eine glühende Kohle vom heiligen Feuer und legt sie vor den Hütteneingang auf den heiligen Pfad. Während er Süßgras auf ihr verbrennt, sagt er:
»Das ist der Wohlgeruch des Großen Geistes. Durch ihn werden die zweibeinigen, die vierbeinigen, die geflügelten und alle Völker des Weltalls glücklich sein und sich freuen!«
Der Leiter des Ritus sagt dann:
»Das ist das Feuer, welches den zukünftigen Geschlechtern helfen wird, wenn sie es dem Geheimnis gemäß benützen. Aber wenn sie es mißbrauchen, wird das Feuer die Macht haben, ihnen großes Leid zuzufügen.«
Der Leiter reinigt Hände und Füße über dem Rauch, und dann betet er mit zum Himmel erhobenen Händen:
»Hi ho! Hi ho! Hi ho! Hi ho! Uakan-Tanka, heute bist Du gut zu uns gewesen, dafür sagen wir Dir Dank. Ich stelle nun meine Füße auf die Erde. Mit großer Freude schreite ich auf der heiligen Erde, unserer Mutter. Mögen die zukünftigen Geschlechter auch in dieser geheimnismäßigen Weise dahinschreiten!«
Sich im Sinne der Sonnenbahn bewegend, verlassen alle Männer die Schwitzhütte, und auch sie beräuchern ihre Hände und Füße und beten zum Großen Geist, wie ihr Leiter es getan hat.
Der hochheilige Ritus ist damit beendet, und die Teilnehmer sind wie wiedergeborene Menschen; sie haben viel Gutes, nicht nur für sich selbst, sondern für den ganzen Stamm getan.
Ich sollte vielleicht erwähnen, daß oft kleine Kinder ihre Köpfe in die Hütte hineinstecken und den Großen Geist bitten, ihr Leben rein zu machen. Wir jagen sie nicht weg, denn wir wissen, daß kleine Kinder unschuldige Herzen haben.

Wenn wir die Schwitzhütte verlassen, sind wir wie die zurückbehaltenen Seelen, von denen ich erzählt habe und die zu Uakan-Tanka zurückkehren, nachdem sie geläutert sind; denn auch wir lassen alles, was unrein ist, in der Hütte des Inipi-Ritus zurück, damit wir so leben, wie der Große Geist es wünscht, und etwas von der wirklichen Welt des Geistes wissen, die hinter unserer Welt verborgen ist.

Diese Riten des Inipi sind sehr uakan und werden vor jeder großen Unternehmung ausgeführt, für die wir uns rein machen wollen oder für die wir Kraft zu gewinnen wünschen; vor vielen Wintern machten unsere Männer – und oft auch die Frauen – das Inipi sogar täglich und zuweilen sogar mehrmals an einem Tag; ein großer Teil unserer Kraft ist uns daraus zugeflossen. Jetzt, seit wir diese Riten vernachlässigen, haben wir viel von dieser Macht verloren; es ist nicht gut, und ich weine, wenn ich daran denke. Ich bete oft, der Große Geist möge unsern jungen Leuten die Wichtigkeit dieser verehrungswürdigen Riten offenbaren.

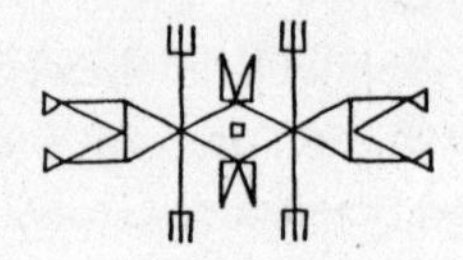

DAS FLEHEN UM EIN GESICHT

I

DAS »FLEHEN um ein Gesicht« – Hanbletscheyapi – wurde wie die Reinigungsriten des Inipi lange vor dem Erscheinen des Kalumets, der Pfeife, angewendet. Diese Art des Gebetes ist sehr wichtig, sie ist gleichsam der Mittelpunkt unserer Religion: durch sie haben wir manche Wohltaten erhalten, sogar die vier großen Riten, die ich bald beschreiben werde: den Sonnentanz, den Pfeifentanz oder die Verwandtschaftlichung, die Jungfrauenweihe und das Ballwerfen.

Jedermann kann ein Gesicht erflehen, und in den alten Tagen flehten wir alle darum, Männer und Frauen. Was man dadurch erhält, hängt teilweise von der geistigen Beschaffenheit des Bittenden ab, denn nur den wirklich befähigten Menschen werden die großen Gesichte zuteil, die durch unsere heiligen Männer ausgelegt werden und unserem Stamme Kraft und Gesundheit verleihen. Es ist für jemand, der »flehen« will, äußerst wichtig, Hilfe und Anweisungen von einem heiligen Mann – einem Uitschascha uakan [47] – zu erbitten, damit alles genau ausgeführt werde; denn wenn etwas nicht in der richtigen Weise gemacht wird, kann etwas Schlimmes geschehen; eine Schlange kann zum Beispiel kommen und sich um den Flehenden winden.

Ihr alle habt von unserm großen Häuptling und Priester Tolles Pferd [Taschunko uitko] gehört; aber ihr wißt wahrscheinlich nicht, daß er den größten Teil seiner Macht durch das Flehen erhielt, das er jedes Jahr mehrmals vornahm, selbst im bitterkalten Winter, wenn es schwer durchzuführen ist. Er erhielt Gesichte vom Felsen, vom Schatten, vom Dachs, von einem sich bäumenden Pferd [von dem er seinen

Namen erhalten hat], vom Tag und auch von Uambali Galeschka, dem Gefleckten Adler; und von jedem von diesen, von jedem Gesicht, erhielt er wieder mehr Macht und Heiligkeit [48].
Mancherlei Gründe können einen Menschen dazu treiben, auf eine Bergspitze flehen zu gehen. Einzelne junge Menschen erhalten ein Gesicht, wenn sie noch sehr jung sind und es nicht erwarten [49]; in diesem Fall gehen sie flehen, um es besser zu verstehen. Wir flehen auch, wenn wir uns für eine große Selbstkasteiung wie den Sonnentanz mutig machen wollen, oder um uns für den Kriegspfad vorzubereiten. Zuweilen fleht man, um irgendeine Gunst, wie etwa die Genesung eines Verwandten, vom Großen Geiste zu erbitten. Wir flehen auch, um dadurch Dank zu sagen für eine große Gabe, die uns der Große Geist gewährt hat. Aber der vielleicht wichtigste Grund zum Flehen ist, daß es uns hilft, unsere Einheit mit allen Dingen zu verwirklichen, zu wissen, daß alle Dinge unsere Verwandten sind; und dann beten wir zugunsten aller Dinge in ihrem Namen zu Uakan-Tanka, damit er uns Wissen um Ihn-selbst verleihe, von Ihm, der die Quelle aller Dinge ist, größer noch als alles [50].
Auch unsere Frauen flehen, nachdem sie sich im Inipi gereinigt haben; dabei helfen ihnen andere Frauen, doch gehen sie nicht auf einen sehr hohen und einsamen Berg, sondern auf einen Hügel in einem Tal, sind es doch Frauen und brauchen Schutz.
Wenn ein Indianer zu flehen wünscht, begibt er sich mit einer gefüllten Pfeife zu einem heiligen Mann. Er betritt das Tipi, indem er den Pfeifenstiel vorausstreckt, und setzt sich vor den Greis, der sein Führer sein soll. Der Flehende legt dann die Pfeife mit gegen sich gerichtetem Stiel auf den Boden, denn er ist es, der Wissen zu erlangen wünscht. Der

heilige Mann erhebt seine Hände zum Großen Geiste und zu den vier Richtungen, nimmt die Pfeife auf und fragt den Mann, was er wünsche.
»Ich wünsche zu flehen und meine Pfeife Uakan-Tanka zu opfern. Ich brauche deine Hilfe und Führung und bitte dich, eine Stimme für mich zu den Mächten in der Höhe zu schikken.«
Darauf antwortet der alte Mann: »Hau! Es ist gut«, und dann verlassen sie miteinander das Tipi; nach einem kurzen Gang bleiben sie stehen und schauen nach Westen. Der junge Mann steht dabei zur Linken des heiligen Mannes. Andere, die gerade in der Nähe sind, können sich zu ihnen gesellen. Alle erheben die rechte Hand, und der Greis betet, während er den Pfeifenstiel zum Himmel hält:
»Hi-ey-hey-i-i!« Das sagt er viermal. Dann betet er weiter:
»Altvater, Uakan-Tanka, Du warst zuerst und bist immer gewesen! Alles gehört Dir. Du bist es, der alle Dinge erschaffen hat! Du bist der Eine und Einzige, und zu Dir schicken wir eine Stimme. Dieser junge Mann hier ist in Schwierigkeiten und wünscht Dir die Pfeife darzubieten. Wir bitten Dich, ihm Hilfe zu gewähren! In wenigen Tagen wird er Dir seinen Leib opfern. Auf die heilige Erde, unsere Mutter und Altmutter, wird er seine Füße gemäß dem Geheimnis setzen.
All ihr Mächte der Welt, Himmel und Sternvölker, und rote und blaue Tage; alle Dinge, die sich in der Welt bewegen, in den Strömen, den Bächen, den Quellen, allen Wassern; alle Bäume, die stehen, alle Gräser unserer Altmutter, alle heiligen Völker des Weltalls: hört! Eine heilige Verwandtschaft mit euch allen möchte dieser junge Mann eingehen, damit die zukünftigen Geschlechter zunehmen und in geheimnismäßiger Art leben.

O Du Geflügelter, dort, wo die Sonne niedersteigt, der unsere ehrwürdige Pfeife hütet, hilf uns! Hilf uns, diese Pfeife Uakan-Tanka anzubieten, auf daß er diesem jungen Manne eine Gnade erweise!«
In diesem Augenblick rufen die andern: »Hau!« und dann setzen sie sich im Kreis auf den Boden. Der Greis bietet die Pfeife den sechs Richtungen, zündet sie an und reicht sie mit einem Gebete dar; darauf wird sie von jedermann im Kreise geraucht. Wenn sie ausgeraucht ist, wird sie dem heiligen Mann zurückgegeben; der leert und läutert sie und gibt sie dem Jüngling zurück, wobei er ihn fragt, wann er zu flehen wünsche. Darauf wird ein Tag dafür festgesetzt.

II

Ist dieser auserwählte Tag angebrochen, trägt der Jüngling, der zu flehen wünscht, nur Büffeldecke, Lendenschurz und Mokassins. Mit seiner Pfeife geht er zum Tipi des heiligen Mannes. Er weint und jammert auf diesem Gange. Im Zelt berührt er mit seiner rechten Hand das Haupt des Greises und sagt:
»Unschimala ye! Nimm dich meiner an!« Dann legt er die Pfeife vor den heiligen Mann und bittet ihn um seine Hilfe. Der alte Mann erwidert:
»Wir alle wissen, daß die Pfeife voller geheimer Bedeutung ist, und mit ihr bist du jetzt wehklagen gekommen. Ich will dir helfen, aber du darfst nicht vergessen, was ich dir jetzt sage. In den kommenden Wintern mußt du die Vorschriften und Ratschläge, die ich dir gebe, befolgen. Du darfst einen bis vier Tage flehen, oder sogar mehr, wenn du es wünschest. Wie viele Tage wählst du?«
»Ich wähle zwei Tage.«

»Gut! Dann hast du folgendes zu tun: zuerst wirst du eine Inipi-Hütte bauen, in der wir uns reinigen werden; dazu mußt du zwölf oder sechzehn kleine Weiden aussuchen. Aber vergiß nicht, ihnen ein Tabakopfer zu bringen, bevor du sie schneidest; und wenn du vor ihnen stehst, sollst du sagen: „Es gibt viele Arten von Bäumen, aber ihr seid es, die ich erwählt habe, mir zu helfen. Ich will euch nehmen, doch an eurer Stelle werden andere kommen." Dann sollst du diese Bäume dorthin bringen, wo wir die Hütte errichten werden.
Auf heilige Weise wirst du auch Steine und Salbei sammeln. Dann mußt du aus fünf langen Stecken ein Bündel machen und dazu fünf Bündel aus zwölf kurzen Ruten, die alle als Opfer dienen werden. Diese Ruten wirst du an die Westseite der Schwitzhütte lehnen, bis wir bereit sind, sie zu weihen. Wir brauchen auch gezöpfelten Rie-Tabak, Kinnikinnik, ein Tabakschneidebrett, Wildleder für die Tabakopfersäcke, Süßgras, einen Beutel heiliger Erde, ein Messer und eine Steinaxt. Diese Dinge mußt du dir selber verschaffen, und wenn du bereit bist, werden wir uns reinigen. Hetschetu uelo!«
Ist die Reinigungshütte errichtet und die ganze Ausrüstung gesammelt, so betritt der heilige Mann die Hütte und läßt sich an deren Westseite nieder; nach ihm tritt der »Flehende« ein und setzt sich nördlich, und dann kommt ein Gehilfe und setzt sich gerade südlich des heiligen Mannes. Ein kalter Stein wird hereingebracht und auf die Nordseite des Altars gelegt, wo er mit einem kurzen Gebet des heiligen Mannes geweiht und dann von einem Gehilfen hinausgenommen wird. Dies ist der Stein, der als erster auf das ewige Feuer – Peta owihankeschni – gelegt werden soll, das östlich der Schwitzhütte aufgebaut wird.

Genau östlich des Altars in der Reinigungshütte kratzt der Gehilfe eine Stelle des Erdbodens auf und legt eine glühende Kohle hin. Der heilige Mann geht im Bogen nach Osten, und indem er sich über die Kohle beugt, hält er ein Stück Süßgras darüber und betet in folgender Weise:
»O Altvater Uakan-Tanka, betrachte uns! Auf die heilige Erde lege ich dieses Kraut, das Du erschaffen hast. Der Rauch, der von Erde und Feuer aufsteigt, wird allem gehören, das sich im Weltall bewegt: den Vierbeinigen, den Geflügelten und allem, was sich bewegt und ist. Dieses ihr Opfer soll jetzt Dir, o Uakan-Tanka, gegeben werden. Wir wollen alles, was wir berühren, Dir weihen!«
Sobald das Süßgras auf die Kohle gelegt wird, rufen die andern beiden Männer in der Hütte: »Hay ye! Dank sei gesagt!« Und wenn der Rauch steigt, reibt der heilige Mann seine Hände darin und streicht dann mit ihnen über seinen Körper; auf die gleiche Art reinigen sich der Flehende und der Gehilfe mit dem geweihten Rauch. Auch der kleine Beutel mit der losgekratzten Erde wird so geweiht. Danach nehmen die drei Männer wieder ihre Plätze auf der Westseite ein, wobei jeder Platzwechsel in sonnenweisem Umgang vorgenommen wird. Die gereinigte Erde wird jetzt sehr sorgfältig innerhalb der Vertiefung, die in der Mitte der Hütte ist, ringsum mit kreisender Bewegung verstreut; das wird langsam und ehrfürchtig getan, weil diese Erde das ganze Weltall darstellt. Der Gehilfe reicht dann dem heiligen Mann einen Stab; der heilige Mann kennzeichnet damit um die Vertiefung herum vier Stellen: die erste im Westen, und dann je eine im Norden, Osten und Süden. Darauf zieht er

---

TAFEL 5 · *Oben:* Schild eines Sioux-Indianers mit aufgemaltem Donnervogel. Historisches Museum Bern.
Unten: Schildüberzug mit aufgemalter Pfeife und Falkenfedern. Indianermuseum der Stadt Zürich.

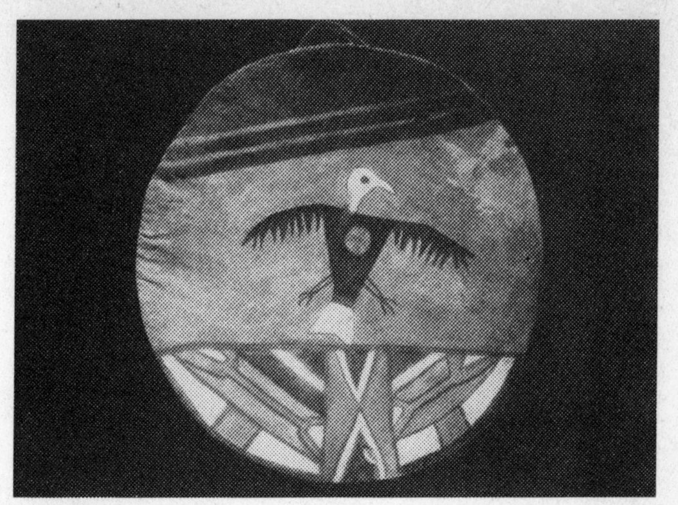

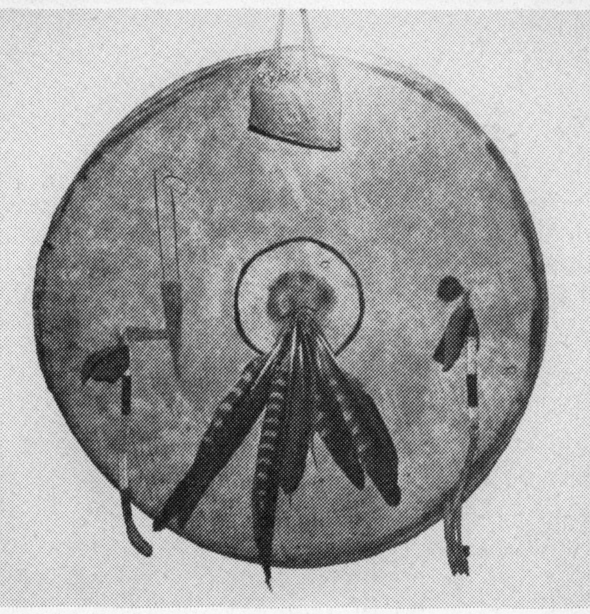

in der Erde eine Linie von Ost nach West und eine von Norden nach Süden. All das ist besonders heilig, denn dieses Kreuz setzt die vier großen Mächte des Weltalls ein und auch die Mitte, die Wohnung von Uakan-Tanka. Jetzt trägt von draußen ein Gehilfe eine heiße Kohle an einem gespaltenen Stecken herein; er schreitet langsam, hält viermal an, und beim letzten Male wird die Kohle in die Mitte des Kreuzes niedergelegt.

Ein Büschelchen Süßgras über die Kohle haltend, betet jetzt der heilige Mann:

»Mein Altvater Uakan-Tanka, Du bist alles, und mein Vater Uakan-Tanka, alle Dinge gehören Dir! Ich lege Dein Kraut auf dieses Feuer. Sein Wohlgeruch gehört Dir.«

Dann senkt der alte Mann das Süßgras langsam zum Feuer. Der Gehilfe nimmt die Pfeife auf, und indem er sich in der Richtung des Sonnenlaufes bewegt, bringt er sie dem heiligen Mann, der mit ihr in diesen Worten betet:

»O Uakan-Tanka, betrachte Deine Pfeife! Ich halte sie über den Rauch dieses Krautes. O Uakan-Tanka, sieh auch diesen geweihten Platz, den wir gemacht haben. Wir wissen, daß seine Mitte Dein Wohnsitz ist. Auf diesem Kreise werden die Geschlechter wandeln. Die Vierbeinigen, die Zweibeinigen, die Geflügelten und die vier Mächte des Weltalls, alle sollen diesen Deinen Ort sehen.«

Der heilige Mann hält dann die Pfeife über den Rauch, richtet den Stiel zuerst westwärts, darauf nach Norden, Osten, Süden und zum Himmel; nachher berührt er die Erde mit dem Fuße der Pfeife. Er reinigt die ganze Ausrüstung des Ritus: die Büffeldecke und alle Opferstäbe, und dann stellt

---

TAFEL 6 · *Oben:* Geöffnete Schwitzhütte der Cheyenne-Indianer.
Unten: Sonnentanzplatz auf der Pine Ridge Reservation, im Hintergrund Schwitzhütten. Aufnahme H. Läng, 1978.

er kleine Tabakbeutelchen her, die er an die Enden der Opferstäbe bindet.
Der verehrungswürdige Greis sitzt jetzt an der Westseite, nimmt das Schneidebrett für den Tabak und beginnt den Kinnikinnik zu hacken und zu mischen. Er prüft sorgfältig die Größe der Pfeife, denn er muß gerade genug bereitmachen, um den Pfeifenkopf zu füllen, nicht mehr. Jedesmal, wenn er ein kleines Tabakstück abschnetzelt, bietet er es einer der vier Weltgegenden dar, und er paßt gut auf, daß kein Stück vom Brett fällt, denn das würde die Donnerwesen erzürnen. Wenn das Mischen beendigt ist, ergreift der alte Mann die Pfeife mit der linken Hand, und während er in der rechten Hand eine Prise Kinnikinnik hält, betet er folgenderweise:
»O Uakan-Tanka, mein Vater und Altvater, Du bist der Erste und bist immer gewesen! Betrachte diesen jungen Mann hier, der ein verwirrtes Gemüt hat. Er wünscht, über den heiligen Pfad zu wandern; er will Dir diese Pfeife darbieten. Sei barmherzig mit ihm und hilf ihm! Die vier Mächte und das ganze Weltall werden in den Pfeifenkopf getan, und dann wird der junge Mann sie Dir unter Beihilfe der Geflügelten und mit allen Dingen anbieten.
Die erste, die in die Pfeife steigen soll, bist Du, o Geflügelte Macht des Ortes, wo die Sonne untergeht! Du und Deine Wächter, Ihr seid ehrwürdig und heilig. Siehe! Es ist ein Platz für Dich in der Pfeife. Hilf uns mit Deinen zwei heiligen blauen und roten Tagen!«
Der heilige Mann tut diesen Tabak in die Pfeife und hebt danach eine andere Prise gegen die Stelle im Norden, wo der Riese Uasiya lebt:
»O Du, Geflügelte Macht, dort, wo der Riese seine Wohnung hat, von wo die starken und reinigenden Winde kom-

men: es hat einen Platz für Dich in der Pfeife; hilf uns mit den zwei heiligen Tagen, die Du hast!«
Die Macht dieser Richtung wird in die Pfeife getan, und eine dritte Prise wird gegen Osten gehalten:
»O Du, wo die Sonne aufgeht, der Du das Licht hütest und Wissen schenkst, diese Pfeife soll Uakan-Tanka dargeboten werden! Auch für Dich ist ein Platz darin; hilf uns mit Deinen beiden heiligen Tagen!«
In dieser Weise wird die Macht des Ostens in die Pfeife getan. Und jetzt wird eine Prise Tabak gegen Süden, gegen den Ort gehalten, dem wir immer zugekehrt sind.
»O Du, der die heiligen Winde beherrscht und dort lebt, wohin wir immer gerichtet sind, Dein Atem verleiht Leben, von Dir kommen und zu Dir gehen unsere Geschlechter. Diese Pfeife soll Uakan-Tanka dargeboten werden; sie enthält einen Platz für Dich! Hilf uns mit den zwei heiligen Tagen, die Du hast!«
Auf diese Art sind alle Mächte der vier Richtungen in den Pfeifenkopf getan worden. Jetzt wird eine Tabakprise himmelwärts gehoben, sie ist für Uambali Galeschka, den Gefleckten Adler, der höher oben ist als alle andern erschaffenen Wesen und der Uakan-Tanka selber darstellt:
»O Uambali galeschka, der Du im höchsten Himmel kreisest, Du siehst alle Dinge im Himmel und auf Erden! Dieser junge Mann will seine Pfeife Uakan-Tanka darbieten, damit er Wissen erlangen möge. Hilf ihm und allen, die ihre Stimme durch Dich zum Großen Geiste senden! Hier ist ein Platz für Dich in der Pfeife. Gib uns Deine zwei heiligen roten und blauen Tage!«
Mit diesem Gebet wird der Gefleckte Adler in den Pfeifenkopf getan; darauf hält der Greis eine Tabakprise gegen die Erde und betet so:

»O Untschi und Ina, unsere Altmutter und Mutter, Du bist heilig! Wir wissen, daß unsere Leiber von Dir kommen. Dieser junge Mann möchte mit allen Dingen eins werden; er wünscht Wissen zu erlangen. Hilf ihm zu Nutz und Frommen aller Deiner Geschöpfe! Es ist ein Platz für Dich in der Pfeife; gib uns Deine zwei heiligen roten und blauen Tage!«
So wird die Erde, die jetzt im Tabak ist, in die Pfeife getan. Und auf diese Weise sind alle sechs Mächte des Weltalls hier eins geworden. Aber um sicher zu sein, daß alle Völker der Welt in der Pfeife enthalten sind, opfert der heilige Mann für alle geflügelten Völker kleine Tabakfasern:
»O du Sperling, der du auf den zwei heiligen Tagen fliegst, du, der seine Jungen so gut aufzieht; mögen wir in der gleichen Weise leben und uns vermehren! Diese Pfeife wird bald Uakan-Tanka dargeboten. Hier ist ein Platz für dich. Hilf uns!«
Mit demselben Gebet werden kleine Tabakfasern geopfert und in die Pfeife gesteckt für die Wiesenlerche, die Amsel, den Specht, die Schneeammer, die Krähe, die Elster, die Taube, den Falken, den Sperber, für den Kahlköpfigen Adler, und schließlich wird, was vom Tabak noch übrig ist, für den Zweibeinigen geopfert, der im Begriffe ist, zu flehen, indem er sich selbst dem Großen Geiste darbringt.
Die Pfeife wird nun mit Talg versiegelt, denn der Flehende nimmt sie mit, wenn er auf den Berggipfel steigt, und dort wird er sie Uakan-Tanka anbieten, aber sie darf nicht geraucht werden, bevor er das Flehen beendigt hat und zu dem heiligen Manne zurückgekehrt ist.
Alle Opferstäbe und die ganze geweihte Ausrüstung werden herausgenommen und außen an der Westseite der Schwitzhütte niedergelegt. Die drei Männer verlassen diese

und machen sich für das Inipi bereit, indem sie alle ihre Kleider bis auf den Lendenschurz ausziehen. Wer gerade da ist, darf an dem Reinigungsritus teilnehmen.

III

Der Flehende betritt die Schwitzhütte zuerst, geht in der Richtung der Sonnenbahn herum und setzt sich an die Westseite. Er nimmt seine Pfeife auf, die mit ostwärts gerichtetem Stiel im Zelt geblieben ist, und dreht sich mit ihr im Sinne des Sonnenlaufes, dann hält er sie vor sich hin und verharrt während des ersten Teils des Ritus in dieser Stellung. Als Nächster tritt der heilige Mann ein; hinter dem Flehenden vorbeigehend setzt er sich östlich, gerade neben die Tür. Alle andern Männer, die am Ritus teilnehmen wollen, füllen den noch freien Raum, und zwei Männer bleiben draußen, um als Gehilfen zu dienen.
Einer der Gehilfen füllt eine Pfeife auf ritusgemäße Weise und reicht sie dem Mann herein, der zur Linken des Flehenden sitzt. Der Stein, der vorher geweiht worden ist, wird auch hereingegeben – an einem gegabelten Stecken, denn er ist jetzt sehr heiß – und in die Mitte der heiligen Höhlung gelegt. Ein zweiter Stein wird dann an den Westteil der heiligen Stelle gelegt, und die andern kommen je an den Norden, Osten und Süden. Während die Steine an ihre Plätze gebracht werden, berührt sie der Mann, der die Pfeife hält, welche im Ritus geraucht werden soll, mit ihrem Fuß, und während er das tut, rufen alle Männer: »Hay ye! Hay ye!«
Die Pfeife wird hierauf angezündet, Himmel, Erde und den vier Richtungen angeboten und im Kreise herum geraucht. Während sie herumgereicht wird, erwähnt jeder seinen Ver-

wandtschaftsgrad zu dem neben ihm Sitzenden. Nachdem sie geraucht haben, sagen sie alle miteinander: »Mitakuye oyassin!« [Wir sind alle Verwandte!] Derjenige, welcher die Pfeife angezündet hatte, leert sie jetzt und schüttet die Asche auf den Altar in der Mitte, und nachdem er sie neu geweiht hat, reicht er sie nach links, und sie wird aus dem Zelt hinausgegeben. Der Gehilfe füllt die Pfeife wieder und lehnt sie mit nach Westen gerichtetem Stiel an den heiligen Erdhaufen. Die Türklappe wird geschlossen, und der heilige Mann auf der Ostseite beginnt im Dunkel zu beten:
»Schau her! Alles, was sich im Weltall bewegt, ist hier!« Dies wird von allen wiederholt, und am Schluß rufen alle: »Hau!« Danach rufen sie viermal: »Hi-ey-hey-i-i!« und viermal: »Ich schicke eine Stimme! Höre mich!« Und sie fahren fort: »Uakan-Tanka, Altvater, schau her zu uns! O Uakan-Tanka, Vater, schau her zu uns! Auf der großen Insel ist ein Zweibeiniger, der sagt, daß er Dir eine Pfeife anbieten will. An diesem Tage soll ein Versprechen erfüllt werden. Zu wem könnte man eine Stimme schicken, außer zu Dir, Uakan-Tanka, unser Altvater und Vater? O Uakan-Tanka, dieser junge Mann bittet Dich, Mitleid mit ihm zu haben. Er sagt, sein Gemüt sei verwirrt und er bedürfe Deiner Hilfe. Mit dem Opfer dieser Pfeife will er Dir seinen ganzen Geist und Körper opfern. Die Zeit ist jetzt gekommen; er wird bald an einen hochgelegenen Ort gehen, und dort will er Deine Hilfe erflehen. Nimm Dich seiner an!
O ihr vier Mächte des Alls, ihr Fliegenden der Luft und all die Völker, die sich im Weltall bewegen – ihr seid alle in die Pfeife getan worden. Helft diesem jungen Manne mit dem Wissen, das euch allen von Uakan-Tanka verliehen wurde. Habt Mitleid mit ihm! O Uakan-Tanka, gewähre diesem Manne viele Verwandte, auf daß er mit den Vier

Winden, den vier Mächten der Welt, eins werde, und mit dem Lichte der Morgendämmerung! Möge er seine Verwandtschaft mit allen geflügelten Völkern der Luft verstehen! Er wird seine Füße auf die geweihte Erde einer Bergspitze setzen; möge er dort Erkenntnis erlangen, mögen seine Nachkommen geweiht sein! Alle Wesen danken Dir, o Uakan-Tanka, der Du mitleidig bist und uns allen hilfst. Wir erbitten all das von Dir, denn wir wissen, Du bist der Eine und Einzige, und Deine Macht erstreckt sich auf alles!«
Während ein wenig Wasser auf den rotglühenden Stein geschüttet wird, singen alle Männer:

»*Altvater, ich sende eine Stimme!*
Zu den Himmeln des Weltalls sende ich eine Stimme,
Auf daß mein Volk leben möge!«

Wenn die Männer dies singen und der heiße Dampf aufsteigt, schluchzt der Flehende, weil er sich selbst demütigt, eingedenk seiner Nichtigkeit in Anwesenheit des Großen Geistes.
Nach kurzer Zeit wird die Klappe vom Gehilfen geöffnet, und der Wehklagende umarmt seine Pfeife, indem er sie zuerst an die eine, dann an die andere Schulter hält, und fleht die ganze Zeit demütig zum Großen Geiste: »Hab Mitleid mit mir! Hilf mir!« Die Pfeife wird dann im Kreise herumgegeben, und alle umarmen sie und weinen wie der Flehende. Dann wird sie den Gehilfen aus der Hütte hinausgereicht; sie umarmen sie ebenfalls und lehnen sie hierauf mit dem Stiel nach Osten an den Erdhügel, denn diese Richtung ist die Quelle des Lichtes und des Verstehens.
Die zweite in diesem Reinigungsritus benützte Pfeife, die mit westwärts gerichtetem Stiel an dem Erdhaufen lehnte, wird jetzt hineingereicht und dem Manne gegeben, der un-

mittelbar östlich des Flehenden sitzt. Diese Pfeife wird nun angezündet, und nachdem sie von jedermann im Kreise geraucht worden ist, wird sie aus der Hütte hinausgegeben. Darauf bietet man Wasser herum, und der Flehende darf jetzt soviel trinken, wie er mag, aber er muß aufpassen, keinen Tropfen davon zu verschütten, weder auf den Boden noch auf seinen eigenen Körper; das würde die Donnerwesen erzürnen, welche die heiligen Wasser hüten, und dann könnten sie ihn in jeder Nacht seines »Flehens« heimsuchen. Der heilige Mann heißt jetzt den Flehenden seinen Körper mit Salbei einreiben. Die Klappe wird nochmals geschlossen und dann ein Gebet vom nächstheiligen Mann in der Hütte gesprochen, von einem, der ein Gesicht gehabt hat: »Auf dieser geweihten Erde haben die Donnerwesen Mitleid mit mir gehabt: sie haben mir eine Macht gegeben, die von dorther kommt, wo der Riese Uasiah lebt. Es war ein Adler, der zu mir kam. Er wird auch dich sehen, wenn du um ein Gesicht flehen gehst. Denn vom Orte, wo die Sonne aufgeht, schickten sie mir einen kahlköpfigen Adler; er wird auch dich sehen. Vom Orte, dem wir immer zugewandt sind, schickten sie mir einen Geflügelten. Sie waren sehr gnädig mit mir. In den Tiefen des Himmels ist ein Wesen mit Fittichen, das Uakan-Tanka am nächsten ist: es ist der Gefleckte Adler, und auch er wird dich ansehen. Du wirst von allen Mächten erblickt werden und von der heiligen Erde, auf der du stehst. Sie wiesen mich auf einen guten Pfad auf dieser Erde; mögest auch du diesen Weg kennen! Richte deine Gedanken auf die Bedeutung dieser Dinge, und du wirst sehen! So ist all dies, vergiß es nicht! Hetschetu uelo!«

Dieser Greis singt danach:

»Sie senden mir eine Stimme.
Vom Orte, wo die Sonne niedergeht,
Schickt mir unser Altvater eine Stimme.
Von dort, wo die Sonne untergeht,
Reden sie zu mir, wenn sie kommen.
Unseres Altvaters Stimme ruft mich.
Dieser Geflügelte, dort, wo der Riese lebt,
Schickt mir eine Stimme; er ruft mich.
Unser Altvater ruft mich!«

Während der alte Mann dieses Lied singt, wird Wasser auf die Steine gesprengt, und nachdem die Gruppe eine Weile still in dem heißen, wohlriechenden Dampf und in der Dunkelheit verharrte, wird die Tür geöffnet, und frische Luft und Licht erfüllen das kleine Gehäuse. Nochmals wird die Pfeife vom heiligen Erdhügel genommen; man reicht sie dem Mann in der Nordseite der Hütte. Nachdem sie geraucht ist, wird sie wieder mit ostwärts gerichtetem Stiel auf den Erdhaufen gelegt. Die Klappe wird geschlossen, und diesmal ist es der heilige Mann im Osten, der betet:
»O Uakan-Tanka, betrachte alles, was wir hier tun und erbitten! O Du, Macht, dort wo die Sonne untergeht, welche die Wasser beherrscht: mit dem Atem deiner Wasser reinigt sich dieser junge Mann. Und auch ihr, o Steine von unausdenklichem Alter, die ihr uns hier helft, hört! Ihr seid fest auf diese Erde gesetzt; wir wissen, daß die Winde euch nicht erschüttern können. Dieser junge Mann will eine Stimme aussenden und ein Gesicht erflehen. Ihr helft uns, indem ihr ihm etwas von eurer Macht abgebt; euer Atem macht ihn rein.
O ewiges Feuer, dort wo die Sonne aufgeht, von Dir erlangt dieser junge Mann Kraft und Klarheit. O Bäume,

Uakan-Tanka hat euch die Macht verliehen, aufrecht zu stehen. Möge dieser junge Mann euch stets zum Beispiel nehmen; möge er entschlossen zu euch halten! Es ist gut. Hetschetu uelo!«

Alle Männer singen wieder, und nach einer kurzen Weile wird die Tür geöffnet. Man reicht die Pfeife dem heiligen Mann auf der Ostseite, der sie anzündet und nach wenigen Zügen im Kreis herumgibt. Wenn der Tabak aufgeraucht ist, nimmt der Gehilfe die Pfeife wieder und legt sie mit südwärts gerichtetem Stiel auf den Erdhügel. Die Klappe der Schwitzhütte wird zum letztenmal geschlossen, und jetzt wendet sich der heilige Mann mit seinem Gebet an die Steine:

»O ihr uralten Steine, ihr seid heilig; ihr habt weder Ohren noch Augen, und doch hört und seht ihr alle Dinge. Durch eure Kräfte ist dieser junge Mann rein geworden, damit er würdig sei, eine Botschaft von Uakan-Tanka holen zu gehen. Die Männer, die den Eingang dieser geweihten Hütte bewachen, werden ihn bald zum vierten Male öffnen, und wir werden das Licht der Welt sehen. Sei barmherzig mit den Männern, welche die Türe hüten! Mögen ihre Nachkommen gesegnet sein!«

Wasser wird auf die noch heißen Steine geleert, und nachdem der Dampf die Hütte eine kurze Weile durchdrungen hat, wird die Tür geöffnet, und alle Männer rufen aus: »Hi ho! Hi ho! Danke!«

Der Flehende verläßt die Hütte als erster. Er setzt sich auf den geweihten Pfad, dem kleinen Erdhügel zugekehrt, und wehklagt dabei. Einer der Gehilfen ergreift die Büffeldecke, die geläutert worden ist, und legt sie über die Schultern des Flehenden; ein anderer ergreift die Pfeife und reicht sie dem jungen Mann, der jetzt bereit ist, auf einen hohen Berg zu gehen und um ein Gesicht zu flehen.

IV

Man führt drei Pferde herbei; zwei davon belädt man mit den Bündeln der Opferstäbe und einem gewissen Vorrat von Salbei. Der Flehende besteigt das dritte Pferd, weint höchst erbarmungswürdig und hält die Pfeife vor sich hin. Wenn sie am Fuß des ausgewählten Berges ankommen, gehen die zwei Gehilfen mit der ganzen Ausrüstung voraus, um den geweihten Platz auf dem Berggipfel bereit zu machen. Dort angekommen, betreten sie den erwählten Ort an der von ihrem eigenen Lagerkreis abgewandten Seite und gehen unmittelbar auf die Stelle zu, die sie zum Mittelpunkt erkoren haben; hier legen sie die ganze Ausrüstung nieder. Sie graben eine Vertiefung in den Boden und legen etwas Kinnikinnik hinein. Dann pflanzen sie in dieser Höhlung

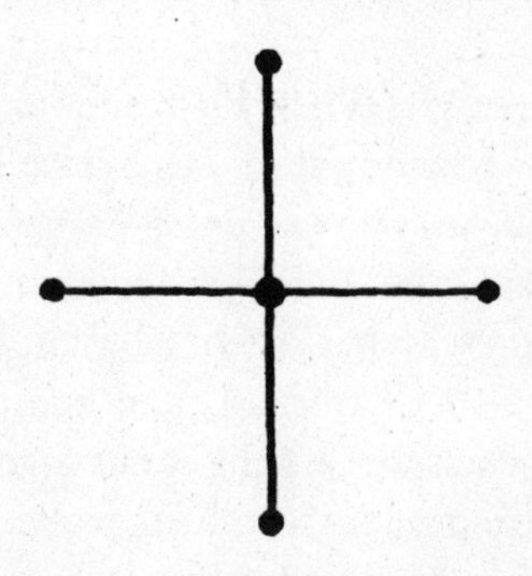

eine lange Stange auf, an deren Spitze sie die Opfergaben gebunden haben. Einer der Gehilfen macht zehn große Schritte gegen Westen und richtet hier auf gleiche Weise eine andere Stange auf, an deren Ende er Opferbeutel bindet. Dann kommt er zum Mittelpunkt zurück, wo er nochmals eine Stange ergreift, die er im Norden einsteckt, und

geht wieder zur Mitte. Auf dieselbe Art errichtet er östlich und südlich Stangen. Während dieser Zeit hat der andere Gehilfe im Mittelpunkt aus Salbei ein Bett gemacht, damit der Flehende sich in Augenblicken der Ermüdung, den Kopf an die Mittelstange gelehnt und die Füße gegen Osten gestreckt, darauf ausruhen könne. Ist alles beendigt, so verlassen die Gehilfen den Ort über den Nordpfad und kehren zum Flehenden am Bergfuß zurück.
Der Flehende legt jetzt seine Mokassins und sogar den Lendenschurz ab – denn wenn wir wirklich flehen wollen, müssen wir arm an Gütern dieser Welt sein – und steigt allein zum Berggipfel auf, wobei er die Pfeife vor sich hin hält und seine Büffeldecke trägt, die er in der Nacht benützen wird. Im Gehen weint er und wiederholt unablässig: »Uakan-Tanka unschimala ye oyate uani uatschin tscha! O Großer Geist, sei barmherzig mit mir, damit mein Volk leben möge!«
Sobald er auf dem geweihten Platz ankommt, geht er zur Mittelstange und schaut nach Westen; seine Pfeife in beiden Händen hochhaltend, fährt er unter Tränen fort zu beten: »O Uakan-Tanka, habe Mitleid mit mir, daß mein Volk leben möge!« Dann schreitet er sehr langsam zur Weststange, wo er dasselbe Gebet darbringt, und kehrt zur Mitte zurück. In der gleichen Weise geht er zur Stange im Norden, zu der im Osten und zu der im Süden, wobei er jedesmal zur Mitte zurückkehrt. Nach jeder Runde hebt er seine Pfeife himmelwärts, bittet die Geflügelten und alle Dinge, ihm zu helfen; dann, den Pfeifenstiel erdwärts richtend, erbittet er Beistand von allem, was auf unserer Mutter Erde gedeiht.
All das ist rasch erzählt, aber der Flehende soll es so langsam und in solch weihevoller Weise ausführen, daß er oft eine Stunde oder gar zwei braucht, um eine dieser Runden zu

machen. Er kann sich nicht anders als in dieser Art bewegen; aber indem er der Kreuzform folgt, darf er an jeder Stelle solange verweilen, als er wünscht. Er tut dies den ganzen Tag und betet andauernd, entweder laut heraus oder still für sich, denn der Große Geist ist überall und hört darum alles, was in unseren Gedanken und Herzen vorgeht; es ist nicht nötig, mit lauter Stimme zu ihm zu sprechen. Der Flehende ist nicht verpflichtet, immer das Gebet anzuwenden, das ich genannt habe, denn er darf seine ganze Aufmerksamkeit auch schweigend auf den Großen Geist oder eine seiner Mächte richten. Er muß sich stets vor ablenkenden Gedanken hüten, muß aber anderseits wachsam sein, um irgendwelche Boten, die ihm der Große Geist senden könnte, zu erkennen, denn diese erscheinen oft in der Gestalt eines Tieres, selbst eines kleinen und scheinbar so bedeutungslosen wie einer Ameise. Vielleicht kommt ein Schwarzer Adler aus dem Norden oder der Kahlköpfige Adler aus dem Osten, oder aus dem Süden sogar der Rotköpfige Specht. Selbst wenn keiner von diesen zu ihm sprechen sollte, sind sie wichtig und müssen beobachtet werden. Kommt ein kleiner Vogel oder vielleicht ein Eichhörnchen, hat es der Flehende gleichfalls zu beachten. Anfänglich mögen die Tiere scheu sein, doch bald werden sie zahm, und die Vögel werden sich auf die Stangen setzen, und selbst die kleinen Ameisen oder Raupen können auf die Pfeife kriechen. Alle diese Völker sind wichtig, denn sie sind auf ihre eigene Art weise und können uns Zweibeinige viel lehren, wenn wir demütig vor ihnen sind. Von allen Geschöpfen sind die Geflügelten am meisten unserer Aufmerksamkeit würdig, weil sie dem Himmel am nächsten und nicht an die Erde gebunden sind wie die Vierbeiner oder die kleinen kriechenden Völker.

Es ist gut, hier zu erwähnen, daß es nicht ohne Bedeutung ist, daß wir Menschen zusammen mit den Fliegenden zweibeinig sind, denn ihr seht die Vögel die Erde mit ihren Schwingen verlassen, und wir Menschen können diese Welt auch verlassen, nicht mit Schwingen, aber im Geist. Dies wird euch helfen, teilweise zu verstehen, warum wir alle erschaffenen Wesen als heilig und bedeutsam betrachten, denn alles hat einen uotschanri, einen Einfluß, der auf uns übertragen werden kann und durch den wir ein wenig mehr Verständnis gewinnen können, wenn wir aufmerksam sind.

Während des ganzen Tages schickt der Flehende seine Stimme zu Uakan-Tanka, um seine Hilfe zu erlangen, und er schreitet, wie wir beschrieben haben, über die heiligen Pfade, die ein Kreuz bilden; in dieser Form steckt viel Kraft, denn so oft wir in seine Mitte kommen, ist es, wie wenn wir zu Uakan-Tanka zurückkommen, der die Mitte aller Dinge ist; auch dann noch, wenn wir uns von Ihm zu entfernen glauben, müssen wir und alle Dinge zu Ihm zurückkehren.

Am Abend ist der Flehende sehr erschöpft, denn ihr müßt bedenken, daß er während der Tage, die er dem Flehen um ein Gesicht weiht, weder essen noch trinken darf. Er kann auf dem Salbeibett, das für ihn hergerichtet worden ist, schlummern und muß dabei den Kopf an die Mittelstange lehnen; so ist er selbst im Schlafe Uakan-Tanka nahe, und sehr oft kommen die mächtigsten Gesichte im Schlaf über uns. Es sind nicht bloße Träume, denn sie sind viel wirklicher und stärker; sie kommen nicht aus uns selbst, sondern von Uakan-Tanka. Es kann geschehen, daß wir bei unserem ersten Flehen kein Gesicht und keine Botschaft vom Großen Geiste erhalten, doch können wir es öfters versuchen; wir dürfen nicht vergessen, daß der Große Geist darum besorgt ist, denen zu helfen, die ihn mit reinem Herzen suchen.

Aber es hängt viel von der Natur des Menschen ab, der nach einem Gesichte ruft, und vom Grade seiner Läuterung und Vorbereitung.
Am Abend kommen gelegentlich die Donnerwesen, und obgleich sie furchterregend sind, bringen sie viel Gutes; sie prüfen unsere Kraft und Ausdauer. Auch sie helfen uns erkennen, wie klein und unbedeutend wir im Vergleich zu den unermeßlichen Mächten des Großen Geistes sind.
Ich erinnere mich, daß einmal, als ich so flehte, vom Orte, wo die Sonne untergeht, ein gewaltiger Sturm herkam. Und ich redete mit den Donnerwesen, die daherzogen mit Hagel, Donner, Blitz und mit Strömen von Regen. Am Morgen sah ich, daß auf dem Boden rund um den heiligen Platz Hagel aufgehäuft war, doch innerhalb des Kreises war es völlig trocken. Ich denke, daß sie mich prüfen wollten. Und dann kamen in einer Nacht die üblen Geister; sie rissen die Opfergaben von den Stangen, und ich hörte ihre Stimmen unter dem Boden, und einer von ihnen sagte: »Geh und schau, ob er fleht!« Ich hörte den Lärm von Rasseln, aber die ganze Zeit waren sie außerhalb des heiligen Platzes und konnten nicht hereindringen, denn ich war entschlossen, mich nicht erschrecken zu lassen, und hörte nicht auf, meine Stimme zu Uakan-Tanka auszuschicken. Später sagte dann einer der bösen Geister von irgendwo unter dem Boden her: »Ja, er fleht wirklich«, und am nächsten Morgen waren die Opfer noch da. Ihr seht, ich war gut vorbereitet und erschlaffte nicht, darum konnte mir nichts Übles geschehen.
Der Flehende muß in der Mitte der Nacht aufstehen und wieder zu den vier Weltgegenden gehen, dabei jedesmal zum Mittelpunkt zurückkehren und die ganze Zeit über seine Stimme ausschicken. Er muß immer mit dem Morgenstern auf sein, gegen Osten schreiten und, den Pfeifenstiel

auf diesen heiligen Stern richtend, ihn um Weisheit bitten; dies betet er still in seinem Herzen und nicht laut heraus. All das hat der Flehende die drei oder vier Tage lang zu tun.

V

Am Ende dieses Zeitraumes kommen die Helfer mit ihren Pferden und führen den Flehenden mit seiner Pfeife zum Lager zurück; dort betritt er sogleich die Inipi-Hütte, die man für ihn vorbereitet hat. Er setzt sich, immer mit der Pfeife vor sich, im Westen. Der heilige Mann – der geistige Führer des Flehenden – tritt als Nächster ein und setzt sich, hinter ihm durchgehend, an den Osten; alle andern Männer verteilen sich in dem verbleibenden Raum.
Der erste heilige Stein, der schon erhitzt worden ist, wird in die Hütte gebracht und auf die Mitte des Altars gelegt, und dann werden alle Steine so herein gebracht, wie ich es früher beschrieben habe. All das geschieht auf feierliche Weise, doch rascher als vorher, denn alle Männer sind begierig, zu hören, was der Flehende zu berichten hat, und zu erfahren, welche großen Dinge dort auf dem Berg zu ihm gekommen sind. Wenn alles bereit ist, sagt der Priester zum Flehenden: »Ho! Du hast nun mit deiner Pfeife eine Stimme zu Uakan-Tanka gesandt. Diese Pfeife ist jetzt sehr ehrwürdig, denn das ganze Weltall hat sie gesehen. Du hast diese Pfeife allen vier himmlischen Mächten dargeboten; sie haben sie gesehen! Und jedes Wort, das du dort oben gesagt, wurde gehört, sogar von unserer Altmutter und Mutter Erde. Die künftigen Geschlechter werden dich hören! Diese fünf alten

---

TAFEL 7 · Sonnentanzamulett aus Leder, die Sonne darstellend. Indianermuseum der Stadt Zürich.

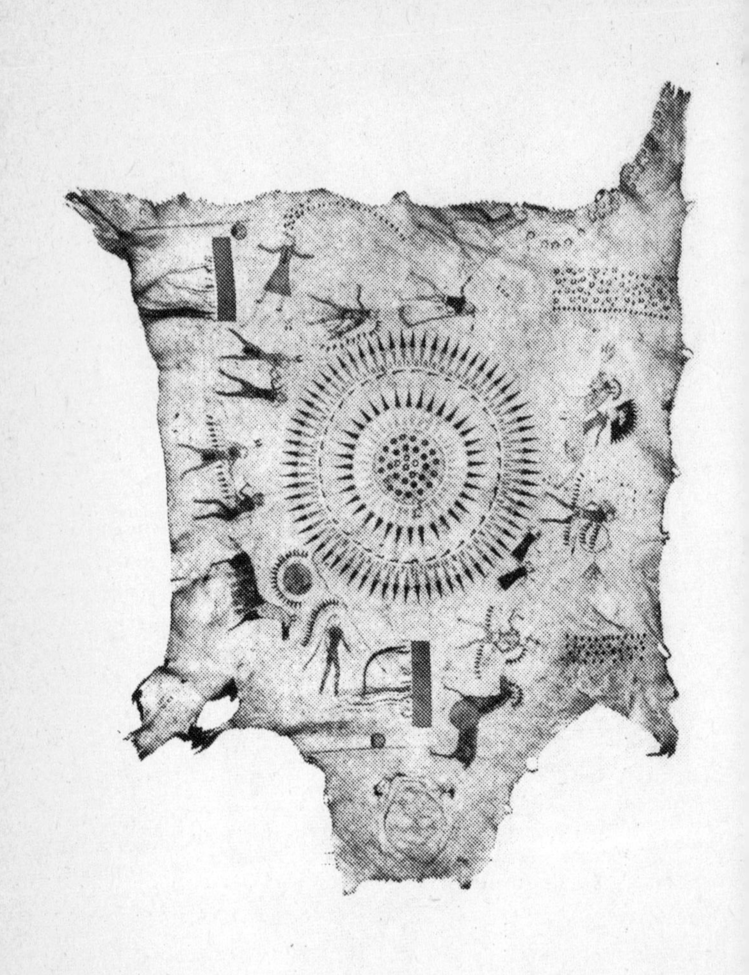

Steine werden dich hören! Die geflügelte Macht des Ortes, wo die Sonne niedersteigt, welche die Wasser beherrscht, wird dich hören! Die hier stehenden Bäume werden dich hören! Und auch die hochheilige Pfeife, die dem Stamme gegeben wurde, wird dich hören; berichte uns darum die Wahrheit und gib acht, daß du nichts erfindest! Selbst die winzigen Ameisen und kriechenden Raupen sind vielleicht gekommen, um dich dort oben zu sehen, als du um ein Gesicht flehtest; sag uns alles! Du hast uns die Pfeife zurückgebracht, die du darbotest. Es ist beendigt! Und weil du diese Pfeife bald an deinen Mund führst, sollst du einzig die Wahrheit berichten. Die Pfeife ist uakan und weiß alles; du kannst sie nicht betrügen. Wenn du lügst, wird dich Uakinyan-Tanka, der Donnervogel, der die Pfeife hütet, bestrafen! Hetschetu uelo!«
Der heilige Mann erhebt sich von seinem Platz im Osten, geht in sonnenweisem Umgang in der Schwitzhütte herum und setzt sich zur Rechten des Flehenden. Getrockneter Büffelmist wird vor diesen hingelegt und die Pfeife mit himmelwärts gerichtetem Stiel daraufgestellt. Der Priester hebt jetzt das Talgsiegel vom Pfeifenkopf ab und legt es auf den Büffelmist. Dann entnimmt er dem Feuer eine Kohle und zündet die Pfeife an, und nachdem er sie den sechs Richtungen angeboten hat, richtet er den Stiel auf den Flehenden, der ihn mit seinen Lippen berührt. Der heilige Mann beschreibt darauf mit dem Pfeifenstiel in der Luft einen Kreis, raucht selber ein wenig und nähert ihn wieder den Lippen des Flehenden. Dann schwenkt er den Pfeifenstiel wieder im Kreise und raucht nochmals einige Züge. Das wird viermal

---

TAFEL 8 · Bemalte Bisondecke des Mandan-Häuptlings Mato Tope [Vier Bären]. Historisches Museum Bern.

getan. Darauf wird die Pfeife im Kreise herumgeboten, und alle Männer rauchen. Wenn sie zu dem Priester zurückkommt, leert er sie, indem er sie viermal auf den vom Talgsiegel und dem Büffelmist gebildeten Haufen klopft; dann läutert er sie durch Räuchern. Die Pfeife vor sich hin haltend, sagt er zu dem Flehenden:

»Junger Mann, vor drei Tagen bist du mit deinen zwei Helfern, die für dich an der heiligen Stelle fünf Pfosten aufgestellt haben, von hier weggegangen. Erzähle uns alles, was dir dort oben geschah, nachdem dich die Helfer verlassen hatten! Laß nichts aus! Wir haben viel für dich zu Uakan-Tanka gebetet und die Pfeife gebeten, dir gewogen zu sein[51]. Berichte uns jetzt, was geschah!«

Der Flehende antwortet, und jedesmal, wenn er etwas von Bedeutung sagt, rufen alle Männer: »Hay ye!«

»Ich stieg den Berg hinan, und nachdem ich den heiligen Platz betreten hatte, schritt ich fortwährend in jede der vier Richtungen und ging immer zum Mittelpunkt zurück, wie du es mich gelehrt hast. Am ersten Tage sah ich, als ich zum Orte blickte, wo die Sonne untergeht, einen Adler auf mich zufliegen, und als er näher kam, sah ich, daß es ein Gefleckter Adler war. Er ließ sich auf einen Baum meiner Umgebung nieder, sagte aber nichts und flog dann zum Orte fort, wo der Riese Uasiya lebt.«

Hier rufen alle Männer: »Hay ye!«

»Ich kehrte zum Mittelpunkt zurück und ging darauf gegen Norden. Wie ich dort stand, sah ich in der Höhe einen Adler kreisen; als er sich in meiner Nähe niederließ, sah ich, daß es ein junger Adler war, aber auch er sagte nichts zu mir; bald schwang er sich auf und schwebte in der Richtung davon, der wir immer zugekehrt sind.

Ich ging zur Mitte zurück, wo ich rief und meine Stimme

schickte, und dann wandte ich mich in die Richtung, wo die Sonne aufgeht. Dort sah ich etwas mir entgegenfliegen; bald erkannte ich, daß es ein Kahlköpfiger Adler war, aber auch er redete nicht zu mir. Immer flehend kehrte ich zur Mitte zurück und ging dann in die Richtung, der wir uns stets zuwenden. Ich sah einen rotbrüstigen Specht auf der Opferstange sitzen. Es ist möglich, daß er mir etwas von seiner Kraft, seinem Uotschanri, gegeben hat, denn ich hörte ihn zu mir, zwar schwach, doch ganz deutlich, sagen: „Uatschin ksapa yo! Sei aufmerksam! Und habe keine Angst; beachte kein böses Ding, das kommen und zu dir sprechen könnte!"«
Alle sagen laut: »Hay ye!« denn diese vom Vogel überbrachte Botschaft ist sehr wichtig. Der Flehende fährt fort: »Obgleich ich jammerte und meine Stimme ohne Unterlaß ausschickte, war das alles, was ich am ersten Tage sah und hörte. Dann fiel die Nacht herab, und ich legte mich mit dem Kopf an die Mittelstange und schlief ein. In meinem Schlaf sah ich mein Volk und merkte, daß es glücklich war. Ich erhob mich in der Mitte der Nacht und schritt von neuem zu jeder der vier Richtungen; jedesmal kehrte ich zum Mittelpfosten zurück und sandte andauernd meine Stimme. Kurz bevor der Morgenstern aufging, besuchte ich die vier Weltgegenden wieder, und gerade, als ich die Gegend erreichte, wo die Sonne aufgeht, sah ich den Morgenstern. Ich bemerkte, daß er zuerst ganz rot war, dann wurde er blau, nachher gelb, und schließlich sah ich, daß er weiß war; und in diesen vier Farben erkannte ich die vier Alter. Obschon dieser Stern nicht wirklich zu mir sprach, lehrte er mich doch sehr viel.
Ich stand dort in Erwartung des Sonnenaufganges, und gerade im Morgenrot sah ich die Welt voller kleiner geflügelter Völker, und sie waren alle vergnügt. Schließlich

kam die Sonne herauf und brachte ihr Licht in die Welt. Da begann ich zu flehen und kehrte in die Mitte zurück, wo ich mich hinlegte und die Pfeife an die Mittelstange lehnte.
Als ich dort in der Mitte lag, konnte ich alle Arten von kleinen Geflügelten hören, die auf den Stangen saßen, aber keiner sprach zu mir. Ich blickte nach meiner Pfeife und sah zwei Ameisen den Stiel entlang laufen. Vielleicht wünschten sie, zu mir zu sprechen, aber bald gingen sie weg.
Oft kamen während des Tages, als ich flehte und meine Stimme ausschickte, Vögel und Schmetterlinge zu mir; einmal setzte sich ein weißer Schmetterling auf das Ende des Pfeifenstiels und schlug seine prächtigen Flügel auf und ab. An diesem Tage sah ich keine großen Vierbeiner, nur die kleinen Völker. Dann, kurz bevor die Sonne zur Ruhe ging, sah ich, daß sich Wolken ansammelten, und die Donnerwesen kamen. Der Blitz füllte den ganzen Himmel, und der Donner war schrecklich, und ich glaube, daß ich ein wenig erschrak. Aber ich hielt meine Pfeife hoch und fuhr fort, meine Stimme zu Uakan-Tanka zu schicken. Und bald hörte ich eine andere Stimme sagen: „Hi-ey-hey-i-i! Hi-ey-hey-i-i!" Viermal wurde das gesagt, nachher verließ mich alle Furcht, denn ich dachte daran, was mir der kleine Vogel gesagt hatte, und fühlte mich tapfer. Ich hörte noch andere Stimmen, die ich nicht verstehen konnte. Ich stand mit geschlossenen Augen da, ich weiß nicht wie lange, und als ich sie öffnete, war alles sehr hell, heller noch als der Tag, und ich sah viele Leute auf Pferden mir entgegenkommen; alle ritten Pferde von verschiedenen Farben. Einer der Reiter sprach dann zu mir; er sagte: „Junger Mann, du bietest die Pfeife Uakan-Tanka dar; wir sind alle glücklich, daß du das tust!" Das ist alles, was er sagte; dann verschwanden sie.
Am nächsten Tage sah ich, gerade bevor die Sonne her-

aufkam und ich die vier Richtungen besuchte, den gleichen kleinen, rotbrüstigen Specht; er saß auf der Stange der Richtung, wohin wir immer blicken, und sagte fast das gleiche zu mir wie früher: „Freund, sei aufmerksam, wenn du schreitest!" Das war alles, und bald darauf kamen die zwei Helfer, um mich zurückzubringen. Das ist alles, was ich weiß; ich habe die Wahrheit gesprochen und habe nichts hinzugefügt.«

So beendet der Flehende seinen Bericht, und jetzt gibt ihm der Priester seine Pfeife, die er in die Arme schließt. Sie geht dann im Kreis herum, worauf ein Gehilfe sie nimmt und mit dem Stiel nach Westen an den Erdhügel im Osten der Hütte lehnt. Noch mehr heiße Steine werden hereingereicht, die Tür wird geschlossen, und das Inipi hat begonnen. Der Priester hebt an zu beten, um dem Großen Geiste zu danken: »Hi-ey-hey-i-i«, sagt er viermal. Darauf: »O Altvater Uakan-Tanka! Heute hast Du uns geholfen. Du warst mitleidvoll mit diesem jungen Mann, indem Du ihm Wissen schenktest und einen Pfad, dem er folgen kann. Du hast sein Volk glücklich gemacht, und alle Wesen, die sich im Weltall bewegen, freuen sich!

Altvater, dieser junge Mann, der Dir die Pfeife dargeboten hat, hat eine Stimme gehört, die zu ihm sagte: „Sei aufmerksam, wenn du schreitest!" Er möchte wissen, was diese Botschaft bedeutet; sie muß ihm jetzt erklärt werden. Sie besagt, daß er sich auf seinem heiligen Lebenspfad immer an Dich, o Uakan-Tanka, erinnern soll; und er muß auf alle Zeichen achten, die Du uns gegeben hast. Wenn er dies stets beachtet, wird er weise und ein Führer seines Volkes werden. O Uakan-Tanka, hilf uns, immerdar aufmerksam zu sein! [52]

Dieser junge Mann sah auch die vier Alter in jenem Stern, dort wo die Sonne aufgeht. Das sind die vier Altersstufen,

die alle Geschöpfe auf ihrer Reise von der Geburt bis zum Tod durchlaufen müssen.
O Uakan-Tanka, als dieser junge Mann in die Morgendämmerung blickte, sah er Dein Licht ins Weltall treten; dies ist das Licht der Weisheit. Das alles hast Du uns offenbart, denn es ist Dein Wille, daß die Völker der Welt nicht in Dunkel und Unwissenheit leben.
O Uakan-Tanka, Du hast eine Verwandtschaft mit diesem jungen Mann aufgerichtet, und durch diese Verwandtschaft wird er seinem Volke Kraft bringen. Wir, die wir jetzt hier sitzen, stellen das ganze Volk dar und danken Dir, o Uakan-Tanka. Wir alle erheben jetzt die Hände zu Dir und sagen: Uakan-Tanka, wir danken Dir für dieses Wissen und diese Verwandtschaft, die Du uns gegeben hast. Sei immer barmherzig mit uns! Möge diese Verwandtschaft bis zum Ende dauern!«
Hierauf singen alle Männer:

»*Altvater, sieh mich an!*
Altvater, sieh mich an!
Ich hielt meine Pfeife und bot sie Dir an,
Auf daß mein Volk leben möge!

Altvater, sieh mich an!
Altvater, sieh mich an!
Ich gebe Dir alle diese Opfergaben,
Damit mein Volk leben möge!

Altvater, sieh mich an!
Altvater, sieh mich an!
Wir, die wir den ganzen Stamm vertreten,
Bieten Dir uns selber dar,
Auf daß wir leben mögen!«

Nach diesem Gesang wird Wasser auf die Steine gegossen, und das Inipi geht weiter, wie ich es früher beschrieben habe. Dieser junge Mann, der zum erstenmal um ein Gesicht gefleht hat, wird vielleicht ein heiliger Mann. Wenn er in seinen Gedanken und mit seinem Herzen aufmerksam zum Großen Geiste und dessen Mächten strebt, wie man es ihn gelehrt hat, wird er sicherlich auf dem roten Pfade wandeln, der zu Güte und Heiligkeit führt. Aber er muß ein zweites Mal nach einem Gesichte rufen, und dabei werden ihn die bösen Geister versuchen; doch wenn er wirklich ein Auserwählter ist, wird er fest bleiben, alle ablenkenden Gedanken überwinden und von allem Unguten geläutert werden. Dann wird er wohl irgendein großes Gesicht erlangen, das dem Stamme Kraft verleiht. Sollte er nach seinem zweiten Flehen immer noch im Zweifel sein, so darf er es ein drittes und gar ein viertes Mal versuchen; und wenn er stetsfort ehrlich ist und sich vor allen Dingen demütigt, so wird ihm sicherlich geholfen werden, denn der Große Geist hilft denen immer, die reinen Herzens nach ihm rufen [53].

DER SONNENTANZ

I

DER UIWANYAK UATSCHIPI [»Tanz schauend zur Sonne«] ist einer unserer größten Riten und wurde viele Winter, nachdem unser Volk von der Weißen-Büffelkuh-Frau die heilige Pfeife bekommen hatte, zum ersten Male abgehalten. Er wird jedes Jahr im »Monat, der fett macht« [Juni] oder im »Monat der roten Kirschen« [Juli] abgehalten, stets zur Zeit des Vollmondes, denn das Wachsen und Schwinden des Mondes erinnert uns an die Unwissenheit, die kommt und geht; doch wenn der Mond voll ist, dann ist es, als breite sich das ewige Licht des Großen Geistes über die ganze Welt. Aber jetzt will ich euch erklären, wie dieser heilige Ritus zuerst zu unserem Volke kam und wie er am Anfang ausgeführt wurde.

Eines Tages lagerte unser Volk an einem günstigen Platz, wie gewohnt in einem kreisförmig errichteten Zeltdorf, und die Greise saßen zur Beratung beisammen, als sie bemerkten, daß einer unserer Leute, Kablaya – Streckt-sich-aus –, seinen Oberkörper entblößt, die Decke um seine Hüften geschlungen hatte und für sich allein mit zum Himmel erhobenen Händen tanzte. Die Greise dachten, er habe vielleicht den Verstand verloren, und schickten jemanden hin, damit er herausbringe, was los sei. Aber auch dieser Beauftragte ließ plötzlich seine Decke fallen, wand sie um die Hüften und begann, mit Kablaya zu tanzen. Die alten Männer fanden das wirklich seltsam und gingen deshalb selber hin, um zu sehen, was es damit für eine Bewandtnis habe. Darauf erklärte ihnen Streckt-sich-aus:

»Vor langer Zeit hat uns Uakan-Tanka gesagt, wie wir mit der heiligen Pfeife beten sollen; aber wir sind in unseren Gebeten nachlässig geworden, und unsere Leute verlieren ihre Kraft. Aber in einem Gesicht ist mir soeben eine neue Art zu beten geoffenbart worden; auf diese Weise hat uns Uakan-Tanka Hilfe geschickt.«

Als sie das hörten, riefen alle Greise: »Hau!« und bekundeten große Freude. Sie hielten darauf eine Beratung und schickten zwei Männer zum Bewahrer der heiligen Pfeife, denn er hatte in allen Dingen dieser Art seinen Rat zu geben. Der Bewahrer sagte den Männern, das sei sicher etwas wirklich Gutes, denn »es wurde uns versprochen, wir würden sieben Arten von Gebeten an Uakan-Tanka haben, und dies muß gewiß eine davon sein, denn Streckt-sich-aus wurde in einem Gesichte darüber belehrt; wohlan, es ist uns am Anfang gesagt worden, wir würden unsere Riten auf diese Weise erhalten.«

Die beiden Boten brachten den Greisen diesen Bescheid, und diese baten Streckt-sich-aus, sie darüber zu unterrichten, was sie zu tun hätten. Er sagte darauf:

»Das wird der Sonnentanz sein. Wir können ihn nicht sofort abhalten, sondern müssen vier Tage warten und während dieser Zeit uns so vorbereiten, wie ich in meinem Gesichte belehrt wurde. Dieser Tanz wird ein Opfer unserer Leiber und Seelen an Uakan-Tanka und sehr uakan sein. Alle unsere alten und weisen Männer sollen sich versammeln. Ein großes Tipi muß errichtet und der Boden inwendig mit Salbei ausgelegt werden. Wir brauchen eine gute Pfeife und die folgende Ausrüstung:

Gezöpfelten Tabak von den Arikara, Rinde der roten Weide, Süßgras, ein Knochenmesser, eine Feuersteinaxt, Büffeltalg, einen Büffelschädel, einen Rohlederbeutel, die gegerbte Haut eines Büffelkalbes, zwei Kaninchenfelle, Adlerfedern, rote Erdfarbe, blaue Farbe, Rohleder, Adlerstoßfedern und aus den Schwingenknochen des Gefleckten Adlers geschnittene Pfeifen [Flöten].«

Als diese ritenmäßigen Dinge alle beisammen waren, bat Streckt-sich-aus solche, die singen konnten, auf den Abend zu sich, damit er sie die heiligen Lieder lehre. Er sagte, sie müßten eine große, aus Büffelhaut verfertigte Trommel mitbringen und recht derbe Trommelschlegel, am Ende mit Büffelfell umwickelt, dessen Haarseite nach außen gewendet sei.

Weil die Trommel oft das einzige in unsern Riten gebrauchte Gerät ist, sollte ich euch hier vielleicht sagen, warum sie uns besonders verehrungswürdig und wichtig ist: es ist darum, weil die runde Form der Trommel das ganze Weltall darstellt; und ihr beharrlicher, starker Schlag ist der Puls, das Herz, das in der Mitte des Weltalls pocht. Es ist wie die Stimme des Großen Geistes, und dieser Ton erregt uns, er hilft uns, das Geheimnis und die Macht aller Dinge zu verstehen.

Diesen Abend kamen die Sänger, vier Männer und eine Frau, zu Streckt-sich-aus, der in folgender Weise zu ihnen sprach:

»O ihr meine Nächsten, schon seit langer Zeit haben wir unsere Stimmen zu Uakan-Tanka geschickt. Dies hat Er uns tun heißen. Wir haben viele Arten, zu Ihm zu beten, und durch diese geheiligte Lebensweise haben unsere Geschlechter gelernt, mit sichern Schritten auf dem roten Pfade dahinzuwandeln. Die heilige Pfeife ist stets im Mittelpunkt des Reifens unseres Stammes, und mit ihr ist das Volk gewandelt und wird weiterfahren, im Sinne des Geheimnisses dahinzuschreiten.

In diesem Ritus, den ich eben erhielt, wurde eines der immer stehenden Völker dazu erwählt, in unserer Mitte zu

sein: es ist der Uagatschun, der rauschende Baum oder Baumwollbaum[54]. Er wird unsere Mitte und auch unser Volk sein. Dieser heilige Baum wird auch den Weg des Volkes darstellen, denn streckt sich der Baum nicht von der Erde hier unten bis zum Himmel dort oben?[55] Diese neue Art, unsere Stimmen zu Uakan-Tanka zu schicken, wird sehr wirksam sein; ihr Gebrauch wird sich ausbreiten, und zu dieser Jahreszeit werden alljährlich viele Leute zum Großen Geiste beten. Bevor ich euch die heiligen Lieder lehre, laßt uns erst unserm Vater und Altvater Uakan-Tanka die Pfeife darbieten!
O Altvater, Vater, Uakan-Tanka, wir wollen Deinen Willen erfüllen, wie Du uns in meinem Gesichte geheißen hast. Dies, wir wissen es, wird eine kräftige Art sein, unsere Stimmen zu Dir zu senden; möge unser Stamm durch sie Weisheit erlangen! Möge sie uns helfen, mit allen Mächten des Weltalls auf dem heiligen Pfade dahinzuschreiten! Unser Gebet wird wirklich das Gebet aller Dinge sein, denn alle sind in Wirklichkeit ja eines. All das habe ich in meinem Gesichte gesehen. Mögen die vier Mächte des Weltalls uns helfen, diesen Ritus richtig auszuführen! O Uakan-Tanka, hab Gnade für uns!«
Alle rauchten die Pfeife, und dann begann Streckt-sich-aus die fünf Leute seine Lieder zu lehren. Viele Stammesgenossen hatten sich um die Sänger versammelt; zu diesen sagte der Seher, sie sollten während des Zuhörens öfters ausrufen: »O Altvater Uakan-Tanka, ich biete Dir die Pfeife dar, damit mein Volk lebe!«
Das erste Lied, das Streckt-sich-aus die Sänger lehrte, hatte keine Worte, es war einfach ein Gesang, der viermal wiederholt wurde; dazu gehörte der schnelle Schlag auf der Trommel. Die Worte des zweiten Liedes lauteten:

»Uakan-Tanka, sei barmherzig mit uns,
Damit unser Volk leben möge!«

Und das dritte Lied:

»Sie sagen, eine Büffelherde nahe;
Jetzt ist sie da!
Ihr Segen wird über uns kommen.
Nun ist er über uns!«

Der vierte Gesang war ein Lied ohne Worte. Dann lehrte der Seher die Männer, welche ihre Adlerbeinpfeifen mitgebracht hatten, wie diese gebraucht werden sollten; er sagte ihnen auch, was für eine Ausrüstung sie vorzubereiten hätten, und erklärte ihnen die Bedeutung jedes Gerätes:
Ihr richtet ein Halsband aus Otterfell her, von dem ein Ring hängt, der ein Kreuz umschließt. An den vier Stellen, wo das Kreuz den Ring berührt, werden Adlerfedern hangen, welche die vier Mächte des Weltalls und die vier Alter darstellen. In den Mittelpunkt des Kreises sollt ihr eine von der Brust des Adlers genommene Flaumfeder binden, denn das ist die dem Herzen und der Mitte des heiligen Vogels nächste Stelle. Diese Feder ist für den Großen Geist, der in den Tiefen der Himmel wohnt und die Mitte aller Dinge ist.
Ihr alle habt Adlerbeinpfeifen; an das Ende von jeder muß eine Adlerflaumfeder gebunden werden. Wenn ihr die Pfeifen blast, so denkt stets daran, daß es die Stimme des Gefleckten Adlers ist; unser Altvater Uakan-Tanka hört sie immer, denn seht ihr, es ist in Wirklichkeit seine eigene Stimme.
Eine Hanghepi-ui [„Nachtsonne“ oder Mond] wird in Form eines Neumondes aus Rohleder geschnitten, weil der Mond ein Geschöpf und auch alle Dinge darstellt, denn alles Erschaffene wächst und schwindet, lebt und stirbt. Ihr sollt

auch verstehen, daß die Nacht Unwissenheit bedeutet, aber es sind Mond und Sterne, die das Licht des Großen Geistes in dieses Dunkel bringen. Wie ihr wißt, kommt und geht der Mond, aber Angpetu-ui, die Sonne, lebt ewig weiter; sie ist die Quelle des Lichtes, und darum ist sie wie Uakan-Tanka.

Ein fünfzackiger Stern wird aus Rohleder geschnitten. Dies wird der heilige Morgenstern sein, der zwischen Dunkel und Licht steht und das Wissen darstellt.

Man wird eine Rohlederscheibe machen, um die Sonne darzustellen; sie wird rot angemalt, aber in der Mitte muß ein blauer Kreis sein, denn dieser innerste Mittelpunkt stellt Uakan-Tanka als unsern Altvater dar. Das Licht dieser Sonne erleuchtet das ganze Weltall, und wie uns am Morgen die Flammen der Sonne erreichen, so senkt sich auf uns die Gnade des Großen Geistes, von der alle Geschöpfe erleuchtet werden. Darum freuen sich die Vierbeinigen und die Geflügelten jedesmal beim Erscheinen des Lichtes. Am Tage können wir alle sehen, und dieses Sehen ist etwas Tiefes, denn es stellt die Erscheinung der wirklichen Welt dar, die wir durch das Auge des Herzens haben können. Wenn ihr diese heiligen Zeichen im Tanze tragt, müßt ihr daran denken, daß ihr Licht in das Weltall bringt, und wenn ihr euch auf diese Bedeutungen besinnt, werdet ihr großen Gewinn daraus ziehen.

Eine runde Scheibe wird ausgeschnitten und rot bemalt; sie wird die Erde darstellen. Sie ist heilig, denn auf sie setzen wir unsere Füße und von ihr aus schicken wir unsere Stimmen zu Uakan-Tanka. Sie ist mit uns verwandt, und dessen sollten wir eingedenk sein, wenn wir sie Altmutter und Mutter nennen. Beim Beten erheben wir unsere Hände zu den Himmeln, und nachher berühren wir die Erde; denn ist nicht unser Geist von Uakan-Tanka, und sind nicht unsere

Leiber von der Erde? Wir sind allen Dingen verwandt, der Erde und den Sternen, jeglichem Ding, und mit allen diesen erheben wir unsere Hände zu Uakan-Tanka und beten zu Ihm allein.
Ihr schneidet aus Rohhaut eine andere runde Scheibe und färbt sie blau für den Himmel. Beim Tanzen hebt ihr Kopf und Hände zu den Himmeln und schaut zu ihnen auf, denn euer Altvater wird euch sehen, wenn ihr das tut. Er ist es, dem alles zu eigen ist; es gibt nichts, das nicht Ihm gehört, und darum sollt ihr zu Ihm allein beten.
Zum Schluß schneidet ihr aus Rohhaut die Form von Tatanka, dem Büffel: er stellt sowohl den Stamm wie auch das Weltall dar und soll stets mit Verehrung behandelt werden; denn war er nicht vor den zweibeinigen Völkern hier, und ist er nicht großmütig, da er uns unsere Heime und unsere Nahrung gibt? Der Bison ist in mancher Hinsicht weise, und deshalb sollten wir von ihm lernen und uns immer verwandt mit ihm fühlen.
Jeder Mann wird eines dieser heiligen Symbole auf seiner Brust tragen und dessen Bedeutung verwirklichen, wie ich es euch hier erklärt habe. In diesem großen Ritus werdet ihr eure Leiber als ein Opfer zum Wohle des ganzen Stammes darbringen, und durch euch wird er Kenntnis und Kraft gewinnen. Seid euch immer dieser Dinge bewußt, die ich euch heute gesagt habe; sie alle sind uakan.«

II

Am folgenden Tag war der heilige rauschende Baum zu ermitteln, der in der Mitte der großen Hütte aufgerichtet werden sollte. Deshalb nannte Streckt-sich-aus seinem Helfer die Merkmale des Baumes, den er finden und mit Salbei bezeichnen mußte, damit die »Kriegerstreife« imstande sei, ihn zu finden und ins Lager zu bringen. Er belehrte die Helfer auch darüber, wie sie den Grund auszustecken hätten, auf dem die heilige Sonnentanzhütte um den Uakan-Baum herum errichtet werden sollte, und wie gegen Osten der Eingang mit grünen Zweigen zu kennzeichnen sei.

Am nächsten Tage zogen die von den Priestern erwählten Späher aus, um einen passenden Baum zu bezeichnen. Sobald dieser gefunden war, kehrten sie ins Lager zurück, und nachdem sie in der Richtung der Sonnenbahn um den Platz gekreist waren, auf den die Hütte zu stehen kam, machten sie einen Angriff auf die Stelle des Eingangs und versuchten, ihr einen Schlag [56] zu versetzen. Danach ergriffen sie eine Pfeife, boten sie den sechs Richtungen dar und schworen, daß sie die Wahrheit berichten würden. Nun sprach der Seher folgendermaßen zu den Männern:

»Ihr habt die heilige Pfeife aufgenommen, und darum müßt ihr uns jetzt alles wahrheitsgetreu erzählen, was ihr gesehen habt. Ihr wißt, daß eine kleine Höhlung durch den Pfeifenstiel verläuft, die geradewegs zur Mitte und zum Herzen der Pfeife führt; laßt eure Gedanken so gerade wie dieser Weg sein. Eure Zungen sollen nicht gespalten sein. Ihr seid ausgeschickt worden, um einen Baum zu finden, der eine große Wohltat für unseren Stamm sein wird; so berichtet uns jetzt, was ihr gefunden habt!«

Streckt-sich-aus machte darauf viermal eine kreisende Bewegung mit der Pfeife und richtete den Stiel auf den Späher, der den Bericht abzustatten hatte.

»Ich begab mich auf einen Hügel, und dort sah ich viele der heiligen Völker, die immer aufrecht stehen.«

»In welche Richtung schautest du, und was sahst du jenseits des ersten Hügels?«

»Ich blickte nach Westen«, antwortete der Späher, »dann ging ich weiter, schaute über einen zweiten Hügel und sah viel mehr von dem stehenden Volk, das dort lebt.«
Auf diese Weise wurde der Späher viermal gefragt, denn wie ihr wißt, werden bei uns alle guten Dinge in Vieren getan. Das ist auch die Art, in der wir unsere Späher befragen, wenn wir auf dem Kriegspfad sind; denn wir betrachten diesen Baum als einen Feind, den man töten wird[57].
Als die Späher ihren Bericht abgegeben hatten, kleideten sie sich so, als zögen sie auf den Kriegspfad; hernach verließen sie das Lager, wie um einen Feind anzugreifen. Viele andere Leute folgten den Spähern, und als sie zu dem ausgewählten Baum kamen, versammelten sie sich um ihn herum. Als letzter von allen kam Streckt-sich-aus mit seiner Pfeife, deren Stiel er gegen den Baum richtete, und er sprach:
»Von all den zahlreichen Völkern, die immer aufrecht stehen, bist du, o rauschender Baumwollbaum, auf geheimnismäßige Weise erwählt worden; du wirst nun zum Mittelpunkt von unseres Volkes heiligem Reifen gehen, und dort sollst du das Volk darstellen und wirst uns den Willen von Uakan-Tanka erfüllen helfen. Du bist ein gütiger und ein schöner Baum; auf dir haben die geflügelten Völker ihre Familien aufgezogen; von der Spitze deiner hohen Zweige bis hinunter zu deinen Wurzeln haben die geflügelten und die vierbeinigen Völker ihre Heimstätten errichtet. Wenn du dich in der Mitte des heiligen Reifens erhebst, wirst du das Volk sein, und du wirst sein wie die Pfeife, dich erstreckend vom Himmel bis zur Erde. Der Schwache wird sich an dich lehnen, und für das ganze Volk wirst du eine Stütze sein. Mit den Spitzen deiner Zweige wirst du die heiligen roten und blauen Tage halten. Du wirst stehen, wo sich die vier heiligen Pfade kreuzen – dort wirst du die Mitte der großen

Mächte des Weltalls sein. Mögen wir, die Zweifüßler, stets deinem Beispiel folgen, denn wir sehen, daß du immerzu aufwärts in den Himmel schaust! Bald, und mit allen Völkern der Welt, wirst du in der Mitte aufragen; allen Wesen und Dingen wirst du das bringen, was gut ist. Hetschetu uelo!«
Hierauf bot der Seher seine Pfeife dem Himmel und der Erde an, dann berührte er den Baum mit dem Stiel auf der West-, der Nord-, der Ost- und der Südseite, nachher zündete er die Pfeife an und rauchte sie.
Ich denke, es wird gut sein, wenn ich euch hier erkläre, wieso wir den Baumwollbaum für heilig erachten. Ich möchte zuerst erwähnen, daß es vor langer Zeit der Baumwollbaum war, der uns unsere kegelförmigen Zelte errichten lehrte, denn das Blatt des Baumes ist ein genaues Muster des Tipi, und das lernten wir so: einige unserer alten Männer beobachteten kleine Kinder beim Erbauen von Spielhäusern aus diesen Blättern. Das ist auch ein gutes Beispiel dafür, wie viele erwachsene Männer von kleinen Kindern lernen können, denn die Herzen kleiner Kinder sind rein, und darum kann der Große Geist ihnen manches zeigen, das erwachsenen Leuten entgeht. Ein anderer Grund, warum wir den Baumwollbaum für den Mittelpunkt unserer Hütte wählen, ist der, daß der Große Geist uns gezeigt hat, wie im quer durchschnittenen Ast dieses Baumes ein vollkommener fünfzackiger Stern zu sehen ist; dieser stellt für uns die Gegenwart des Großen Geistes dar. Vielleicht habt ihr auch bemerkt, daß ihr die Stimme des Baumwollbaumes bei der leichtesten Brise hören könnt; wir betrachten dies als sein Gebet zum Großen Geist, denn nicht nur die Menschen, sondern alle Dinge und Wesen beten fortwährend, wenn auch auf verschiedene Weise, zu Ihm.
Die Häuptlinge hielten einen kurzen Siegestanz rund um den

Baum, wobei sie ihre Häuptlingslieder sangen. Während des Singens und Tanzens wählen sie den Mann aus, der die Ehre haben soll, den Baum mit der Lanze zu berühren[58]; es muß ein Mann von guter Wesensart sein, der sich auch auf dem Kriegspfad als tapfer und aufopfernd erwiesen hat. Drei andere Männer wurden noch von den Häuptlingen ausgelesen, und jeder dieser vier stellte sich an eine der vier Seiten des Baumes, der Führer an die Westseite. Dieser Anführer berichtete dann seine Kriegstaten, und als er damit zu Ende war, riefen die Männer Beifall und die Frauen stießen Triller aus. Dieser Tapfere bedrohte hernach den Baum dreimal mit seiner Streitaxt, und das vierte Mal schlug er ihn. Dann erzählten die andern drei Männer nacheinander ihre Heldentaten, und wenn sie damit fertig waren, schlugen auch sie den Baum in derselben Weise, und bei jedem Schlag rief das Volk: »Hi hey! « Als der Baum bald zu fallen drohte, mischten sich die Häuptlinge unter die Menge und bestimmten einen Mann von ruhiger und heiterer Wesensart, dem Baum den letzten Streich zu versetzen. Der Fall wurde mit großem Beifall begrüßt, und alle Frauen stießen Triller aus. Es wurde sorgfältig darauf geachtet, daß der Stamm den Boden beim Sturz nicht berührte, und niemandem war gestattet, über ihn hinwegzusteigen.
Sechs Männer trugen den Baum zum Lager, doch bevor sie es erreichten, hielten sie viermal an; nach dem letzten Halt ahmten sie den Schrei des Coyoten nach, wie es die Krieger tun, wenn sie von einem Kriegszug heimkehren. Dann stürzten sie alle wie zu einem Angriff ins Lager und legten den heiligen Baum auf Stangen – denn er durfte den Boden nicht berühren – und richteten seinen Fuß gegen ein Loch, das man ausgegraben hatte, und seine Spitze gegen Westen. Die Ritualhütte um den Baum herum war noch nicht errichtet

worden, doch alle Pfosten und die ganze erforderliche Ausrüstung für den Bau der Schwitzhütte waren bereit.
Streckt-sich-aus begab sich mit allen, die am Tanz teilnehmen sollten, in ein großes Tipi; er gab ihnen Anweisungen, und sie bereiteten sich auf den Ritus vor. Das Zelt wurde dicht verschlossen und sogar der Zeltrand am Boden ringsum mit Laub abgedeckt.

III

Der Seher saß an der Westseite. Zuerst kratzte er den Boden vor sich auf und ließ auf diese Stelle eine glühende Kohle legen. Während er Süßgras darauf verbrannte, sagte er: »Wir verbrennen dieses Kraut für Uakan-Tanka, damit alle zweibeinigen und geflügelten Völker des Weltalls einander nahekommen und Verwandte werden. Daraus wird viel Glück hervorgehen.«
Dann wurde ein verkleinertes Abbild eines Trocknungsgestelles für Fleisch aus zwei gegabelten und einem geraden Stecken verfertigt und das Ganze blau bemalt; denn das Trockengestell versinnbildlicht den Himmel, und es ist unser Gebet, die Gestelle möchten immer so voll wie die Himmel sein. Hernach wurde die Pfeife aufgehoben, und nachdem sie über dem Weihrauch geweiht worden, an das Gestell gelehnt, weil sie auf diese Weise unsere Gebete vertritt; sie ist der Pfad, der von der Erde zum Himmel führt.
Alle im Tanze zur Verwendung kommenden Dinge wurden im Rauch des Süßgrases geweiht: die Pergamentbildnisse, die Farben, das Kalbfell, die Wildlederbeutel; und auch die Tänzer selbst reinigten sich so. Als dies getan war, ergriff Streckt-sich-aus die Pfeife, und sie himmelwärts hebend, betete er:

»O Altvater Uakan-Tanka, Du bist der Schöpfer aller Dinge. Du bist immer gewesen, und Du wirst immer sein. Du bist gütig zu Deinem Volke gewesen, denn Du hast uns eine Gebetsform mit der Pfeife gelehrt, die Du uns gegeben hast. Und jetzt hast Du mir durch ein Gesicht einen Mysterientanz gezeigt, den ich mein Volk lehren muß. Heute wollen wir Deinen Willen tun.

So, wie ich auf dieser heiligen Erde stehe, auf der die Geschlechter unseres Volkes gestanden sind, sende ich eine Stimme zu Dir, indem ich Dir diese Pfeife darbiete. Sieh mich an, o Uakan-Tanka, denn ich stehe hier für das ganze Volk. In diese Pfeife will ich die vier Mächte tun und alle Geflügelten des Weltalls; zusammen mit ihnen allen, die eins werden sollen, will ich eine Stimme zu Dir senden. Sieh mich an! Erleuchte meinen Geist mit Deinem nie versiegenden Licht!

Ich biete diese Pfeife Uakan-Tanka an, zuerst durch Dich, o beschwingte Macht des Ortes, wo die Sonne niedergeht; da ist ein Platz für Dich in dieser Pfeife: hilf uns mit jenen roten und blauen Tagen, die das Volk heiligen!«

Der Seher hielt dann eine Prise Tabak hoch, und nachdem er sie gegen Himmel, Erde und die vier Weltgegenden gestreckt hatte, tat er sie in den Pfeifenkopf. Nachher stopfte er unter den Gebeten, die ich gleich sagen werde, für jede der andern Richtungen eine Tabakprise in die Pfeife:

»O geflügelte Macht des Ortes, wo Uasiya lebt, ich bin daran, diese Pfeife Uakan-Tanka darzubieten: hilf mir mit den beiden wohltätigen Tagen, die Du hast, dem roten und dem blauen, – Tagen, die das Volk und das Weltall reinigen. Es ist Platz für Dich in der Pfeife, und so hilf uns!

O Du Macht dort, wo die Sonne aufgeht, welche Erkenntnis gibt und die Morgendämmerung bewacht, hilf uns mit

Deinen zwei roten und blauen Tagen, die dem Stamme Verständnis und Licht schenken. Für Dich ist ein Platz in dieser Pfeife, die ich bald Uakan-Tanka darbiete. Hilf uns!
O Du, hochheilige Macht am Orte, dem wir uns immer zukehren, die Du der Lebensquell bist, das Volk und seine künftigen Geschlechter behütest, hilf uns mit Deinen zwei roten und blauen Tagen! Hier ist ein Platz für Dich im Kalumet.
O Du, Gefleckter Adler des Himmels, wir wissen, daß Du durchdringende Augen hast, mit denen Du noch das kleinste Wesen siehst, das sich auf Altmutter Erde bewegt; der Du in den Tiefen des Himmels bist und alles kennst, ich biete diese Pfeife Uakan-Tanka an! Hilf uns mit Deinen beiden wohltätigen roten und blauen Tagen!
O Du, Altmutter Erde, die ausgestreckt liegt und alles trägt, auf Dir erhebt sich ein Zweifüßler und bietet dem Großen Geiste seine Pfeife dar. Du bist in der Mitte der zwei guten roten und blauen Tage. Es soll ein Platz für Dich in der Pfeife sein; hilf uns!«
Streckt-sich-aus tat dann für jeden der folgenden Vögel ein Tabakfäserchen in die Pfeife: für den Königsvogel, das Rotkehlchen und die Lerche, die an den zwei guten Tagen singt; für den Grünspecht und den Sperber, der den andern beschwingten Völkern das Leben so sauer macht; für den Adlerfalken und für die Elster, die alles weiß; für die Amsel und viele andere Geflügelte, so daß jetzt alle Wesen der Schöpfung und die sechs Richtungen des Raumes im Pfeifenkopf versammelt waren. Die Pfeife wurde mit Talg versiegelt und an das kleine blaue Trockengestell gelehnt.
Streckt-sich-aus nahm dann eine andere Pfeife auf, stopfte sie und ging dorthin, wo der heilige Baum ruhte. Man brachte eine glühende Kohle, und Baum wie Loch wurden mit Süßgras geräuchert.

»O Uakan-Tanka«, betete der Seher, als er seine Pfeife emporstreckte, »sieh diesen geweihten Baum, den wir bald in diesem Loch aufrichten! Er wird sich mit der heiligen Pfeife erheben; er wird die Pfeife sein! Ich berühre ihn mit der wirksamen roten Erdfarbe unserer Altmutter und auch mit dem Fett des vierbeinigen Büffels. Beim Berühren des Baumwesens mit der roten Erde denken wir daran, daß die Geschlechter von allem sich Bewegenden von unserer Mutter Erde kommen. Mit deiner Hilfe, o Baum, werde ich bald meinen Leib und meine Seele Uakan-Tanka opfern, und in mir opfere ich mein ganzes Volk und alle künftigen Geschlechter.«
Streckt-sich-aus nahm die rote Farbe, bot sie den sechs Richtungen und wandte sich wieder an den heiligen Baum:
»O Baum, du wirst dich erheben, sei meinem Volke gnädig, damit es sich unter dir entfalte!«
Darauf malte er auf die West-, die Nord-, die Ost- und die Südseite des Baumes einen roten Streifen, und dann trug er einen ganz kleinen Farbtupfen für den Großen Geist auf die Spitze des Baumes auf, und er drückte an das untere Ende auch einen für Mutter Erde. Dann hob er das Fell eines Büffelkalbes auf und sagte:
»Von diesem Büffelwesen lebt unser Volk; es gibt uns Heim, Kleider, Nahrung, alles, dessen wir bedürfen. O Büffelkalb, ich gebe dir jetzt einen geweihten Platz auf der Spitze des Baumes. Dieser Baum wird dich in seiner Hand halten und zu Uakan-Tanka aufheben. Schau, was ich tue! Davon sollen alle Dinge, die sich auf der Erde bewegen und in den Himmeln fliegen, glücklich werden!«
Der Seher hielt als nächstes ein kleines Kirschbäumchen hoch und fuhr fort zu beten:
»Siehe dieses, o Uakan-Tanka, denn es ist der Baum des Volkes, und wir beten, er möge reiche Frucht tragen.«

Man befestigte dieses Bäumchen auf dem heiligen Baumwollbaum, gerade unterhalb der Büffelhaut, und mit ihm wurde ein Wildlederbeutel angebunden, der etwas Fett enthielt.

Der Seher nahm dann die Rohlederbildnisse eines Büffels und eines Mannes auf, und indem er sie den sechs Richtungen darbot, betete er:

»Sieh diesen Büffel, o Altvater, den Du uns gegeben hast! Er ist der Führer aller Vierbeinigen auf unserer heiligen Mutter; von ihm lebt das Volk, und mit ihm schreitet es auf dem geweihten Pfad. Sieh auch diesen Zweibeinigen, der das ganze Volk darstellt. Sie sind die zwei Häuptlinge auf dieser großen Insel; gewähre ihnen alles, was sie von Dir erbitten, o Uakan-Tanka!«

Die beiden Bilder wurden auf den Baum gebunden, unmittelbar unterhalb der Stelle, wo er sich gabelte; danach hielt Streckt-sich-aus einen Beutel Fett empor – der später unter den Fuß des Baumes gelegt wird – und betete so:

»O Altvater Uakan-Tanka, sieh dieses heilige Fett, auf dem dieses Baumwesen stehen wird; möge die Erde immerdar so fett und fruchtbar sein wie dieses Fett! O Baum, dies ist ein geweihter Tag für dich und für all die Unsrigen; die Erde innerhalb dieses Kreises gehört dir, o Baum, und hier unter dir werde ich meinen Leib und meine Seele zum Heile meines Stammes opfern. Hier werde ich stehen und meine Stimme zu Dir, o Uakan-Tanka, erheben, wenn ich die heilige Pfeife darbringe. Es mag schwer sein, das alles zu tun, doch zum Besten Aller muß es vollbracht werden. Hilf mir, o Altvater, und gib mir Mut und Kraft, die Qualen zu bestehen, die ich bald durchzumachen habe! O Baum, du bist jetzt zur Ritualhütte zugelassen!«

Unter viel Freudengeschrei und gellenden Trillern wurde

der Baum ganz langsam aufgestellt, denn die Männer hielten viermal an, bevor er aufgerichtet war und in das für ihn vorbereitete Loch gesenkt wurde. Jetzt frohlockten alle Wesen, die Zweibeiner, die Vierbeiner und die Geflügelten der Luft, weil alle im Schutze des Baumes gedeihen werden; er wird uns allen helfen, den heiligen Pfad zu beschreiten. Wir können uns an ihn lehnen, und er wird uns führen und uns Kraft verleihen.

Am Fuße des Baumes wurde ein kurzer Tanz abgehalten; dann errichtete man die Laubhütte, indem man in großem Kreise achtundzwanzig oben gegabelte Pfosten aufstellte und auf die Gabelung eines jeden eine Stange legte, die zu dem in der Mitte stehenden heiligen Baum reichte.

Ich muß euch hier erklären, daß wir in Wirklichkeit ein Abbild des Weltalls herstellen, wenn wir die Sonnentanzhütte aufbauen; denn seht, jeder die Hütte einfassende Pfosten stellt ein bestimmtes Wesen der Schöpfung dar, so daß der ganze Kreis die gesamte Schöpfung ist, und der eine Baum in der Mitte, auf dem die achtundzwanzig Stangen ruhen, ist Uakan-Tanka, der die Mitte von jedem Ding ist[59]. Alles kommt von Ihm, und früher oder später kehrt alles zu Ihm zurück. Und ich sollte euch auch sagen, warum wir achtundzwanzig Stangen benützen: ich habe schon erklärt, warum die Zahlen Vier und Sieben heilig sind; wenn ihr nun vier Sieben zusammenzählt, erhaltet ihr achtundzwanzig. Auch der Mond lebt achtundzwanzig Tage; jeder dieser Tage des Monats stellt etwas für uns Heiliges dar: zwei der Tage stellen den Großen Geist dar, zwei andere sind für Mutter Erde, vier sind für die vier Winde, einer ist für den Gefleckten Adler, einer für die Sonne und einer für den Mond, einer für den Morgenstern und vier Tage für die vier Alter, sieben Tage sind für unsere großen Riten, einer

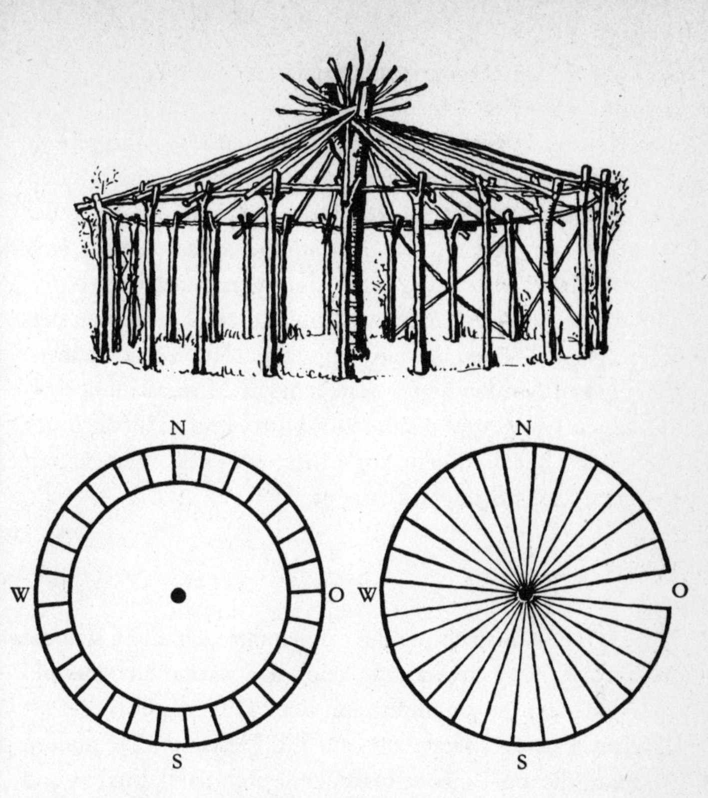

Plan der Sonnentanz-Hütte, links der Sioux, oben und rechts der Arapaho

N Norden S Süden W Westen O Osten [Eingang]

ist für den Bison, einer für das Feuer, einer für das Wasser, einer für den Stein, und schließlich einer für die Zweifüßler. Wenn ihr alle diese Tage zusammenzählt, so seht ihr, daß ihr auf achtundzwanzig kommt. Ihr müßt auch wissen, daß der Bison achtundzwanzig Rippen hat und daß wir für unsere Kriegshaube meist achtundzwanzig Federn benützen. Ihr seht, es gibt für alles eine Bedeutung, und es ist gut, wenn

ein Mensch diese Dinge weiß und daran denkt. Doch kehren wir zum Sonnentanz zurück:
Alle Krieger zogen sich an und bemalten sich, und sobald sie die Ritualhütte betreten hatten, tanzten sie rund um den Mittelbaum; damit wurde der Boden geweiht und durch die Tanzfüße ausgeebnet. Die Häuptlinge versammelten sich und wählten Tapfere aus, deren einer den Tanzleiter zu machen hatte. Diese erkorenen Männer tanzten, indem sie sich zuerst gegen Westen bewegten und zur Mitte zurückkamen, dann gegen Norden und von neuem zur Mitte zurück, hierauf gegen Osten und wieder zur Mitte, und schließlich gegen Süden mit Rückkehr zur Mitte; auf diese Weise traten sie einen kreuzförmigen Pfad aus.

IV

Aber vor der Ausführung des Sonnentanzes mußten sich die Männer in der Schwitzhütte reinigen. Streckt-sich-aus betrat als Erster die Inipihütte mit der Pfeife, die eben gefüllt worden war, und setzte sich auf die Westseite. Die andern Männer, die am Tanze teilnahmen, traten nach ihm ein und paßten dabei auf, nicht vor ihm vorbeizugehen; zuletzt trat eine Frau ein und setzte sich neben die Türe.
Alle im Tanz zur Verwendung kommenden Bisondecken wurden zuoberst auf die Inipihütte hinaufgelegt, weil sie dadurch gereinigt wurden. Die fünf erhitzten Steine für die fünf Richtungen wurden zuerst hereingebracht und auf die für sie bestimmten Plätze auf dem heiligen Altar niedergelegt, hernach setzte man einen sechsten Stein auf den ritusgemäßen Pfad.
Streckt-sich-aus hielt die Pfeife, die im Tanz gebraucht werden sollte; eine zweite Pfeife, die im Inipi-Ritus Verwendung

fand, wurde gefüllt und dem Seher gereicht, damit er sie läutere und anzünde. Diese Pfeife rauchte man dem Ritus gemäß im Kreis herum, und nachdem Streckt-sich-aus sie gereinigt hatte, gab man sie aus der Hütte hinaus. Die Tür wurde geschlossen, und jetzt war für den Seher die Zeit gekommen, den Leuten sein Gesicht zu erklären:

»Meine Verwandten, hört alle zu! Uakan-Tanka war gütig zu uns und hat uns auf eine heilige Erde gestellt; auf sie haben wir uns jetzt gesetzt. Ihr habt eben die fünf heiligen Steine gesehen, die hier in die Mitte gelegt wurden, und dieser sechste Stein, den man auf den Pfad setzt, stellt das Volk dar. Zu euer aller Bestem hat mich Uakan-Tanka eine Art der Anbetung gelehrt, in der ich euch jetzt unterweisen werde.

Die Himmel sind heilig, denn dort lebt unser Altvater, der Große Geist; die Himmel sind gleichsam ein Mantel des Weltalls; diese Decke ist jetzt auf mir, der ich vor euch stehe. O Uakan-Tanka, ich zeige Dir den heiligen Reifen unseres Stammes, es ist dieser Kreis, in dem ein Kreuz ist; dieses trägt einer von uns auf seiner Brust. Und ich zeige Dir die Erde, die Du gemacht hast und die Du unaufhörlich machst; sie wird durch diese runde Scheibe dargestellt, die wir tragen. Das unauslöschliche Licht, das die Nacht zum Tag verwandelt, tragen wir auch, damit das Licht unter den Unsrigen sei, auf daß sie sehen. Ich zeige Dir auch den Morgenstern, der uns Wissen verleiht. Der vierbeinige Büffel, den Du vor den Zweibeinigen hier unten hinstelltest, ist auch hier bei uns. Und hier ist auch die himmlische Frau, die auf so wunderbare Weise zu uns gekommen war. Alle diese Völker und Dinge, heilig die einen wie die andern, hören in diesem Augenblick, was ich sage.

Sehr bald werde ich zusammen mit meinen Verwandten

hier zugunsten meines Volkes große Qualen erleiden und aushalten. Unter Tränen und Schmerzen werde ich meine Pfeife halten und meine Stimme zu Dir, o Uakan-Tanka, erheben! Ich will Körper und Seele daransetzen, damit mein Volk leben möge. Ich werde das anwenden, was die vier Weltgegenden, Himmel und Erde mit Dir verbindet[60]. Alles, was sich im Weltall bewegt – die Vierbeinigen, die Insekten, die Geflügelten –, werden sich freuen und mir und meinem ganzen Stamm helfen!«
Und er stimmte ein heiliges Lied an:

»*Die Sonne, das Licht der Welt, ich höre sie kommen,*
Ich schaue ihr Antlitz, da sie kommt,
Sie beglückt die Wesen der Erde, und sie freuen sich,
O Uakan-Tanka, Dir biete ich diese Lichtwelt dar!«

Die im Tanz zur Verwendung kommende Pfeife wurde in Salbei eingewickelt und von der Frau aus der Hütte hinausgebracht; sie trug sie den heiligen Pfad entlang ostwärts und legte sie auf den Büffelschädel, wobei sie darauf achtete, daß der Stiel nach Osten wies. Diese Frau blieb von jetzt an außerhalb der kleinen Hütte und half die Tür öffnen und schließen. Das Inipi begann nun in der Weise, wie ich es früher beschrieben habe. Nachdem die Tür zum zweitenmal geschlossen worden, betete der Seher folgendermaßen:
»O Altvater Uakan-Tanka, betrachte uns! Die heilige Pfeife, die Du uns gegeben hast und mit der wir unsere Kinder aufgezogen haben, wird bald in die Mitte des Weltalls gehen, gemeinsam mit dem Bison, der geholfen hat, die Leiber der Menschen stark zu machen. Die Uakan-Frau, die einstmals in die Mitte unseres Reifens kam, wird wieder in unsere Mitte kommen; und ein Zweifüßler, der für sein Volk leiden will, wird ebenfalls in die Mitte gehen. O Uakan-Tanka,

mögen wir nur Dich in unsern Gedanken und Herzen haben, wenn wir alle in der Mitte sind!«
Hierauf sang er ein anderes der heiligen Lieder, die er in seinem Gesicht erhalten hatte:

»*Ich höre ihn kommen. Ich schaue sein Antlitz.*
Dein Tag ist geheiligt. Dir schenke ich ihn.
Ich höre ihn kommen. Ich sehe sein Antlitz.
An diesem heiligen Tag ließest Du den Bison herumstreifen.
Du hast einen glücklichen Tag für die Welt geschaffen.
Ich bringe Dir alles dar.«

Wasser wurde auf die Steine geschüttet, während der Seher betete:
»O Uakan-Tanka, wir reinigen uns jetzt, damit wir würdig werden, unsere Hände zu Dir zu erheben.«
Dann sangen mit erhobener rechter Hand alle Männer:

»*Altvater, ich erhebe meine Stimme zu Dir.*
Altvater, ich erhebe meine Stimme zu Dir.
Mit dem ganzen Weltall schicke ich meine Stimme zu Dir,
Auf daß ich lebe.«

Als die Tür zum drittenmal geöffnet wurde, durften alle Männer ein wenig Wasser trinken, aber nur dies eine Mal war ihnen das während des ganzen Ritus erlaubt. Streckt-sich-aus sagte zu den Männern, als sie das Wasser erhielten: »Ich gebe euch Wasser, doch gedenkt jenes Einen im Westen, der die Wasser und das Geheimnis aller Dinge überwacht. Ihr seid im Begriff, das Wasser zu trinken, welches Leben ist; verschüttet keinen Tropfen! Wenn ihr damit fertig seid, müßt ihr zum Dank die Hände zur Macht des Ortes erheben, wo die Sonne untergeht; sie wird euch helfen, die Qualen zu ertragen, denen ihr euch unterzieht.«

Die Tür wurde zum letztenmal geschlossen, und wieder sangen die Männer, während Hitze und Dampf sie reinigten, und sobald die Tür endgültig geöffnet wurde, kamen sie, angeführt vom Seher, alle heraus und erhoben ihre Hände zu den sechs Richtungen, wobei sie sagten: »Hay ho! Hay ho! Dank sei abgestattet!«
Jeder der Tänzer hatte einen Helfer, der eine geweihte Büffeldecke von der Bedachung der Schwitzhütte nahm und sie ihm umlegte. Dann ergriff Streckt-sich-aus seine Pfeife, die auf dem Büffelschädel geruht hatte, und kehrte mit allen Männern in das große Zelt zurück, worin sie vor der Weihung des Baumes und vor dem Inipi-Ritus versammelt gewesen waren.

V

Der Seher lehnte seine Pfeife an das kleine Trockengerüst; dieses war blau bemalt worden, um den Himmel darzustellen. Man legte Süßgras auf eine glühende Kohle, und alle reinigten sich in dem heiligen Rauch. Danach wurden die Trommel und die Trommelschlägel geweiht und geläutert, und während er dies tat, sagte Streckt-sich-aus:
»Diese Trommel ist der Bison, und er wird in die Mitte gehen. Wenn wir mit den Schlägeln auf die Trommel schlagen, werden wir gewiß unsere Feinde besiegen.«
Nun wurden alle Kleider und Ausrüstungsgegenstände, die man im Tanze verwendete, geräuchert, auch die vier Büffelschädel, die einer der Männer in seinem Fleisch befestigen und daran tragen wird, bis es zerreißt.
Streckt-sich-aus erklärte den Männern, daß ihre gereinigten Leiber jetzt geweiht seien und nicht einmal mit den eigenen Händen berührt werden dürften. Die Tänzer mußten darum kleine Stäbe im Haar tragen, mit denen sie sich, wenn es nö-

tig war, kratzten und die sie benützten, um sich mit der roten Erdfarbe zu bemalen.
Der Seher hängte sich die blaue Rohlederscheibe um den Hals, die den Himmel darstellte, und die andern trugen auch eines der verschiedenen Sinnbilder: die Scheibe mit dem Kreuz, die rote Erdscheibe, die Sonne, den Mond, den Morgenstern, und der siebte Mann den Bison; die Frau trug die Pfeife, denn sie stellte die Weiße-Büffelkuh-Frau dar. Die Männer banden sich auch Kaninchenfelle um Arme und Beine, denn das Kaninchen verkörpert die Demut, weil es friedlich, weich und ohne Dünkel ist, eine Eigenschaft, die wir alle besitzen müssen, wenn wir zur Mitte der Welt gehen. Die Männer steckten sich auch Federn ins Haar, und nach diesen Vorbereitungen unterwies der Seher sie darin, was sie zu tun hatten, wenn sie die heilige Tanzhütte betraten:
»Wenn wir in die Mitte des Kreises gehen, wollen wir alle weinen, denn wir sollen wissen, daß alle geborenen Wesen dieser Welt, die ihr um euch herum seht, Schmerzen erdulden und ertragen müssen. Wir sind im Begriff, in der Mitte des heiligen Kreises zu leiden, und indem wir es tun, vermögen wir viele Leiden unseres Volkes auf uns selbst zu nehmen.«
Jeder Mann erklärte nun, welche Marter er ausstehen wolle, und der Seher legte als Erster sein Gelübde ab:
»Ich werde meinen Körper an die Riemen des Großen Geistes befestigen, die zur Erde herabkommen. Dies wird mein Opfer sein.«
Ich muß euch hier erklären, daß das Fleisch die Unwissenheit darstellt, und wenn wir so tanzen und es durch die Riemen losreißen, ist es, wie wenn wir von den Banden des Fleisches befreit würden. Es ist fast dasselbe, wie wenn wir

ein Hengstfüllen zähmen; zuerst ist eine Strickhalfter unerläßlich, doch später, wenn sein Wille gebrochen ist, braucht es kein Seil mehr. Auch wir sind junge Hengste, wenn wir den Tanz beginnen, aber bald werden wir gebrochen und unterwerfen uns dem Großen Geist.

Der zweite Tänzer sagte:

»Ich will mich an die vier Mächte der Welt binden, die Uakan-Tanka eingesetzt hat.«

Hier ist der Tänzer wirklich in die Mitte gestellt, denn wenn er in der Mitte von vier Pfosten steht, wird seine rechte Brust an den östlichen Pfosten gebunden, die linke an den nördlichen, seine linke Schulter wird hinten an den westlichen Pfosten und seine rechte Schulter hinten an den Südpfosten gebunden. In dieser Stellung tanzt er, bis alle vier Riemen aus dem Fleisch gerissen sind.

Der dritte Tänzer tat sein Gelübde:

»Ich will vier meiner nächsten Verwandten tragen, den altehrwürdigen Bison.«

Damit meint der Tänzer, daß vier Riemen durch sein Rükkenfleisch gezogen werden, an die man vier Büffelschädel befestigt, und diese vier Bande stellen den Zug der Unwissenheit dar, den wir stets hinter uns lassen sollen, denn wir müssen dem Licht der Wahrheit ins Angesicht schauen, das vor uns ist.

Der vierte Tänzer sagte:

»Ich will zwölf Stücke meines Fleisches am Fuß des heiligen Baumes lassen. Eines soll für Uakan-Tanka, unsern Altvater, sein, eines für Uakan-Tanka, unsern Vater, eines für die Erde, unsere Altmutter, und eines für die Erde, unsere Mutter.

TAFEL 9 · Bemaltes Wapitifell der Pawnee-Indianer mit Perlstickerei. Indianermuseum der Stadt Zürich.

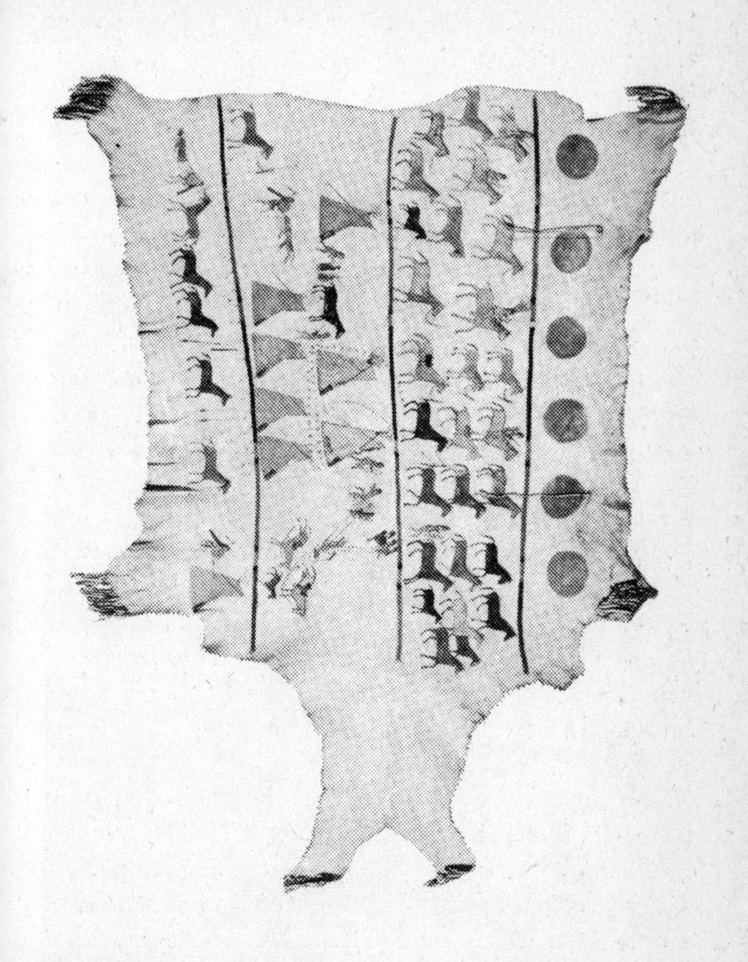

Ich will vier Stücke Fleisch hergeben für die Mächte der vier Richtungen, und dann will ich eines für den Gefleckten Adler lassen, eines für den Morgenstern, eins für den Mond und ein letztes für die Sonne.«

Der fünfte Tänzer sagte:

»Ich will ein Opfer von acht Stücken meines Fleisches geben: zwei werden für Uakan-Tanka sein, zwei für die Erde und vier für die Mächte der vier Richtungen.«

Der sechste Tänzer sagte:

»Ich will am heiligen Baum vier Stücke meines Fleisches lassen: eines soll für Uakan-Tanka sein, eines für die Erde, auf der wir schreiten, eines für das Volk, auf daß es mit festen Schritten wandle, und eines für die Geflügelten des Weltalls.«

Der siebte Tänzer tat sein Gelübde:

»Ich will ein Fleischstück für Uakan-Tanka und eines für die Erde hergeben.«

Und dann machte der achte Tänzer, das war die Frau, ein Gelübde:

»Ich will für Uakan-Tanka und zugunsten aller sich bewegenden Dinge des Weltalls ein Stück meines Fleisches opfern, damit sie ihre Kraft dem Stamme geben mögen, auf daß er mit seinen Kindern auf dem roten Lebenspfad schreiten könne.«

Als alle ihre Gelübde abgelegt hatten, hieß der Seher sie das Gesicht und den ganzen Körper mit Salbei abreiben, um sich zu reinigen, »denn wir sind jetzt im Begriff, uns einem heiligen Platze zu nähern, auf dem sich der Baum erhebt, wie

---

TAFEL 10 · Mädchen vom Stamm der Nez Percé, ein Name, den sie von den Franzosen erhielten, sie selber nennen sich Tsutpeli, Volk der Berge. Foto im Indianermuseum der Stadt Zürich.

die vom Himmel zur Erde sich erstreckende Pfeife. Wir müssen würdig sein, uns dieser Mitte zu nähern.«

VI

Alle Stammesangehörigen hatten sich rund um die heilige Hütte herum versammelt; im Innern, auf der Südseite, waren die Sänger mit den Frauen, die ihnen als Gehilfinnen dienten, und alle trugen Kränze um ihre Stirne und hielten kleine Reiser einer heiligen Pflanze in den Händen.
Dann langten die Tänzer an, angeführt von der Frau, welche die Pfeife trug, und gefolgt von Streckt-sich-aus, der den Bisonschädel hielt; und am Ende des Zuges kamen die Gehilfen mit der ganzen Ausrüstung. Sie alle schritten langsam, den Lauf der Sonne nachahmend, um die Hütte, wobei sie unaufhörlich und höchst erbarmungswürdig riefen:
»O Uakan-Tanka, hab Mitleid mit mir, auf daß mein Volk leben möge! Dafür will ich mich selbst opfern!«
Während die Tänzer dieses sangen, weinten alle andern, denn sie waren das Volk, für welche die Tänzer leiden wollten. Diese betraten die Hütte auf der Ostseite, und nachdem sie sie in der Richtung der Sonnenbahn umschritten hatten, nahmen sie ihre Plätze auf der Westseite ein. Der Seher legte den Büffelschädel mit nach Osten gewendetem Nasenbein zwischen die Tänzer und den heiligen Baum; gerade davor steckte er die blau bemalten, oben gegabelten Stäbe ein, und die Frau lehnte die heilige Pfeife an dieses Gerüst.
Die Sänger stimmten jetzt eines der geoffenbarten Lieder an:

»*Uakan-Tanka, sei gnädig mit mir! Wir wollen leben!*
Darum tun wir dieses.
Sie sagen, eine Bisonherde komme.

Jetzt sind sie da.
Die Macht des Bisons kommt über uns;
Jetzt ist sie da! «

Als der Gesang zu Ende war, brach das ganze Volk in Schluchzen aus; dann tanzten sie bis zum Abend und während der ganzen Nacht. Dieser Tanz der ersten Nacht stellt das Volk im Dunkel der Unwissenheit dar; sie sind noch nicht würdig, dem Licht des Großen Geistes zu begegnen, das mit dem Anbruch des folgenden Tages auf sie niederscheinen wird; zuerst mußten sie leiden und sich selber läutern, bevor sie würdig waren, mit Uakan-Tanka zu sein.
Kurz vor der Morgendämmerung wurde der Tanz abgebrochen, und in diesem Augenblick legten die Tänzer oder ihre Verwandten Opfergaben an jedes der vier Weltviertel außerhalb der Hütte.
In der Morgenröte betraten die Tänzer die Hütte von neuem, und mit ihnen kam der Hüter der heiligen Pfeife. Streckt-sich-aus hatte ihn gebeten, den heiligen Altar zu errichten. Dieser ehrwürdige Mann hatte jedoch geantwortet: »Es ist dein Gesicht, Kablaya, und so ist es an dir, den Altar zu machen; aber ich will dir beistehen, und wenn du damit fertig bist, werde ich das Gebet sprechen.«
So war es Streckt-sich-aus, der den heiligen Platz herrichtete. Zuerst kratzte er einen Kreis in den vor ihm liegenden Boden; dann legte er ein glühendes Kohlenstück in die Mitte [61], nahm etwas Süßgras auf, hielt es über seinen Kopf und betete:
»O Altvater Uakan-Tanka, dies ist Dein heiliges Gras, das ich auf das Feuer lege; sein Rauch wird sich in der Welt ausbreiten und sogar den Himmel erreichen. Die Vierbeiner, die Geflügelten und alle Dinge werden diesen Rauch kennen

und sich freuen. Möge dieses Opfer dazu dienen, alle Dinge und alle Wesen zu Verwandten von uns zu machen! Mögen sie uns alle ihre Kräfte schenken, damit wir die vor uns liegenden Qualen ertragen werden. Sieh, o Uakan-Tanka, ich lege dieses Süßgras auf das Feuer, und der Rauch soll zu Dir aufsteigen.«
Während der Seher das heilige Gras auf das Feuer tat, sang er dieses Rituslied:

»*Ich mache heiligen Rauch;*
So mache ich den Rauch;
Mögen alle Völker ihn sehen!
Ich mache heiligen Rauch;
Mögen alle aufmerken und herschauen!
Mögen die Geflügelten und die Vierbeinigen
Aufmerken und ihn ansehen!
Auf diese Weise mache ich den Rauch;
Freude wird im ganzen Weltall herrschen! «

Nun wurde im Rauch das Messer geweiht, mit dem man nachher die Brust der Tänzer durchstach; auch ein kleines Steinbeil und eine Handvoll Erde wurden geräuchert. Streckt-sich-aus war nun bereit, den heiligen Altar zu machen, doch vorher betete er:
»O Altvater Uakan-Tanka, ich will jetzt diesen Deinen heiligen Platz machen. Weil ich diesen Altar errichte, sollen alle Vögel der Luft und alle Geschöpfe der Erde sich freuen, und sie sollen aus allen Richtungen herkommen, um ihn anzuschauen! Dieser Ort wird der Mittelpunkt für die Pfade der vier großen Mächte sein. Anpao, das Morgengrauen, soll diese heilige Stelle sehen! Wenn Dein Licht erscheint, o Uakan-Tanka, soll alles sich freuen, was sich im Weltall bewegt!«

Eine Prise der geweihten Erde wurde nach oben und dann zur Erde gehalten und hernach in die Mitte der heiligen Stelle getan. Eine andere Prise Erde wurde dem Westen, dem Norden, dem Osten und dem Süden dargeboten und auf der Westseite des Kreises niedergelegt; auf dieselbe Weise legte man an die Plätze der andern drei Richtungen Erde, um sie dann gleichmäßig innerhalb der Kreisfläche zu verstreichen. Diese Erde stellte die Zweibeinigen, die Vierbeiner, die Geflügelten und eigentlich alles dar, was sich bewegt und was im Weltall ist. Auf dieser heiligen Stelle fing der Seher an, den Altar aufzubauen. Zuerst nahm er einen Stab, streckte ihn in die sechs Richtungen, senkte ihn dann und machte im Mittelpunkt des größeren einen kleinen Kreis; darunter verstehen wir das Heim des Großen Geistes. Als er den Stab wieder nacheinander in die sechs Richtungen gehalten hatte, zog er eine Linie, indem er von Westen

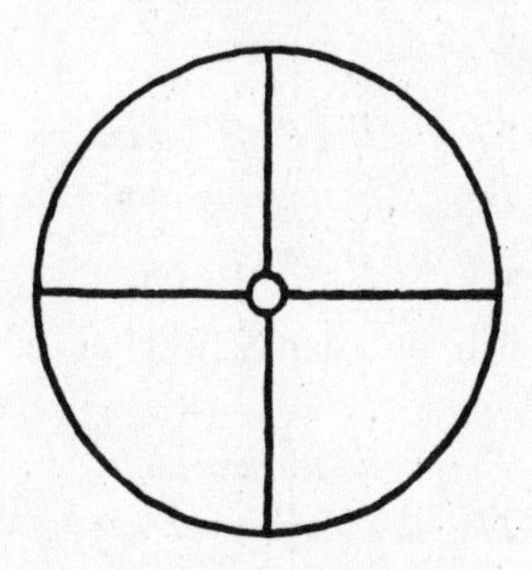

her gegen den Rand des kleinen Kreises fuhr; ebenso zog er eine Linie von Osten her, eine von Norden und eine von Süden, jede zum kleinen Kreis hin. Wir sehen, daß durch die Errichtung des Altars in dieser Art alles zum Mittelpunkt führt oder zu ihm zurückkehrt, und diese Mitte, die hier ist, von der wir jedoch wissen, daß sie eigentlich überall ist, sie ist Uakan-Tanka.

Streckt-sich-aus nahm dann ein kleines Salbeibündel auf, und während er es dem Großen Geiste darbot, betete er:

»O Uakan-Tanka, schau uns an! Den Zweibeinigen am nächsten ist der Häuptling aller Vierbeiner, Tatanka, der Bison. Sieh hier seinen ausgetrockneten Schädel; sein Anblick mahnt uns daran, daß auch wir zu Schädel und Skelett werden und daß wir alle den Pfad zurück zum Großen Geiste gehen. Hab Mitleid mit uns, o Uakan-Tanka, wenn wir ans Ende unserer Tage gelangen. Hier auf Erden leben wir zusammen mit dem Bison, und wir sind ihm dankbar, denn er ist es, der uns unsere Nahrung spendet und der das Volk glücklich macht. Aus diesem Grunde gebe ich jetzt unserem Verwandten, dem Bison, Gras.«

Der Seher machte dann östlich des Altars ein kleines Bett aus Salbei, nahm den Büffelschädel an den Hörnern auf, und nach Osten gewendet sang er:

»Ich gebe dem Büffel Gras;
Das Volk möge hinsehen,
Auf daß es lebe!«

Dann drehte er sich, und den Schädel nach Westen haltend, sang er:

»Tabak gebe ich dem Büffel;
Möge das Volk hinsehen,
Auf daß es lebe!«

Sich nach Norden wendend, sang er:

»Ein Kleid gebe ich dem Büffel;
Möge das Volk hinsehen,
Auf daß es lebe!«

Nach Süden gewendet sang er:

»*Farbe gebe ich dem Büffel;*
Möge das Volk hinsehen,
Auf daß es lebe!«

Dann, über der Salbei stehend, sang der Seher:

»*Wasser gebe ich dem Büffel;*
Möge das Volk hinsehen,
Auf daß es lebe!«

Der Bisonschädel wurde darauf mit dem Gesicht nach Osten auf das Salbeibett gelegt, und Streckt-sich-aus drückte kleine Salbeiballen in die Augenhöhlen; dann band er kleine Tabakbeutel an das nach Süden gerichtete Horn und ein Stück Hirschhaut an das nach Norden gerichtete Horn, denn dieses Fellstück stellt die dem Büffel angebotene Decke dar. Dann malte der Seher rund um den Büffelkopf eine rote Linie und zog auch eine rote Linie von der Stirn zum Nasenbein. Als er das tat, sagte er:
»Du, o Büffel, bist die Erde. Mögen wir dies und alles, was wir hier getan haben, verstehen! Hetschetu uelo! Es ist gut.«
Als die Opfer für den Bison vollzogen waren, schritten die Tänzer um die Hütte und stellten sich nach Osten gerichtet am Eingang auf, um die aufgehende Sonne zu begrüßen.
»Betrachte diese Männer, o Uakan-Tanka«, betete der Seher, während er seine Hände erhob, »das Antlitz der Morgendämmerung wird ihren Angesichtern entgegenkommen; der aufsteigende Tag wird mit ihnen leiden. Es wird ein heiliger Tag sein, denn Du, o Uakan-Tanka, bist hier dabei!«
Gerade als die Tagessonne über den Horizont blickte, sangen die Männer in geheimnisgemäßer Weise eine Melodie ohne Worte, und der Seher stimmte eines seiner heiligen Lieder an:

»Vater kommt herauf!
Das Licht des Großen Geistes steht über meinem Volk;
Es macht die ganze Erde leuchten.
Mein Volk ist jetzt glücklich!
Alle Wesen, die sich bewegen, freuen sich!«

Während die Männer ohne Worte sangen und Streckt-sich-aus die heiligen Formeln sang, tanzten sie alle, und beim Tanz bewegten sie sich so, daß sie nach Süden blickten, dann nach Westen und Norden, um wieder im Osten anzuhalten; diesmal waren sie zum heiligen Baum in der Mitte gerichtet.
Gesang und Trommelschlag wurden eingestellt, die Tänzer gingen und setzten sich im Westteil der Hütte auf Salbeibetten, die für sie hergerichtet worden waren. Mit Salbei rieben die Helfer die ganze Farbe von den Körpern der Männer, dann drückten sie ihnen Salbeikränze auf den Kopf und steckten Adlerfedern auf; auch die Frauen trugen Adlerfedern im Haar.
Bei jedem Sonnentanz tragen wir Salbeikränze auf unsern Köpfen, denn es ist ein Zeichen, daß unsere Gedanken und Herzen dem Großen Geiste und seinen Mächten nahe sind, weil der Kranz die Dinge des Himmels – die Sterne und die Planeten – darstellt, die geheimnisvoll und heilig sind.
Der Seher zeigte den Männern dann, wie sie sich zu bemalen hatten: die Leiber mußten vom Gürtel an aufwärts rot gefärbt und auch das Gesicht mußte rot bemalt sein, denn Rot stellt alles dar, was heilig ist, im besonderen die Erde. Wir sollten daran denken, daß unsere Leiber von der Erde kommen und auch zu ihr zurückkehren. Ein schwarzer Kreis wird um das Gesicht herum gemalt, denn der Kreis hilft uns, an den Großen Geist zu denken, der wie der Kreis ohne

Ende ist. Es liegt viel Kraft im Kreise, wie ich schon sagte; die Vögel wissen das, darum fliegen sie in Kreisen und bilden ihre Nester in dieser Form; die Coyoten wissen es auch, denn sie leben in runden Erdhöhlen. Eine schwarze Linie soll von der Stirne herab zwischen die Augen gezogen und auf jede Wange sowie auf das Kinn eine Linie gezeichnet werden, weil diese vier Linien die Mächte der vier Richtungen darstellen. Schwarze Streifen werden um das Handgelenk, den Ellbogen, den Oberarm und um die Fußknöchel gemalt; denn, seht ihr, Schwarz ist die Farbe der Unwissenheit [62], und so bedeuten diese Streifen die Bande, die uns an die Erde binden. Ihr sollt auch beachten, daß diese Streifen von der Erde ausgehen und nur bis zu unserer Brust reichen, denn dies ist die Stelle, wo die Riemen am Körper befestigt werden; diese Riemen sind gleichsam Lichtstrahlen vom Großen Geiste. Wenn wir uns von den Riemen losreißen, ist es, wie wenn sich der Geist von unserm dunkeln Körper befreit. Als dieser Tanz zum erstenmal ausgeführt wurde, waren alle Männer auf diese Weise bemalt, denn erst in neuerer Zeit trägt jeder Tänzer gemäß einem Traumgesicht, das er selbst gehabt hat, eine eigene Bemalung.
Nachdem alle Tänzer bemalt waren, reinigten sie sich im Rauch von Süßgras und legten die verschiedenen Sinnbilder an, die ich vorher beschrieben habe. Der Tänzer, der gelobt hatte, die vier Büffelschädel zu schleppen, trug ein Bisonbild auf der Brust, und auf dem Kopf aus Süßgras verfertigte Hörner.

VII

Sobald alle Vorbereitungen getroffen waren, stellten sich die Tänzer am Fuß des heiligen Baumes auf dessen Westseite auf und starrten zur Baumspitze empor. Sie erhoben

ihre rechte Hand und bliesen auf den Adlerbeinpfeifen; während dessen betete der Seher:
»O Altvater Uakan-Tanka, beuge Dich herab und wirf einen Blick auf mich, der ich meine Hand zu Dir erhebe! Du siehst hier die Gesichter meines Volkes. Du siehst die vier Mächte des Weltalls und Du hast uns an jeder der vier Richtungen gesehen. Du hast den heiligen Platz betrachtet und die heilige Mitte, die wir errichtet haben und an der wir leiden werden. Ich biete Dir alle meine Schmerzen um meines Volkes willen.
Ein guter Tag ist auf meine Stirn gelegt worden, da ich vor Dir stehe, und das bringt mich Dir näher, o Uakan-Tanka! Es ist Dein Licht, das mit dem Tagesgrauen kommt und das die Himmel durchdringt. Ich stehe mit den Füßen auf Deiner heiligen Erde. Sei barmherzig mit mir, o Großer Geist, damit mein Volk leben möge!«
Dann sangen alle Sänger zusammen:

»O Uakan-Tanka, hab Erbarmen mit mir!
Ich tue das, damit mein Volk leben möge!«

Die Tänzer schwenkten alle rundum nach Osten und schauten westwärts zur Spitze des heiligen Baumes; ihre Hände erhebend, sangen sie: »Unser Altvater Uakan-Tanka hat mir einen Pfad gegeben, der heilig ist.«
Nach Süden schreitend und nach Norden schauend, bliesen die Tänzer auf ihren Adlerbeinpfeifen, wozu die andern sangen:

»Ein Bison komme, sagen sie;
Jetzt ist er hier!
Die Macht des Büffels kommt;
Jetzt ist sie über uns!«

Während dieses Liedes bewegten sich die Tänzer im Bogen nach Westen, und nach Osten gewendet, bliesen sie immerzu auf ihren schrillen Adlerbeinpfeifen. Dann gingen sie nach Norden und waren nach Süden gerichtet, und schließlich gingen sie wieder nach Westen und richteten sich nach Osten. Dann begannen alle Tänzer zu wehklagen. Streckt-sich-aus erhielt einen Riemen und zwei hölzerne Pflöcke, trat damit in die Mitte, und den heiligen Baum ergreifend, schluchzte er:
»O Uakan-Tanka, sei barmherzig mit mir! Ich tue dies, damit mein Volk leben möge!«
Während er beständig so klagte, ging er in den Nordteil und schritt von hier rund um den Hüttenkreis, hielt an jedem der achtundzwanzig Hüttenpfosten an und kehrte dann in den Nordteil zurück. Ihre Riemen und Pflöcke tragend, taten danach alle Tänzer wie der Seher. Und als sie alle wieder im Nordteil waren und nach Süden blickten, trat der Seher nochmals zur Mitte und faßte den Baum mit beiden Händen.
Sobald die Sänger und Trommler das Tempo von Gesang und Trommelschlag beschleunigten, sprangen die Helfer auf, und Streckt-sich-aus gewaltsam anpackend, warfen sie ihn zu Boden. Dann zog einer die Haut von des Sehers linker Brust in die Höhe und stieß durch diese lose Haut einen zugespitzten Stab; auf gleiche Weise wurde die rechte Brust durchbohrt. Der lange Rohlederriemen ward in seiner Mitte hoch oben um den heiligen Baum gebunden und seine beiden Enden an den Marterpflöcken in des Sehers Brust befestigt. Die Helfer rissen ihn hoch; er begann auf seiner Adlerbeinpfeife zu blasen und, rückwärts gelehnt und von seinen Riemen gehalten, schickte er sich an, zu tanzen. Er hatte seinen Tanz fortzusetzen, bis sich die Riemen aus seinem Fleisch losreißen würden.

Ich möchte hier erklären, weshalb wir zwei Riemen gebrauchen, die tatsächlich ein einziger langer Riemen sind, denn er ist um die Mitte des Baumes befestigt und auch aus einer einzigen Büffelhaut hergestellt, die man im Kreis herausgeschnitten hat. Dies soll uns daran erinnern, daß die zwei, obwohl scheinbar zwei getrennte Riemen, in Wirklichkeit nur einer sind: nur der Unwissende sieht als Vielheit, was in Wirklichkeit ein Einziges ist. Diese Wahrheit von der Einheit aller Dinge verstehen wir ein wenig besser, wenn wir an diesem Ritus teilnehmen und uns selber als Opfer darbringen.

Der zweite Tänzer trat dann zur Mitte, und den Baum umfassend, schluchzte er, wie der Seher es getan hatte. Wieder stürzten die Helfer herbei, und nachdem sie ihn grob zu Boden geworfen, durchstachen sie ihm beide Brüste und beide Seiten seines Rückens; Holzpflöcke wurden durch das Fleisch gestoßen, und an diese Pflöcke knüpften sie vier kurze Riemen. Dieser Tapfere wurde hierauf in die Mitte von vier Pfosten gebunden, so straff, daß er sich nach keiner Seite rühren konnte. Zuerst weinte er, nicht wie ein Kind vor Schmerz, sondern weil er wußte, daß er für sein Volk litt; er erkannte die begnadete Weihe, die vier Richtungen in seinem Leibe zu vereinigen, so daß er wirklich zur Weltmitte geworden war. Seine Hände zum Himmel erhebend und auf seiner Adlerknochenpfeife blasend, begann dieser Mann zu tanzen, und er tanzte, bis die Riemen rissen.

Der dritte Mann, derjenige, welcher die vier Bisonschädel tragen wollte, trat in die Mitte. Nachdem er den heiligen Baum umarmt hatte, wurde er von den Helfern aufs Gesicht geworfen, vier Pflöcke wurden durch sein Rückenfleisch gestoßen und daran die vier Bisonschädel gebunden. Die Helfer zerrten an den Schädeln, um zu prüfen, ob sie hielten.

Dann gaben sie dem Tänzer seine Adlerbeinpfeife, die er während des Tanzens unaufhörlich blies. Ihr werdet wohl verstehen, daß dies sehr schmerzhaft für ihn war, denn bei jeder Bewegung stießen die spitzen Hörner der Schädel in seine Haut; aber unsere Männer waren zu jener Zeit tapfer und ließen sich nicht anmerken, was sie erduldeten; sie litten in der Tat gern, wenn es zum Besten des Volkes geschah.

Freunde oder Verwandte traten gelegentlich zu den Tänzern und tanzten neben ihnen mit, um sie zu ermutigen; oder eine Jungfrau, die einen von ihnen gut mochte, nahm ein Kraut, das sie eben kaute, und steckte es in den Mund des Tänzers, um ihn zu stärken und seinen Durst zu mildern. Das Schlagen der Trommeln, die Gesänge und der Tanz hörten nie auf, und ihr konntet die hohen Töne der Adlerbeinpfeifen vernehmen, die schrill über alles hinausschrien.

Dann trat der vierte Mann vor, der, welcher gelobt hatte, zwölf Stücke Fleisch zu opfern; er setzte sich am Fuß des Baumes nieder und hielt ihn mit beiden Händen umschlungen. Die Helfer nahmen eine Knochenahle, und die Haut an seinen Schultern in die Höhe ziehend, schnitten sie von jeder sechs kleine Fleischstücke weg. Dieses Fleisch wurde als Opfergabe am Fuß des Baumes gelassen. Der Mann erhob sich und trat zu den andern in den Tanz.

Auf die gleiche Weise opferte der fünfte Tänzer acht Fleischstücke; der sechste Tänzer gab vier, und der siebte Tänzer opferte zwei. Schließlich umfaßte die Frau den Baum, kauerte sich schreiend nieder und sagte unter Tränen:

»Vater Uakan-Tanka, in diesem einen Stück Fleisch biete ich mich Dir und Deinen Himmeln, und der Sonne, dem Mond, dem Morgenstern, den vier Mächten und allem dar.«

Sie tanzten alle weiter. Die Leute feuerten den Seher an und hießen ihn kräftiger an seinen Riemen ziehen; er tat es, bis er sich endlich von einem losgerissen hatte. Nun schrien alle: »Hay ye!« Der Seher fiel, doch sie halfen ihm auf, und er fuhr fort zu tanzen, bis er sich auch vom andern Riemen losgerissen hatte. Wieder stürzte er, erhob sich jedoch und streckte seine Hände himmelwärts; jetzt rief das Volk laut Beifall. Sie stützten ihn bis zum Fuß des heiligen Baumes, dort ließ er sich auf ein Salbeibett nieder. Wo die Riemen die Pflöcke herausgerissen hatten, zog er an dem zuckenden Fleisch seiner Brust und legte zwölf Stücke davon an den Fuß des Baumes. Ein Medizinmann tat ein Heilkraut auf seine Wunden; und sie trugen ihn an eine schattige Stelle, wo er sich einige Augenblicke ausruhte; bald aber stand er wieder auf und fuhr fort, mit den andern zu tanzen.

Schließlich verlor der Mann, der lange mit den vier Schädeln getanzt hatte, zwei davon und Streckt-sich-aus gab nun Befehl, seine Haut aufzuschneiden, daß die zwei andern abfielen. Doch obwohl er von den vier Schädeln befreit war, hörte dieser Tapfere nicht auf, zu tanzen.

Später befreite sich der Mann, der in der Mitte zwischen vier Pfosten tanzte, gewaltsam von zweien seiner Fesseln, und der Seher sagte, er habe genug ertragen; mit einem Messer wurde die Haut zerschnitten, so daß er sich auch von den andern zwei Riemen losreißen konnte. Diese beiden Männer opferten jetzt jeder dem heiligen Baum zwölf Stücke Fleisch, und danach tanzten alle Tänzer und viele andere Leute, bis die Sonne nahezu untergegangen war.

VIII

Gerade vor Sonnenuntergang wurde eine Pfeife zu den Sängern und Trommlern gebracht, als Zeichen, daß ihre Arbeit

beendigt sei und daß sie rauchen durften. Die Tänzer und der Hüter der hochheiligen Pfeife setzten sich auf die Westseite der Hütte, und die Frau hob die Pfeife, die vor ihr gelegen hatte, mit beiden Händen hoch; den Pfeifenstiel aufrichtend, schritt sie rings um den Büffelschädel, und vor dem Pfeifenbewahrer anhaltend, betete sie:
»O heiliger Vater[63], sei barmherzig mit mir! Ich biete meine Pfeife dem Großen Geiste dar. O Altvater Uakan-Tanka, hilf mir! Ich tue dies, auf daß mein Volk lebe und es sich dem Geheimnis gemäß vermehren möge.«
Die Frau bot die Pfeife dem Bewahrer dreimal an und übergab sie ihm beim vierten Mal. »Hau!« sagte der Bewahrer, als er sie erhielt; dann entfernte er sich, stellte sich unter die Nordseite des Baumes und betete, nachdem er viermal »Hiey-hey-i-i!« gerufen hatte:
»O Altvater Uakan-Tanka, Du stehst uns näher als irgend etwas sonst. Du hast heute alles gesehen. Es ist jetzt zu Ende, unsere Aufgabe ist erfüllt. Heute hat ein zweibeiniges Wesen einen sehr heiligen Ritus ausgeführt, den Du ihm aufgetragen hast. Diese acht Männer haben Dir ihre Leiber und Seelen dargeboten. In ihren Schmerzen haben sie ihre Stimmen zu Dir geschickt; sie haben Dir sogar einen Teil ihres Fleisches geopfert, der jetzt hier am Fuße des geheiligten Baumes ist. Die Gunst, die sie von Dir erbitten, ist die, daß ihr Volk den geweihten Lebenspfad wandeln und es sich in Übereinstimmung mit dem Geheimnis vermehren möge.
Sieh diese Pfeife, die wir Dir zusammen mit der Erde, den vier Mächten und allen Dingen dargeboten haben. Wir wissen, daß wir mit allen Dingen des Himmels und der Erde verwandt und eins sind, und wir wissen, daß alles, was sich bewegt, ein Volk ist wie wir. Wir wünschen alle, auf heilige Art zu leben und uns zu vermehren. Der Morgenstern und

die Morgendämmerung, die mit ihm kommt, die Nachtsonne und die Sterne des Himmels sind hier alle vereinigt. Du hast uns unsere Verwandtschaft mit allen diesen Dingen und Wesen gelehrt, und dafür danken wir jetzt und immerdar. Mögen wir stetsfort dieser Verwandtschaft eingedenk sein, die zwischen den Vierbeinern, den Zweifüßlern und den Geflügelten besteht! Mögen wir alle uns freuen und in Frieden leben!

Sieh diese Pfeife; es ist dieselbe, die die Vierbeinige[64] unserm Volke brachte; durch sie haben wir Deinen Willen vollzogen. O Uakan-Tanka, Du hast Dein Volk auf einen heiligen Pfad gesetzt; möge es ihm mit bestimmten und sicheren Schritten folgen, Hand in Hand mit seinen Kindern, und mögen ihre Kindeskinder ebenfalls auf diese geheiligte Art dahinschreiten!

Habe Mitleid, o Uakan-Tanka, mit den Seelen, die auf der Erde gewandelt und dahingegangen sind. Mögen diese Seelen würdig sein, auf dem großen, weißen Pfade zu schreiten, den Du errichtet hast! Wir werden nun die heilige Pfeife anzünden und rauchen, und wir wissen, daß dieses Opfer sehr uakan ist. Der aufsteigende Rauch wird sich durch das ganze Weltall ausbreiten, und alle Wesen sollen froh werden.«

Die Tänzer setzten sich auf die Westseite der Hütte, und der Bewahrer nahm den Talgpfropfen vom Pfeifenkopf und legte ihn auf einen geweihten Fladen Büffelmist. Die Pfeife wurde an einer Kohle angezündet, und nachdem er sie den sechs Richtungen dargeboten und selbst einige Züge genom-

---

TAFEL 11 · *Oben:* Schwarzfuß-Indianer in ihrem Tipi am Feuer sitzend. Foto im Indianermuseum der Stadt Zürich.

Unten: Überlebende der Schlacht am Little Bighorn River auf dem historischen Schlachtfeld.

men hatte, übergab er sie dem Seher, der weinte, als er sie darbot; er rauchte einige Züge und reichte sie seinem Nachbarn weiter. Jeder gab die Pfeife an den Seher zurück, wenn er sie dargeboten und daraus geraucht hatte, worauf sie dieser dem Folgenden aushändigte. Als alle auf diese Weise geraucht hatten, schüttete Streckt-sich-aus die Asche langsam und sorgfältig genau auf die Altarmitte und betete:
»O Uakan-Tanka, dieser heilige Platz gehört Dir. Auf ihm ist alles vollzogen worden. Wir freuen uns.«
Zwei Helfer brachten die Asche des heiligen Feuers, das östlich der Hütte gebrannt hatte, und leerten sie auf den Altar; der im Rauch gereinigte Staub wurde auch auf den Altar getan, und dann häufte man alle Kränze, Federn, Felle und die Sinnbilder, die im Tanz benützt worden waren, in der Mitte des heiligen Platzes auf. Dies geschah, weil alle diese Dinge zu heilig waren, um aufbewahrt zu werden; man mußte sie der Erde zurückgeben. Nur die Büffeldecken und die Adlerbeinpfeifen wurden behalten; sie wurden stets als besonders verehrungswürdig betrachtet, weil sie an dem ersten großen Feste des Sonnentanzes gebraucht worden waren. Zu oberst auf den Haufen der heiligen Dinge setzte man den Büffelschädel, denn dieser Schädel mahnt uns an den Tod und läßt uns bedenken, daß hier ein Kreislauf beendet wurde.
Das ganze Volk freute sich, und den kleinen Kindern ward erlaubt, den Erwachsenen Streiche zu spielen und allerlei Schabernack zu verüben, was niemand übel nahm; sie wurden nicht bestraft, denn jedermann war glücklich.
Einzig für die Tänzer war noch nicht alles vorbei: sie nahmen ihre Bisondecken und kehrten zum Vorbereitungszelte

---

TAFEL 12 · Sitting Bull, Priester und geistiger Führer der Sioux. Aufnahme im Besitz der Smithsonian Institution.

zurück. Hier zogen sie ihre Kleider bis auf den Lendenschurz aus und begaben sich ins Inipi-Gehäuse, ausgenommen die Frau, welche für die Männer die Tür bewachte. Die fünf Steine wurden hereingebracht, und die Pfeife wurde reihum geraucht. Aber jeder hielt sie gegen einen der Steine, bevor er sie rauchte. Die Tür wurde geschlossen und Streckt-sich-aus sprach:

»Meine Verwandten, ich möchte etwas sagen. Hört gut zu! Heute habt ihr etwas Wunderbares vollbracht, denn ihr habt eure Leiber dem Großen Geiste gegeben. Erinnert euch stets daran, wenn ihr zu euern Leuten zurückkehrt, daß ihr durch diese Tat geheiligt worden seid. In Zukunft werdet ihr die Führer eures Volkes sein, und ihr sollt euch dieser heiligen Aufgabe würdig erweisen. Seid mitleidig zu den Eurigen, seid gut zu ihnen und liebt sie! Denkt aber immer daran, daß euer nächster Verwandter euer Altvater und Vater Uakan-Tanka ist, und nächst Ihm ist es eure Altmutter und Mutter, die Erde.«

Auf die Steine wurde Wasser geschüttet, und bald darauf, als die kleine Hütte mit Dampf erfüllt und sehr heiß war, die Türe geöffnet und Wasser hereingereicht. Man warf Süßgras in das Wasser und hielt dieses den Tänzern an die Lippen. Aber dies war alles Wasser, das sie für dieses Mal erhalten durften. Die Pfeife wurde herumgereicht, die Tür geschlossen, und der Seher sprach wieder zu den Männern:

»Mit euern heutigen Handlungen habt ihr den Reifen unseres Volkes verstärkt. Ihr habt eine heilige Mitte errichtet, die stets mit euch sein wird, und ihr habt einen engeren Bund mit allen Dingen des Weltalls geschaffen.«

Wieder wurde Wasser auf die Steine geleert, und als der Dampf aufstieg, sangen die Männer. Nachdem die Tür zum drittenmal geöffnet wurde, durften sie einen Mundvoll

Wasser trinken, und danach wurde die Pfeife wie zuvor herumgereicht. Man schloß die Tür von neuem, und während der Dampf von den Steinen aufstieg, sangen alle Männer:

»*Ich sende eine Stimme zu meinem Altvater!*
Ich sende eine Stimme zu meinem Altvater!
Höre mich!
Gemeinsam mit allen Dingen des Weltalls
Sende ich eine Stimme zu Uakan-Tanka.«

Der Seher sagte noch:
»Die vier Pfade der vier Mächte sind eure nahen Verwandten. Die Morgendämmerung und die Tagessonne sind eure Verwandten. Der Morgenstern und alle Sterne der heiligen Himmel sind eure Verwandten. Denkt immer daran!«
Die Tür wurde nun zum vierten und letzten Mal geöffnet, und die Männer tranken jetzt soviel Wasser, wie sie mochten; als sie damit fertig waren und geraucht hatten, sagte der Seher zu ihnen:
»Ihr habt jetzt das Licht des Großen Geistes viermal gesehen. Dieses Licht wird immer bei euch sein. Bedenkt, daß vier Schritte das Ende des heiligen Pfades erreichen[65]. Aber ihr werdet es erlangen. Es ist gut! Es ist zu Ende! Hetschetu uelo!«
Die Männer kehrten hierauf zum Vorbereitungszelt zurück, wohin ihnen viel Speise gebracht wurde. Das ganze Volk war glücklich und freute sich. Etwas Großes war vollbracht worden, und durch diesen großen Ritus würde dem Leben des Stammes in den kommenden Wintern viel Kraft zufließen.

DAS VERWANDTSCHAFTMACHEN

IN DIESEM Ritus – Hunkapi-uitschochan – begründen wir eine Verwandtschaft auf Erden, die eine Spiegelung jener wirklichen Verwandtschaft ist, die zwischen Mensch und Großem Geiste besteht. So wie wir immer Uakan-Tanka zuerst und vor allem andern lieben, sollten wir auch unsere Mitmenschen lieben und eine engere Verwandtschaft mit ihnen schließen, selbst wenn sie zu einem andern Stamme gehören. In diesem Ritus, den ich beschreiben werde, führen wir den Willen des Großen Geistes aus, denn er ist einer der sieben Riten, die uns die Weiße-Büffelkuh-Frau am Anfang versprochen hatte.

Andere Stämme erheben den Anspruch auf die Ehre, die Urheber dieses Ritus zu sein, aber dem ist nicht so; denn es war der Lakota Bärenknabe [Mato Hokschila], ein sehr heiliger Mann, der diesen Ritus in einem Gesichte von Uakan-Tanka erhielt.

Ihr müßt wissen, daß der Mais, dieses heilige Gewächs, keine eigenständige Pflanze im Gebiete der Sioux ist. Aber vor langer Zeit hatte Bärenknabe sein Gesicht über den Mais, und als er später in den Südwesten reiste, fand er ein kleines Stück mit Mais bewachsenes Land, genau wie er es in seinem Gesicht gesehen hatte, und dieses Korn brachte er zu seinem Volk zurück, ohne zu wissen, daß es dem Stamme der Rie[66] gehörte, mit dem die Sioux seit langem im Kriege lagen.

Nun war der Mais den Rie so wichtig und heilig, wie die Pfeife unserm Volke ist, und bald nachdem ihr Mais verschwunden war, sandten sie Boten ins Lager der Sioux; sie brachten mancherlei Geschenke und viel von ihrem gezöpfelten Tabak, den wir außerordentlich schätzen, und verlangten ihren Mais zurück.

Die Sioux nahmen die Friedensgaben an, und Bärenknabe, der jetzt die Bedeutung seines Gesichts verstand, erzählte seinen Leuten davon und sagte, daß wir eine dauernde Verwandtschaft mit dem Stamme der Rie schließen müßten, um diesen Ritus abzuhalten – eine Verwandtschaft, die bis ans Ende des Zeitalters währe, eine, die ein Beispiel für alle andern Stämme sein müsse.

Das ganze Volk nahm dies freudig auf und ermächtigte Bärenknabe, den Frieden durch den Hunkapi-Ritus einzuleiten. Bärenknabe erklärte hierauf, immer wenn dieser Ritus ausgeführt werde, sei der, welcher einen andern zum Verwandten zu machen wünsche, als Rie zu betrachten, und er müsse über den andern singen. Er hieß die Rie ein Ritualzelt errichten und einen ihrer Leute bestimmen, der den ganzen Rie-Stamm zu vertreten und auf Bärenknabe zu singen habe, der seinerseits den ganzen Sioux-Stamm verkörpern sollte.

Bald darauf füllte Bärenknabe seine Pfeife und begab sich zu dem Rie, der dazu erwählt worden war, sein Volk zu vertreten; indem er ihm die Pfeife anbot, sagte er:

»Ich bitte dich, mir bei der Ausführung eines Ritus zu helfen, der mir zum Wohle unseres Volkes in einem Gesichte vom Großen Geist gegeben worden ist. Es ist Sein Wille, daß wir dies tun.

Er, der unser Altvater und Vater ist, hat eine Verwandtschaft mit meinem Volk, den Sioux, begründet. Es ist unsere Pflicht, ein Bild dieser Verwandtschaft zwischen Leuten verschiedener Stämme zu machen. Möge das, was wir hier tun, ein Beispiel für andere Leute sein!

Du stellst das Volk der Rie als Ganzes dar, und ich stelle den Stamm der Sioux dar. Du bist hierher gekommen, um Frieden zu schließen, und wir haben dein Anerbieten angenommen; doch wie du siehst, werden wir etwas Tieferes errichten als das, worum du gebeten hast. Indem ihr um Frieden batet, brachtet ihr uns euern Tabak, den wir außerordentlich schätzen, und gleicherweise sollen wir euch das heilige Korn geben, das ihr höher wertet als irgend etwas anderes. Beide sind heilig, denn sie sind vom Großen Geist; sie sind von ihm für unsern Gebrauch gemacht worden!«

Bärenknabe unterwies den Rie dann darin, wie die Schenkung vor sich gehen solle, die später den Sioux gebracht würde. Und er sagte ihm, daß die folgende Ausrüstung für den Ritus nötig sei:

Eine Pfeife, Tabak, vier Maiskolben mit Ähren, ein Maiskolben ohne Ähren, ein Bisonschädel, drei Stäbe für ein Gerüst, gedörrtes Bisonfleisch, rote und dunkelblaue Farbe, Adlerdaunen, ein Messer, Süßgras und eine getrocknete Bisonblase.

Als diese Ausrüstung gesammelt war, nahm Bärenknabe ein Messer und schabte eine Stelle auf dem Boden des Tipis sauber. Auf diesen Platz wurden fünf glühende Kohlen gelegt, darauf streute der Seher etwas Süßgras und betete:

»O Altvater Uakan-Tanka, betrachte uns! Hier wollen wir Verwandte und Frieden machen; es ist Dein Wille, daß dies geschehe. Mit diesem Süßgras, das Dein ist, mache ich jetzt Rauch, der zu Dir aufsteigen soll. In allem, was wir tun, bist Du zuerst, und diese unsere Mutter Erde ist das Zweite, und ihr am nächsten sind die vier Weltgegenden. Indem wir diesen Ritus ausführen, erfüllen wir Deinen Willen auf Erden; wir wollen einen Frieden machen, der bis ans Ende der Zeit dauern wird. Der Rauch dieses Süßgrases soll über allem im Weltall sein. Es ist gut!«

Die ganze Ausrüstung wurde nun über dem Rauch geweiht; die drei Stäbe wurden als Trockengerüst aufgestellt und die

Pfeife darangelehnt. Bärenknabe legte die Büffelblase davor, und während er ein Stück Tabak gegen Westen hielt, betete er:

»O Du, der Du den Pfad hütest, wo die Sonne untergeht, und der Du die Wasser bewachst, wir haben vor, eine Verwandtschaft und einen heiligen Frieden zu begründen. Du hast zwei heilige Tage – möge das Volk sie haben, und möge es den Lebenspfad mit sicherem Schritt durchmessen! Du sollst in dieser Verwandtschaft und diesem Frieden, die wir nun begründen, eingeschlossen sein: hilf uns! Wir machen hier auf Erden die selbe Verwandtschaft, die Uakan-Tanka immer mit seinem Volke hat.«

So wurde dieser Tabak mit der Macht des Westens gleichgesetzt und in die Blase getan.

Ich sollte euch vielleicht sagen, daß diese Blase für viele Stämme so heilig ist wie für uns die Pfeife, denn sie kann auch das ganze Weltall enthalten.

Darauf wurde dem Norden mit folgendem Gebet eine Tabakprise geweiht:

»O Du, wo der Riese Uasiya lebt, der die reinigenden Winde beherrscht, Du wirst in diesen heiligen Beutel gebracht werden; darum hilf uns mit Deinen zwei heiligen Tagen und steh uns auf unserm Gang über den geraden Lebenspfad bei!«

Die Macht des Nordens, jetzt im Tabak, wurde in den Beutel gesteckt. Darauf opferte Bärenknabe der Macht des Ostens eine Tabakprise:

»O Du, der Du über den Pfad gebietest, auf dem die Sonne heraufkommt, und der Du Wissen verleihst, Du bist in diesem Opfer mit eingeschlossen, so hilf uns mit Deinen zwei heiligen Tagen!«

Nachdem die Macht des Ostens in den Beutel gebracht war,

wurde der Richtung, der wir immer zugekehrt sind, eine Tabakprise mit einem Gebet geopfert:
»O Du weißer Schwan, der Du über den Pfad gebietest, auf dem die Geschlechter wandeln, für Dich ist Platz in diesem heiligen Beutel, darum hilf uns mit Deinen zwei roten und blauen Tagen!«
Nachdem die Macht des Südens im Beutel untergebracht war, opferte Bärenknabe den Himmeln eine Tabakprise:
»Altvater Uakan-Tanka der heiligen Himmel, Vater Uakan-Tanka, Altmutter Erde und Mutter Erde, mögen wir diese unsere vierfältige Verwandtschaft mit Euch kennen! Mögen wir dieses Wissen im Friedensschluß mit einem andern Stamme anwenden. Wir wissen, daß wir Deinen Willen erfüllen, wenn wir hier auf Erden Verwandte machen. O Uakan-Tanka, Du bist über allem, doch heute bist Du mit uns hier.«
Dieser Tabak für den Großen Geist wurde in den Beutel gesteckt, und dann eine Tabakprise gegen den Boden haltend, betete Bärenknabe:
»Altmutter Erde, höre mich! Auf Dir machen wir mit einem Volk Verwandtschaft, so wie Du mit uns eine Verwandtschaft eingingst, indem Du uns unsere heilige Pfeife brachtest. Die Zweibeinigen, die Vierbeinigen, die Geflügelten und alles, was sich auf Dir bewegt, sind Deine Kinder. Mit allen Wesen und allen Dingen wollen wir als mit Verwandten umgehen; gerade so, wie wir mit Dir, o Mutter, verwandt sind, so sollen wir mit einem andern Volk Frieden machen und mit ihm verwandt sein. Mögen wir in Liebe und Mitleid auf diesem Pfade wandeln, der heilig ist! O Altmutter und Mutter, wir tun Dich in diesen Beutel. Hilf uns in unserem Beginnen, hier Verwandte und einen dauernden Frieden zu machen!«

Die Erde wurde in den Beutel gesteckt, dessen Öffnung geschlossen und Büffelhaar und etwas Süßgras daraufgebunden.
Bärenknabe sagte dann zu dem Rie:
»Du mußt nun zu dem Beutel Sorge tragen, denn er ist jetzt wirklich dasselbe wie die heilige Pfeife, die zu den Sioux gebracht wurde, und auch er wird zwischen vielen Stämmen Frieden und Verwandte machen. Aber ihr müßt stets dessen eingedenk sein, daß unsere nächsten Verwandten unser Altvater und Vater Uakan-Tanka und unsere Altmutter und Mutter Erde sind. Mit diesem heiligen Beutel mußt du zu den Führern der Sioux gehen, und mit ihm soll die Verwandtschaft gemacht werden.«
Der Beutel wurde hierauf in Wildleder eingewickelt, das an beiden Enden mit Rohleder fest zugebunden wurde, so daß man es leicht tragen konnte. Damit wurde der erste Tag des Ritus beschlossen.
Am folgenden Tag nahm Bärenknabe genau bei Sonnenaufgang seine Pfeife und ging zum Tipi des Rie. Nachdem er die Pfeife den sechs Richtungen dargeboten und ein wenig geraucht hatte, reichte er sie dem Rie, der »Hi ho! Hi ho!« sagte und die Pfeife umarmte. Er rauchte einige Züge und gab sie an andere weiter, die sich im Tipi befanden. Als die Pfeife durch jedermanns Hände gegangen, wurde sie Bärenknabe zurückgegeben, der sie dann auskratzte und im Beutel versorgte. Dann kehrte der Seher in sein eigenes Tipi zurück, wo er und die andern Siouxhäuptlinge und weisen Männer auf den Rie warteten, der das Opferbündel bringen sollte, wie ihm am Vortage aufgetragen worden war.
Als die Sioux den Rie kommen sahen, riefen sie alle »Hi ho! Hi ho!«, und vier von ihnen gingen hinaus, um ihn zu empfangen, und führten ihn in das Tipi, in dem er in sonnenwei-

sem Kreise herumging. Vor Bärenknabe, der auf der Westseite saß, blieb er stehen und legte das heilige Opferbündel vor ihn hin. Eine glühende Kohle wurde vor dem Seher niedergelegt. Er verbrannte etwas Süßgras und hielt das heilige Bündel über den Rauch. Nachdem er »Hi ho! Hi ho!« gerufen und das Bündel umarmt hatte, betete er:

»O Altvater Uakan-Tanka, Vater Uakan-Tanka, betrachte uns! Auf dieser Erde vollziehen wir Deinen Willen. Indem Du uns die heilige Pfeife gabst, hast Du eine Verwandtschaft mit uns hergestellt, und diese Verwandtschaft erweitern wir jetzt, da wir diesen Frieden mit einem Stamme schließen, mit dem wir vorher Krieg führten. Wir wissen, daß wir jetzt einen der sieben heiligen Riten vollziehen, die uns zu Anfang versprochen wurden. Durch diesen Ritus mögen die zwei Völker hinfort in Frieden leben und andern Stämmen ein Beispiel geben. An diesem Opfer wird sich mein Volk erfreuen. Dies ist ein geweihter Tag! Es ist gut! Jetzt wollen wir dieses heilige Bündel öffnen, und durch dieses Opfer werden wir mit Dir und allen Deinen Mächten verbunden. Uakan-Tanka, sieh, was wir tun!«

Bärenknabe knüpfte nun das Uakan-Bündel langsam auf. Als er und die andern die Büffelblase erblickten, riefen sie: »Hi ye!« denn es wußte natürlich jedermann, weshalb die Blase so heilig war. Der Seher hielt sie über den Süßgrasrauch, worauf er sie umarmte und fortwährend rief »Hi ye!« Dann betete er:

»Hab Mitleid mit mir! Jetzt, da du zu uns gekommen bist, wird das Volk mit seinen Kindern an der Hand auf dem heiligen Pfad wandeln. Ich bin das Volk, und ich liebe dich, will dich schätzen und dich immer gern haben. Das Volk, von dem du kamst [die Rie], soll dich auch stets verehren und soll immer wissen, daß du uakan bist.«

Bärenknabe bot die Blase den sechs Richtungen an, und als er sie umarmte und ihre Öffnungen küßte, schrien alle Leute: »Hi ho!« Sich zu dem Rie wendend, sagte der Seher: »Unserm Volk bedeutet dieses Opfer, daß du Frieden wünschest und eine Verwandtschaft mit uns begründen möchtest. Ist das der Grund, daß du ein solch heiliges Opfer bringst?«
Darauf antwortete der Rie:
»Ja! Wir wünschen, eine Verwandtschaft mit euch zu haben, die so eng ist wie die Verwandtschaft, die zwischen euerm Volk und Uakan-Tanka besteht.«
Die Sioux freuten sich über diese Antwort. Die heilige Blase wurde aus dem Zelt hinausgegeben und ging draußen von Hand zu Hand, wobei das Volk in gleicher Weise, wie es Bärenknabe getan, sie umarmte und auf die Öffnung küßte. Um zu zeigen, daß das Friedensopfer des Rie angenommen worden sei, und um das Bündel an der allerheiligsten Stelle zu versorgen, wurde es an die Spitze des achtundzwanzigsten Zeltpfahles gebunden. Wie ich früher erklärte, stellt dieser achtundzwanzigste Pfosten Uakan-Tanka dar, denn er stützt alle andern Pfosten. Auf diese Weise wurde das Anbieten des Opfers beendigt, und die Rie kehrten zu ihren Tipis zurück, um sich auf den nächsten Tag vorzubereiten. Und auch Bärenknabe richtete ein Tipi für die folgenden Riten her. Dieses besondere Tipi hatte beidseits des Eingangs Felle, die einen schulterhohen und einige Schritt langen Gang bildeten. Dies ist die Lebensstraße, die in das Tipi führt; ihr seht daraus, daß einer, der diesen Pfad betritt, sich wegen dieses Fellgeländers weder rechts noch links wenden kann, sondern geradeaus zur Mitte schreiten muß.
Am folgenden Tag wurden vier Rie dazu erkoren, den ganzen Stamm darzustellen und die für die Riten des Tages er-

forderliche Ausrüstung zu dem vom Seher vorbereiteten Tipi zu tragen. Er selber saß auf der Westseite im Tipi und errichtete den heiligen Altar, doch vorher sprach er:
»Der Mais, den wir Sioux jetzt haben, gehört in Wirklichkeit den Rie, weil sie ihn verehren und für heilig halten, so, wie wir es mit unserer Pfeife tun, denn auch sie erhielten ihren Mais durch die Güte des Großen Geistes. Es ist der Wille von Uakan-Tanka, daß sie ihren Mais haben. Darum wollen wir ihnen nicht nur ihren verlorenen Mais zurückerstatten, sondern auch einen Ritus einsetzen, mit dem wir einerseits Frieden stiften und anderseits eine wirkliche Verwandtschaft ins Leben rufen; und diese wird eine Spiegelung jener Verwandtschaft sein, die zwischen unserm Volk und Uakan-Tanka besteht.
Ich will jetzt einen wohlriechenden Rauch machen, der zu den heiligen Himmeln steigen wird und zum Morgenstern, welcher den Tag in Dunkelheit und Licht scheidet; und er wird auch zu den vier Mächten reichen, die das Weltall bewachen. Dieser Rauch entsteigt jetzt unserer Altmutter und Mutter Erde.«
Bärenknabe legte Süßgras auf die Kohlen, und über dem Rauch läuterte er die heilige Pfeife, den Mais, das Beil und die ganze übrige Ausrüstung; er war jetzt bereit, den heiligen Altar zu errichten.
Der Seher nahm das Beil auf, hielt es nacheinander in die sechs Richtungen und schlug dann den Boden im Westen. Wieder zeigte er mit dem Beil in die sechs Richtungen, schlug den Boden im Norden, und in derselben Weise wurden die andern zwei Richtungen errichtet. Dann hielt er das Beil zu den Himmeln auf und schlug in der Mitte zweimal für die Erde auf den Boden, und darauf noch zweimal in der Mitte für den Großen Geist. Nachher kratzte er die Ober-

fläche des Bodens auf[67], und mit einem geweihten Stab, der zuerst den sechs Richtungen dargeboten wurde, zog er vom Westen zur Mitte eine Linie, dann eine vom Osten zur Mitte, eine von Norden zur Mitte, eine von Süden zur Mitte, und den Stab der Erde darbietend, berührte er wieder den Mittelpunkt. Auf diese Weise wurde der Altar gemacht, und er ist sehr heilig, denn wir haben hier den Mittelpunkt der Erde errichtet, und diese Mitte, die in Wirklichkeit überall ist, ist das Heim, der Wohnplatz des Großen Geistes.
Bärenknabe nahm dann einen Maiskolben auf, stieß in eines seiner Enden einen Stecken und band ans andere Ende eine Adlerflaumfeder.
»Dieser Mais gehört tatsächlich den Rie«, sagte er, »und so soll er ihnen zurückgegeben werden, weil sie ihn verehren wie wir unsere Pfeife. Mit dem Maiskolben, den ihr hier seht, sind zwölf wichtige Bedeutungen verbunden, denn es sind zwölf Körnerreihen, und diese zwölf erhält er von den verschiedenen Mächten des Weltalls. Wenn wir an die verschiedenen Dinge denken, welche der Mais uns lehren kann, sollten wir vor allem nie den Frieden und die Verwandtschaft vergessen, die er hier aufrichtet. Aber stets sollen wir über allem andern eingedenk sein, daß unsere nächsten Verwandten unser Altvater und Vater Uakan-Tanka, unsere Altmutter und Mutter, die Erde und die vier Mächte des Weltalls sind, die roten und blauen Tage, die zwei Tageshälften [Licht und Dunkelheit], der Morgenstern, der Gefleckte Adler, der alles bewacht, was am Mais heilig ist; und ebenso ist unsere Pfeife eine Verwandte, denn sie hütet das Volk, und durch sie beten wir zu Uakan-Tanka.
Die Quaste, die auf der Spitze des Maiskolbens wächst, und die wir hier durch die Adlerflaumfeder darstellen, bedeutet die Anwesenheit des Großen Geistes; denn wie der Pol-

len der Quaste überallhin verstreut Leben gibt, so ist es mit Uakan-Tanka, der allen Dingen Leben verleiht[68]. Diese Flaumfeder, die immer auf der Spitze der Pflanze ist, sieht das Licht der Dämmerung zuerst, wenn es kommt, und sie sieht auch die Nacht und den Mond und alle Sterne. Aus all diesen Gründen ist sie sehr uakan. Und dieser Stab, den ich in den Kolben gesteckt habe, ist der Lebensbaum, der von der Erde bis zum Himmel reicht. Die Frucht, die der Kolben mit all seinen Kernen ist, stellt das Volk dar und alle Dinge des Weltalls. Es ist gut, sich daran zu erinnern, wenn wir die Riten verstehen wollen, die folgen sollen.«

Er lehnte den Maiskolben an das Gerüst, das beim Altar aufgestellt worden war; dieses Gerüst ist ein Abbild jenes Gestells, auf dem das Büffelfleisch gedörrt wird, und jetzt ist es ein Trockengerüst für den Mais, denn wie ihr seht, ist der Mais für die Rie so wichtig wie der Bison für die Sioux.

Bärenknabe brach einen Kolben von seinem Stengel, gab ihn dem Rie und sagte:

»Es ist der Wille Uakan-Tankas, daß dieser Mais zu euch zurückkehre. So werden wir Frieden machen und eine Verwandtschaft begründen, die ein Beispiel für andere Stämme sein wird. Wir haben oft von den zwölf Mächten des Weltalls gesprochen; wir werden diese zwölf Mächte zusammen mit den Sioux und den Rie zu einer einzigen verbinden. Dabei muß der Rie über den Sioux singen. Ich werde mein Volk darstellen und euer Anführer euern Stamm, und dadurch, daß wir verwandt werden, sollen diese beiden Stämme wie einer werden und in Frieden leben. In der Vergangenheit waren die Zweifüßler, welche Uakan-Tanka auf diese Insel setzte, Feinde, aber durch diesen Ritus soll Friede sein, und in der Zukunft werden andere Stämme durch diesen Ritus auch wie Verwandte werden.

Ihr Rie sollt jetzt vorgeben, daß ihr mit uns auf dem Kriegspfad seid; ihr sollt hinausgehen und nach dem Feind Ausschau halten, dabei auch Kriegslieder singen.«

In der rechten Hand einen Maiskolben haltend und in der linken einen Maisstengel, gaben die Rie vor, nach dem Feind – den Sioux – zu spähen, und während sie ihre Kriegslieder sangen, schwenkten sie die Maisstengel vor- und rückwärts. Das Schwingen der Maisstengel auf diese Art ist sehr uakan, weil es das Korn darstellt, wenn der Atem des Großen Geistes auf ihm ist. Bläst der Wind, so rinnt der Blütenstaub aus der Quaste auf die den Kolben umgebenden seidigen Fasern, und davon wird die Blüte befruchtet und reift. Ihr erseht daraus, daß diese durch das Beispiel des Maises bildlich gemachte Verwandtschaft dieselbe ist wie jene, die wir zwischen unsern beiden Völkern schließen.

Als die Rie dergleichen taten, als kundschafteten sie nach ihren Feinden, den Sioux, lief das ganze Dorf zusammen, und jedermann war wahrhaft glücklich, denn sie verstanden, was hier vorging. Bald standen die Rie vor dem Tipi, worin die vier Sioux waren, und der Rie-Häuptling fragte seine Tapferen:

»Wer von euch hat als erster auf dem Kriegspfad einen Stoß auf einen Feind gezählt[69]? An diesem ist es, jetzt einen Stoß auf dieses Tipi zu zählen, dann einzudringen und Bärenknabe zu ergreifen; nachher werden wir die übrigen gefangennehmen. Vorher aber mußt du uns von deinen großen Taten auf dem Kriegspfad erzählen.«

Der ausgewählte Rie begann nun von seinen Heldentaten zu berichten, und nach jedem Satz rief das Volk »Hi ho! Hi ho!«, und die Frauen stießen Triller aus. Als er damit zu Ende war, stürzte er zum Tipi, tat einen Stoß darauf, betrat es und brachte den Seher heraus. Dann fingen die andern Rie

die andern vier Sioux und brachten sie heraus. Die Rie fuhren fort, ihre Kriegslieder zu singen, und alle, Rie und Sioux, waren glücklich und machten einander Geschenke an Speisen, Kleidern und sogar Pferden.
Dann bildete sich ein Zug, angeführt von den Rie, die immer noch ihre Maisstengel schwangen. Hinter ihnen kamen die fünf gefangenen Sioux, unter denen eine Frau, ein kleiner Knabe und ein Mädchen waren, denn durch diese Leute war der ganze Stamm dargestellt. Die Kinder wurden von den Rie auf den Schultern getragen. Am Schluß kamen die Sänger, Trommler und alle Leute beider Stämme, die zuschauten. Der Zug hielt viermal an; und jedesmal, wenn sie stehenblieben, heulten sie wie Coyoten, weil dies immer bei der Rückkehr einer Kriegerschar getan wurde. Bald kamen sie zum heiligen Tipi, das in der Mitte des Lagerkreises aufgestellt worden war. Die gefangenen Sioux wurden zu Betten an der Westseite des Tipis geleitet, auf denen viele Geschenke aufgehäuft waren, welche die Rie den Sioux wirklich gaben.
Die Gehilfen der Rie nahmen Büffeldecken und hielten sie vor die fünf Sioux und den Rie-Häuptling; dies wird »das Verbergen der Hunkas« genannt. Ein Rie-Krieger und eine Rie-Frau gingen hinter den Vorhang und begannen, die Gesichter der Sioux zu bemalen. Die Frau bemalte das Gesicht der Sioux-Frau und das des Sioux-Mädchens, und der Rie-Krieger bemalte die Gesichter der Sioux-Männer und das des Knaben rot mit einem blauen Kreis um das Antlitz und einer blauen Linie auf der Stirn, beiden Backenknochen und auf dem Kinn. Während der ganzen Zeit, da die Leute bemalt wurden, schwenkten die Rie die Maisstengel[70] und sangen ihre heiligen Lieder. Dann wurden die Adlerdaunen von den Maiskolben abgenommen und ins Haar der Sioux

gesteckt. Während dies geschah, wurde ein Büffelschädel rot gefärbt, und die vier Mächte wurden durch vier Linien auf ihm dargestellt. Danach legte man ihn – mit dem Maulende nach Osten – auf eine kleine Erhöhung, die aus der vom heiligen Platz weggekratzten Erde gemacht worden war.
Die Büffeldecke wurde beiseite gezogen, damit alle die bemalten Sioux sehen konnten [71], und ich sollte hier vielleicht erklären, was dies bedeutet: Durch die Bemalung wurden die Leute verändert; sie haben sich einer neuen Geburt unterzogen und besitzen damit neue Verantwortungen, neue Pflichten und eine neue Verwandtschaft. Diese Verwandlung ist so heilig, daß sie im Dunkeln vorgenommen werden muß; sie soll vor den Blicken des Volkes verborgen werden. Aber wenn der Vorhang beiseite gezogen wird, kommen sie rein hervor, frei von Unwissenheit, und müssen jetzt alle Beschwerden der Vergangenheit vergessen haben. Sie sind nun eins mit den Rie; die Verwandtschaft ist vollzogen.
Ihre Maisstengel schwingend, sangen die Rie:

»*Alle diese sind verwandt [hunka].*
Alle diese sind Verwandte.«

Dann, sich nach jeder der vier Richtungen wendend, sangen sie:

»*O Du Macht, dort, wo die Sonne untergeht,*
Du bist ein Verwandter.
O Du Macht, dort, wo der Riese lebt,
Du bist ein Verwandter.
O Du Macht, dort, wo die Sonne herkommt,
Du bist ein Verwandter.
O Du Macht, dort, wohin wir immer sehen,
Du bist ein Verwandter.«

Und dann, zum Himmel schauend, sangen sie: »Dieser Verwandte«[72]; und sich über die Erde neigend und auch über den Büffel, sangen sie:

»Die Erde ist unsere Verwandte.«

Und schließlich den Mais über den fünf Sioux schwenkend, sangen sie:

»Diese fünf sind unsere Verwandten; wir sind alle verwandt;
wir sind alle eins!«

Bärenknabe erhob sich, und die Pfeife vom Gestell nehmend, stellte er sich in die Mitte des Tipis. Er streckte seine rechte Hand aufwärts und hielt in der linken die Pfeife hoch; so betete er:
»O Uakan-Tanka, ich erhebe meine Hand zu Dir. An diesem Tage stehst Du dicht bei uns. Ich bringe Dir meine Pfeife dar. Auch Dir, o beschwingte Macht, wo die Sonne untergeht, bringen wir die Pfeife dar. An diesem geweihten Tage haben wir alles, was im Weltall heilig ist, in eins vereint. An diesem Tage wurde eine wahre Verwandtschaft begründet. An diesem Tage wurde ein großer Friede gemacht. O Altvater Uakan-Tanka, Dein Wille, den Du uns gelehrt hast, ist hier auf dieser Erde vollzogen worden. Mögen dieser Friede und diese Verwandtschaft ewig dauern, und möge nichts sie zerstören! Sie sollen jetzt vollendet werden; es soll Friede sein, und diese Völker sollen miteinander den Pfad beschreiten, der rot und heilig ist.«
Sich ans Volk wendend, sagte der Seher:
»Nun ist es bald vollendet, wir sind eins! O ihr Rie, dieses Korn, das ihr verehrt, aber verlort, soll euch zurückgegeben werden!«

Bei diesen Worten riefen die Leute laut Beifall, und die Frauen stießen Triller aus. Das Singen begann nochmals, und die beiden Rie mit den Maisstengeln tanzten gegen die im Osten gelegene Tür, darauf rannten sie fünfmal gegen die fünf Sioux an. Danach hörte das Schwenken und Tanzen auf.

Viele Speisen wurden in das Tipi gebracht. Der Rie-Häuptling nahm Stücke von dem gedörrten Büffelfleisch, und sich über dem Süßgras reinigend, sagte er:

»O Uakan-Tanka, sieh mich an und sei barmherzig mit mir! Dieses Fleisch ist die Hokschitschankiya [»Wurzel«, oder ursprünglicher »Samen«]; sie soll in euern Mund gelegt werden, o Sioux, und soll euer Leib und eure Seele werden, die der Große Geist euch mit all seiner Güte gab. So wie Er zu euch barmherzig ist, so müßt auch ihr zu andern barmherzig sein!«

Das sagte der Rie-Häuptling, als er das geweihte Fleisch in den Mund eines jeden der vier Sioux legte. Dann gingen er und Bärenknabe in die Mitte des Tipis und setzten sich einander gegenüber. Vor dem Seher waren der Büffelschädel und die Pfeife, vor dem Häuptling waren der Maiskolben und die vier Maisstengel. Der Rie-Häuptling nahm ein Stück von dem Büffelfleisch auf, und nachdem er es in dem Süßgrasrauch geräuchert hatte, hielt er es vor den Seher und sagte:

»Ho, Sohn! Ich bin jetzt dein Vater. An diesem Tage, der Uakan-Tanka gehört, hat Er unsere Gesichter gesehen; die Morgendämmerung hat uns gesehen, und unsere Altmutter, die Erde, hat uns gehört. Wir sind hier in der Mitte, und die vier Mächte des Weltalls vereinigen sich in uns. Dieses Fleisch will ich in deinen Mund legen, und von heute an sollst du mein Heim nie fürchten, denn mein Heim ist dein Heim, und du bist mein Sohn!«

Der Häuptling schob das Fleisch in des Sehers Mund; daran erfreuten sich alle Leute und dankten, denn mit dieser Handlung waren die beiden Stämme vereinigt worden. Nun nahm Bärenknabe ein Stück Fleisch auf, weihte es über dem Rauch und sagte, indem er es vor den Rie-Häuptling hinhielt:
»Ho, Vater! Heute haben wir den Willen des Großen Geistes erfüllt, und damit haben wir eine Verwandtschaft und einen Frieden begründet, nicht nur zwischen uns selbst, sondern zwischen uns und allen Mächten des Weltalls. Die Morgendämmerung hat uns gewißlich gesehen, und mit uns war heute der Bison, der unser Lebenserhalter hier auf Erden ist und das Volk behütet; und mit uns war unsere heilige Pfeife, die unserm Volk seine Seelennahrung gibt; und ebenso war mit uns der Mais, der euch hochheilig ist, mit dem wir Frieden machten und eine Verwandtschaft eingingen. Diese Speise will ich in deinen Mund legen, und damit sollst du mein Heim nie fürchten, denn es ist dein Heim. Indem wir dies tun, möge Uakan-Tanka barmherzig mit uns sein!«
Bärenknabe tat das Fleisch in den Mund des Rie-Häuptlings, worüber die Sioux ihre Freude bezeugten und dankten. Dann ergriff er seine Pfeife, bot sie den sechs Richtungen an, und nachdem er vier Züge daraus genommen hatte, reichte er sie dem Rie und sagte:
»Ho, Vater! Nimm sie und rauche, ganz mit Aufrichtigkeit im Herzen.«
Der Rie nahm die heilige Pfeife, bot sie den sechs Richtungen an, und nachdem er vier Züge daraus getan, gab er sie an die Versammelten weiter. Alle Rie und Sioux rauchten abwechselnd, und sogar als sie verlöscht war, nahmen sie sie an ihre Münder und umarmten sie. Als die Pfeife im Kreis herumgegangen war, sagte der Rie-Häuptling zum Seher:
»Ho, Sohn! Du hast uns das Korn zurückerstattet, das uns

Uakan-Tanka geschenkt hatte, das du uns aber wegen eines Gesichtes geraubt hast. Weil wir unser Korn zurückverlangten, boten wir euch Frieden an; doch ihr gabt uns mehr als das, indem ihr heute hier diese Verwandtschaft machtet. Um uns noch enger aneinander zu binden, gebe ich euch einen Teil des Kornes zurück und das Recht, es in euern Riten zu benützen. Auch ihr mögt es als so heilig betrachten, wie wir es tun.«

Das ganze Volk war glücklich darüber, daß diese große Tat vollzogen war, und sie hielten ein Fest ab, das die ganze Nacht hindurch dauerte.

Ich möchte hier erwähnen, daß mit diesem Ritus ein dreifacher Friede gestiftet war. Der erste Friede, der wichtigste, ist jener, der in die Seelen der Menschen einzieht, wenn sie ihre Verwandtschaft, ihr Einssein mit dem Weltall und allen seinen Mächten gewahren und inne werden, daß im Mittelpunkt des Weltalls Uakan-Tanka wohnt und diese Mitte tatsächlich überall ist; sie ist in jedem von uns. Dies ist der wirkliche Friede, und die andern sind lediglich Spiegelungen von ihm. Der zweite Friede ist der, welcher zwischen Einzelnen geschlossen wird, und der dritte ist der zwischen Völkern. Doch vor allem sollt ihr verstehen, daß nie Friede zwischen Völkern bestehen kann, bevor nicht der wahre Friede vorhanden ist, der, wie ich schon oft sagte, innerhalb der Menschenseelen wohnt.

VORBEREITUNG EINES MÄDCHENS AUF DAS WEIBTUM

DIESE RITEN – Ischnala awitschalowan [»Sie singen über ihr allein«] – wurden nach der ersten Monatsregel eines Mädchens ausgeführt. Sie sind wichtig, weil zu dieser Zeit ein junges Mädchen Weib wird, und es muß den Sinn dieser Veränderung verstehen und über die Pflichten, die es nun zu erfüllen hat, belehrt werden. Sie soll begreifen, daß der Wechsel, der in ihr stattgefunden hat, etwas Heiliges ist, denn sie wird jetzt wie Mutter Erde und imstande sein, Kinder zu tragen, und auch sie sollten auf geweihte Weise aufgezogen werden. Sie muß auch wissen, daß sie in jedem Monat, wenn ihre Regel beginnt, einen Einfluß hat, mit dem sie vorsichtig umgehen muß, denn die Anwesenheit eines Weibes in diesem Zustand kann die Macht eines heiligen Mannes zerstören. Sie sollte daher die Reinigungsriten, die wir hier beschreiben werden, genau befolgen, denn diese Riten sind uns durch ein Gesicht vom Großen Geiste gegeben worden.

Bevor wir diese Riten erhielten, war es üblich, daß Frauen und Mädchen während ihrer Monatsregel in einem außerhalb des Lagerkreises stehenden kleinen Tipi wohnen mußten; jemand brachte ihnen Nahrung, doch sonst durfte sich niemand dem Tipi nähern. Während der ersten Regel eines Mädchens wurde es von einer älteren Frau über die Dinge aufgeklärt, die eine Frau wissen sollte, bis zur Anfertigung von Mokassins und Kleidern. Diese ältere Frau, die das Mädchen beräucherte, um es rein zu machen, mußte ein guter und untadeliger Mensch sein, denn in dieser Zeit, da sie das Mädchen betreut und beräuchert, gehen ihre Tugenden und Gewohnheiten in das Mädchen ein. Bevor es zu seiner Familie und zu seinem Volke zurückkehren durfte, mußte es sogar noch in der Inipi-Hütte geläutert werden. Aber jetzt will ich euch erzählen, wie wir diese neuen Riten zur Vorbereitung eines Mädchens auf das Weibtum erhielten.

Ein Lakota des Namens Langsamer Büffel [Tatanka hunkeschni] sah einmal in einem Gesicht ein Büffelkalb, das von seiner Mutter gesäubert wurde, und durch die Kraft dieses Gesichtes wurde Langsamer Büffel ein heiliger Mann [Uitschascha uakan] und begriff, daß ihm ein Ritus gegeben worden war, der zum Nutzen der jungen Frauen seines Stammes angewendet werden sollte.

Wenige Monate nachdem Langsamer Büffel sein Gesicht erhalten hatte, hatte ein sechzehnjähriges Mädchen namens Weiße-Büffelkuh-Frau-erscheint seine erste Regel; sein Vater Feder-auf-dem-Kopf dachte sofort an das Gesicht von Langsamem Büffel, darum nahm er eine gefüllte Pfeife und bot sie Langsamem Büffel. Dieser nahm sie an und sagte: »Hi ho! Aus welchem Grunde bringst du diese heilige Pfeife?«

»Ich habe eine Tochter, die ihre erste Regel durchmacht«, antwortete Feder-auf-dem-Kopf, »und ich wünsche, daß du sie rein machst und auf ihr Weibtum vorbereitest, denn ich weiß, daß du ein mächtiges Gesicht hattest; durch dieses Gesicht hast du gelernt, wie das auf eine bessere Weise getan werden soll als diejenige, die wir bisher anwandten.«

»Gewiß, ich werde tun, wie du wünschest«, gab Langsamer Büffel zurück. »Das Büffelvolk, das von Uakan-Tanka unterrichtet wurde und uns diesen Ritus gab, ist den Zweifüßlern am nächsten und ist in mancher Hinsicht unsere Lebensquelle. Denn es war die Weiße-Büffelkuh-Frau, die uns am Anfang unsere hochheilige Pfeife brachte, und von da an waren wir Verwandte der Vierbeiner und all dessen, was sich bewegt. Tatanka, der Bison, ist der nächste vierbeinige Verwandte, den wir haben, und die Büffel leben als ein Volk, wie wir es tun. Es ist der Wille unseres Altvaters Uakan-Tanka, daß dem so sei; es ist Sein Wille, daß dieser Ritus hier auf Erden von den Zweibeinigen vollzogen werde. Wir wollen jetzt einen heiligen Ritus einsetzen, der eine große Wohltat für das ganze Volk sein wird. Es ist wahr, daß alle Vierbeinigen und alle Völker, die sich in der Welt bewegen, diesen Reinigungsritus haben, und besonders unser Verwandter, der Büffel, denn wie ich gesehen habe, reinigen auch sie ihre Kinder und bereiten sie darauf vor, Frucht zu tragen. Es soll ein heiliger Tag sein, wenn wir dies tun, und es wird Uakan-Tanka gefallen und allen Völkern, die sich bewegen. Alle diese Völker und alle Mächte der Welt mußt du zuerst in die Pfeife tun, damit wir mit ihnen eine Stimme zum Großen Geiste senden!

Ich werde für deine Tochter, die rein ist und nun ein Weib wird, einen heiligen Platz machen. Das Morgengrauen, welches das Licht von Uakan-Tanka ist, wird über diesem Platze sein, und alles wird heilig sein.

Morgen mußt du dicht außerhalb des Lagerkreises ein Tipi aufstellen, und es muß mit einem geschützten Weg versehen sein, der zu ihm führt, wie es beim Hunka-Ritus geschieht, und dann mußt du dir die folgenden Dinge verschaffen:

Einen Büffelschädel, eine Pfeife, einige Kirschen, etwas Rie-Tabak, Wasser, Kinnikinnik, Süßgras, ein Messer, Salbei, ein Steinbeil, einen Holznapf und etwas rote und blaue Farbe.«

Feder-auf-dem-Kopf gab Langsamem Büffel Pferde sowie andere Geschenke und ging weg, um alles für den nächsten Tag vorzubereiten.

Am folgenden Tage war alles im heiligen Tipi bereit, und alles Volk versammelte sich darum herum, ausgenommen die Frauen, die das Festmahl vorbereiteten, das auf die Riten folgen sollte. Langsamer Büffel saß auf der Westseite des Tipis, und vor ihm war eine Stelle des Erdbodens bloßgeschabt, auf der eine glühende Kohle lag. Süßgras über die Kohle haltend, betete Langsamer Büffel:

»Altvater Uakan-Tanka, Vater Uakan-Tanka, ich opfere Dir Dein heiliges Kraut. O Altmutter Erde, von der wir stammen, und Mutter Erde, die viele Früchte trägt, höre! Ich erzeuge Rauch, der die Himmel durchdringen und selbst unsern Altvater Uakan-Tanka erreichen wird; er wird sich über das ganze Weltall ausbreiten und alle Dinge berühren!«

Nachdem er das Süßgras auf die Kohle gelegt hatte, räucherte Langsamer Büffel die Pfeife und dann die ganze Ausrüstung, die in diesem Ritus gebraucht wurde.

»Alles, was heute getan wird«, sagte Langsamer Büffel, »wird mit Hilfe der Mächte des Weltalls vollzogen werden. Mögen sie uns helfen, dieses Mädchen, das nun ein Weib wird, rein und geheiligt zu machen. Ich fülle jetzt diese heilige Pfeife, und indem ich dies tue, tue ich alle Mächte hinein, die uns heute helfen!« Langsamer Büffel weihte sich zuerst selbst über dem Rauch, dann nahm er die Pfeife in die linke Hand, eine Prise Tabak in die rechte und betete:

»Altvater Uakan-Tanka, wir möchten durch unsere Pfeife eine Stimme zu Dir schicken. Dies ist ein besonderer Tag, denn wir sind daran, dieses junge Mädchen Weiße-Büffelkuh-Frau-erscheint rein zu machen. In dieser Pfeife ist ein Platz für alle Mächte der Welt, so sei barmherzig mit uns und nimm unser Opfer an!

O Du, wo die Sonne untergeht, der Du die Pfeife behütest, der Du so schrecklich daherkommst, um die Welt und ihre

Völker zu reinigen, wir möchten diese Pfeife Uakan-Tanka opfern und brauchen heute Deine Hilfe, namentlich Deine läuternden Wasser; denn wir sind daran, nicht nur ein junges Mädchen zu reinigen und zu heiligen, sondern mit ihm ein ganzes Geschlecht. Hilf uns mit deinen zwei roten und blauen Tagen! Es ist ein Platz für dich in der Pfeife!«

Langsamer Büffel steckte die Tabakprise in die Pfeife, hielt dann etwas Tabak dorthin, woher die reinigenden Winde kommen [nach Norden] und betete:

»O Du, Riese Uasiya, Macht des Nordens, der Du mit deinen Winden über das Wohlsein des Volkes wachst und die Erde säuberst, wenn Du sie weiß machst: Du bist der Eine, der den Pfad hütet, auf dem unser Volk wandelt. Hilf uns besonders heute, denn wir haben vor, eine Jungfrau zu heiligen, Weiße-Büffelkuh-Frau-erscheint, der die Geschlechter unseres Volkes entsprießen sollen. Es ist ein Platz für Dich in dieser Pfeife, steh uns bei mit deinen beiden guten Tagen!«

Die Macht des Nordens wurde in die Pfeife getan, und dann eine Prise Tabak in die Richtung haltend, woher das Licht kommt, betete Langsamer Büffel:

»O Du, Huntka, Wesen und Macht des Ortes, von wannen die Morgendämmerung kommt und das Licht von Uakan-Tanka: Du mit dem langen Atem, der dem Volke Wissen schenkt, gib dieser Jungfrau, die eben geläutert wird, heute von deiner Weisheit. Hilf uns mit Deinen zwei roten und blauen Tagen! Hier in der Pfeife ist ein Platz für Dich.«

Langsamer Büffel tat nun diese Macht des Ortes, von wannen das Licht kommt, in die Pfeife, und dann, Tabak gegen den Ort haltend, dem man sich immer zuwendet [dem Süden], betete er:

»O Du, Weißer Schwan, Macht des Ortes, dem man sich

immer zukehrt, der Du den Pfad der Geschlechter und von allem bewachst, was sich bewegt, wir haben vor, eine Jungfrau zu weihen, damit ihre Nachkommen dereinst in geheiligter Weise auf dem Pfade wandeln mögen, den Du hütest. Es ist ein Platz für Dich in der Pfeife! Hilf uns mit Deinen beiden roten und blauen Tagen.«

Die Macht des Südens wurde hierauf in die Pfeife getan, und, eine neue Prise Tabak zu den Himmeln aufhebend, fuhr Langsamer Büffel fort:

»O Uakan-Tanka, Altvater, betrachte uns! Wir wollen Dir die Pfeife opfern!« Dann den Tabak erdwärts haltend: »O Du, Altmutter, auf der die Geschlechter des Volkes wandelten, mögen Weiße-Büffelkuh-Frau-erscheint und ihre Nachkommen in den Wintern der Zukunft auf geweihte Art leben! O Mutter Erde, die Du immerzu Früchte spendest und den Geschlechtern eine Mutter bist, dieses junge Mädchen, das heute hier ist, wird geläutert und geweiht werden; möge es wie Du sein, mögen seine Kinder und Kindeskinder den heiligen Pfad in frommer Weise durchmessen. Hilf uns, o Altmutter und Mutter, mit Deinen roten und blauen Tagen!«

Die Erde war jetzt als Altmutter und Mutter in dem Tabak und wurde in die Pfeife getan. Wieder hielt Langsamer Büffel Tabak gegen den Himmel und betete:

»O Uakan-Tanka, betrachte uns! Wir haben vor, Dir diese Pfeife zu opfern.« Dann, denselben Tabak gegen den Büffelschädel richtend: »O ihr, unsere vierbeinigen Verwandten, die ihr von allen vierbeinigen Völkern den Zweibeinigen am nächsten steht, auch ihr sollt in die Pfeife gebracht werden, denn ihr habt uns gelehrt, wie ihr eure Jungen säubert, und es ist diese eure Weise, die wir jetzt anwenden wollen, wenn wir Weiße-Büffelkuh-Frau-erscheint reinigen. Ich gebe dir, o Vierbeiniger, als Opfer Wasser und Farbe, Kirschensaft und auch Gras. Es ist ein Platz für dich in der Pfeife – hilf uns!«

Damit wurde das ganze Büffelvolk in die Pfeife getan; und jetzt hielt Langsamer Büffel zum letzten Male Tabak zum Großen Geiste auf und betete:

»O Uakan-Tanka und alle geflügelten Mächte des Weltalls, betrachte uns! Diesen Tabak opfere ich insbesondere Dir, dem Oberhaupt aller Mächte, das durch den Gefleckten Adler dargestellt ist, welcher in den Tiefen des Himmels lebt und alles bewacht, was dort ist. Wir haben vor, ein junges Mädchen zu läutern, das bald Weib ist. Geruhe, die von ihr ausgehenden Geschlechter zu behüten! Es ist ein Platz für Dich in der Pfeife – hilf uns mit den roten und blauen Tagen!«

Die Pfeife, die jetzt das ganze Weltall enthielt, wurde an das kleine Trockengerüst gelehnt, mit ihrem Fuß auf der Erde und zu den Himmeln gerichtetem Mund. Dann machte sich Langsamer Büffel bereit, den heiligen Platz herzurichten. Nur die nächsten Verwandten von Weiße-Büffelkuh-Frau-erscheint durften im Tipi bleiben, denn die folgenden Riten sind zu heilig, um von allen Leuten gesehen zu werden.

»Uakan-Tanka hat den Menschen eine vierfache Verwandtschaft gegeben mit Großvater, Vater, Großmutter und Mutter«, sagte Langsamer Büffel. »Diese sind stets unsere nächsten Verwandten. Da alles, was gut ist, in Vieren getan wird, werden die Zweibeinigen durch vier Lebensalter gehen und dabei mit allen Dingen verwandt sein. Unser nächster Verwandter unter den Vierbeinern ist Tatanka, der Büffel, und ich wünsche euch zu sagen, daß er eine Verwandtschaft mit mir geschlossen hat. Ich habe vor, einen heiligen Platz für diese Jungfrau Weiße-Büffelkuh-Frau-erscheint zu machen, und die Macht dazu ist mir vom Büffel verliehen worden. Alle Dinge und alle Wesen sind heute hier versammelt worden, um dies zu bezeugen und uns zu helfen. Es ist so. Hetschetu uelo!«

Süßgras wurde geräuchert, und darüberstehend reinigte Langsamer Büffel seinen ganzen Körper. Vor der Herrichtung des heiligen Platzes mußte Langsamer Büffel vor dem ganzen Stamme beweisen, daß ihm die Büffel wirklich eine Macht verliehen hatten, und so begann er, sein heiliges Lied zu singen, das ihn die Büffel gelehrt hatten:

»*Dieses kommen sie sehen!*
Ich werde eine Stätte machen, die heilig ist.
Diese kommen sie sehen.
Weiße-Büffelkuh-Frau-erscheint sitzt auf heilige Weise.
Sie kommen alle, um sie zu sehen!«

Gleich nachdem er dieses Lied beendigt hatte, stieß Langsamer Büffel ein lautes Huh! aus, das wie das Bellen eines Büffels tönte, und dabei entströmte seinem Munde ein roter Staub, genau so, wie es eine Büffelkuh kann, wenn sie ein Kalb hat. Dies tat Langsamer Büffel sechsmal. Er blies den roten Rauch auf das Mädchen und auf den heiligen Platz. Und das ganze Tipi war von diesem roten Rauch erfüllt. Und wenn Kinder durch die Tür ins Tipi guckten, erschraken sie und rannten rasch davon, denn es war in der Tat ein furchterregender Anblick.

Langsamer Büffel ergriff dann sein Steinbeil, und nachdem er es über dem Rauch des Süßgrases gereinigt hatte, schlug er den Boden in der Zeltmitte und begann eine Höhlung in der Form einer Büffelsuhle auszugraben. Er häufte die lokkere Erde genau östlich dieses heiligen Platzes zu einem Hügel. Danach nahm er eine Prise Tabak, und nachdem er sie

zu den Himmeln emporgehalten hatte, legte er sie in der Mitte der geweihten Stätte nieder. Dann zog er mit Tabak eine Linie von West nach Ost, und nachher eine andere Linie von Nord nach Süd; so machte er ein Kreuz. Das ganze Weltall war jetzt innerhalb dieser heiligen Stätte. Dann nahm er etwas blaue Farbe, und nachdem er sie himmelwärts gehalten, berührte Langsamer Büffel damit den Mittelpunkt der heiligen Stätte. Nun streute er mit mehr Farbe blaue Linien über den Tabak, zuerst von West nach Ost, dann von Nord nach Süd.
Der Gebrauch dieser blauen Farbe ist sehr wichtig und sehr heilig, wenn ihr den Sinn versteht, denn wie ich oft sagte, besteht die Kraft eines Dinges oder einer Tat im Verstehen ihres Sinnes. Blau ist die Farbe der Himmel, und wenn wir Blau auf den Tabak bringen, der die Erde darstellt, haben wir Himmel und Erde vereinigt, und alles ist zu Einem gemacht worden.
Langsamer Büffel legte einen Büffelschädel auf den Erdhaufen, und zwar mit dem Maulende nach Osten; er malte eine rote Linie um diesen Kopf und eine gerade rote Linie zwischen den Hörnern hervor die Stirne herab. Dann stopfte er Salbeiballen in die Augenhöhlen des Schädels und stellte eine Holzschüssel voll Wasser vor das Maul des Büffels. Kirschen wurden ins Wasser geschüttet, denn diese vertreten die Früchte der Erde, welche dieselben sind wie die Früchte der Zweibeinigen [die Kinder der Menschen]. Der Kirschbaum, seht ihr, ist das Weltall, und er erstreckt sich von der Erde bis zum Himmel. Die Früchte, welche der Baum trägt und die rot sind wie wir Zweibeinigen, stehen für alle Früchte unserer Mutter, der Erde; deshalb und aus mehr Gründen, als ich berichten kann, ist dieser Baum uns heilig.

Langsamer Büffel machte als nächstes ein Bündel aus Süßgras, Kirschbaumrinde und dem Haar eines lebenden Büffels. Dieses Haar ist sehr uakan, weil es von einem lebenden Baume genommen worden war, denn ihr müßt wissen, daß auch das Büffelvolk eine Religion hat, und dies ist ihr Opfer, das sie dem Baum geweiht haben.

Weiße-Büffelkuh-Frau-erscheint mußte nun aufstehen, und, dieses Bündel heiliger Dinge über ihren Kopf haltend, sagte Langsamer Büffel:

»Das, was über deinem Kopfe ist, ist gleichsam Uakan-Tanka, denn wenn du stehst, reichst du von der Erde zum Himmel, und so ist alles über deinem Haupt so gut wie der Große Geist. Du bist der Lebensbaum. Du wirst jetzt rein und heilig sein; mögen deine zukünftigen Geschlechter Frucht tragen! Wo immer dein Fuß hintritt, wird eine geheiligte Stelle sein, denn jetzt wirst du stets einen großen Einfluß mit dir haben. Mögen die vier Mächte des Weltalls dich läutern helfen, denn wenn ich den Namen jeder Macht nenne, werde ich dieses Bündel an jeder deiner Seiten herabstreichen. Die reinigenden Wasser von dort, wo die Sonne untergeht, mögen dich reinigen! Sei wie der reinigende Schnee, der von dorther kommt, wo Uasiya lebt. Wenn dich die Morgendämmerung erhellt, sollst du vom Morgenstern Wissen erlangen. Mögest du von der Macht des Ortes, wohin wir stets gerichtet sind, rein gemacht werden, und mögen jene Menschen, die diesen geraden und guten Pfad gewandert sind, dich reinigen helfen. Mögest du wie der weiße Schwan sein, der dort lebt, wohin du schaust, und mögen deine Kinder so rein sein wie die Jungen des Schwanes!«

Das Mädchen setzte sich, und Langsamer Büffel fing an, den Anwesenden zu erklären, wie er seine Macht in einem Gesichte von den Büffeln erhalten hatte:

»Ich sah ein großes Volk, das sein Lager abbrach und sich zu einer Reise bereit machte. Ich ging auf die Leute zu; plötzlich sammelten sie sich in einem Kreis und ich war auch darin. Danach brachten sie ein Kind in die Mitte, und sie sagten mir, dieses Kind solle gemäß den Bräuchen ihres Volkes geläutert werden. Nun machten sie einen heiligen Platz, eine Büffelsuhle, wie wir hier eine gemacht haben; sie setzten das Kind darauf und hießen mich es anblasen, damit es gereinigt werde. Ich blies es an, doch bald sagten sie, daß sie mir ihre Art, die besser sei, zeigen wollten, und augenblicklich verwandelten sie sich alle in Büffel. Dann kam ein großer Büffel, der blies ein rotes Pulver auf das Kalb in der Mitte. Als nachher das Kalb dalag, kamen die andern Büffel und leckten es, und jedesmal, wenn sie es leckten, schnaubten sie, und ein heiliger roter Rauch kam aus ihren Nüstern und Mäulern. Sie erklärten mir, dies sei die Art, wie sie ihre Kinder reinigten; und da nun das kleine Kuhkälbchen gesäubert sei, würde es weiterleben und auf geweihte Art Frucht tragen, und im Weiterleben würde es das Ende der vier Lebensalter erreichen. Sie werde den heiligen Pfad als eine Führerin ihres Volkes beschreiten, und sie werde auch ihre Kinder lehren, den Lebenspfad in geweihter Weise zu begehen. Nachdem sie mir das gezeigt hatten, schlossen sie eine Verwandtschaft mit mir, indem sie auf einen großen Büffelbullen wiesen und sagten, er werde mein Großvater

---

TAFEL 13 · Shun-kikhowe [Mysteriöses Pferd], Sohn eines Oto-Indianers und einer Missouri-Indianerin. Er war bis 1874 Häuptling der Oto und Missouri. Er ist geschmückt mit einem Bärenkrallenhalsband, und im Arm trägt er einen von den Weißen eingetauschten Pfeifentomahawk, englischer Machart. Die Oto und Missouri gehören ebenfalls zur großen Sprachfamilie der Sioux. Foto im Indianermuseum der Stadt Zürich.

sein; und auf einen jüngeren Büffel zeigend, sagten sie, er werde mein Vater sein. Dann wiesen sie auf eine Büffelkuh und sagten, sie sei meine Großmutter; und zuletzt auf eine jüngere Kuh zeigend, sagten sie, daß sie meine Mutter sein werde. Sie sagten, mit dieser vierfachen Verwandtschaft solle ich zu meinem Volke zurückkehren und es lehren, was man mich hier gelehrt habe. Dies ist es, was ich gesehen habe, und dies tue ich nun hier, indem ich eine meines eigenen Volkes auf diese Weise läutere, denn diese Jungfrau Weiße-Büffelkuh-Frau-erscheint ist das kleine Kalb, das ich sah. Ich will sie jetzt vom heiligen Wasser trinken lassen, und dieses Wasser ist Leben.«

Langsamer Büffel sang ein anderes seiner heiligen Lieder:

»Diese Völker sind heilig;
Aus der ganzen Welt kommen sie daher, um es zu sehen.
Weiße-Büffelkuh-Frau-erscheint sitzt in frommer Weise hier.
Alle kommen, um sie zu sehen.«

Langsamer Büffel ergriff den Büffelschädel an den Hörnern, und als er sein Lied sang, kam roter Rauch aus der Nase des Büffelschädels, und wie ein Büffel getan hätte, begann er das Mädchen mit dem Schädel zu stoßen und schob es zur Wasserschüssel, bei der es dann niederkniete und vier Schlückchen schlürfte. Es machte das Volk sehr froh, dies alles zu sehen.

Langsamer Büffel ließ sich ein Stück Büffelfleisch geben, und nachdem er es über dem Süßgrasrauch geweiht und den sechs Richtungen dargeboten hatte, hielt er es vor das Mädchen und sagte:

TAFEL 14 · Wolf Robe, Häuptling der Cheyenne-Indianer. Aufnahme im Besitz der Smithsonian Institution.

»Weiße-Büffelkuh-Frau-erscheint, du hast zu Uakan-Tanka gebetet; du wirst dich deinem Volk als geweihtes Wesen zeigen und ihm ein Beispiel sein. Du wirst jene Dinge schätzen, die im Weltall am heiligsten sind; du wirst wie Mutter Erde sein, bescheiden und fruchtbar. Mögen deine Schritte und die deiner Kinder sicher und gesegnet sein! So wie Uakan-Tanka barmherzig mit dir war, mußt du zu andern barmherzig sein, besonders zu jenen Kindern, die elternlos sind. Wann immer ein solches Kind zu deinem Tipi kommt und du bloß ein einziges Stück Fleisch hast, selbst wenn du es eben in deinen Mund gesteckt hast; sollst du es herausnehmen und ihm geben. So freigebig hast du zu sein! Indem ich dieses Fleischstückchen in deinen Mund lege, sollen wir alle daran denken, wie barmherzig der Große Geist darin ist, unsere Bedürfnisse zu befriedigen; auf die gleiche Weise mußt du für deine Kinder sorgen!«
Langsamer Büffel legte das Fleisch in den Mund des Mädchens; darauf wurde die Wasserschüssel mit den Kirschen von Hand zu Hand gereicht, und jeder der Zuschauer nahm ein Schlückchen davon. Langsamer Büffel ergriff die am Gestell stehende Pfeife, und mit aufwärts gehaltenem Stiel betete er:
»Hi-ey-hey-i-i!« Das rief er viermal und fuhr dann fort: »Altvater, Uakan-Tanka, betrachte sie! Dieses Volk und alle seine zukünftigen Geschlechter gehören Dir. Schau auf diese Jungfrau Weiße-Büffelkuh-Frau-erscheint, die an diesem guten Tage geläutert und geehrt wurde. Möge Dein nie fehlendes Licht immer über ihr sein und auf allen ihren Angehörigen! Altmutter und große Mutter Erde, auf Dir wird das Volk wandeln; möge es dem erleuchteten Pfad ohne Dunkelheit und Unwissenheit folgen. Möge es stets seiner Verwandten in den vier Weltgegenden eingedenk sein, und

möge es wissen, daß es mit allem, was sich auf der Welt bewegt, verwandt ist, vornehmlich mit dem Büffel, welcher der Führer der Vierbeiner ist und das Volk aufziehen hilft. O Uakan-Tanka, hilf uns und sei barmherzig mit uns, daß wir in glücklicher und gesegneter Art leben. Sei barmherzig mit uns, Uakan-Tanka, daß wir leben mögen!«

Alle sagten hierauf »Hi ho! Hi ho!« und jedermann war glücklich und freute sich über das Große, das heute vollbracht worden war. Weiße-Büffelkuh-Frau-erscheint wurde aus dem Tipi geführt; die draußen Wartenden stürzten auf sie zu und legten ihr die Hände auf, denn jetzt war sie ein Weib, und wegen der für sie vollzogenen Riten war viel Heiligkeit in ihr. Es wurde ein großes Fest und eine Geschenkverteilung abgehalten, wobei die Armen vieles erhielten.

Auf diese Art wurden die Riten zur Vorbereitung eines jungen Mädchens auf das Weibtum eingesetzt, und sie waren die Quelle mancher Gnaden, nicht nur für unsere Frauen, sondern für den ganzen Stamm.

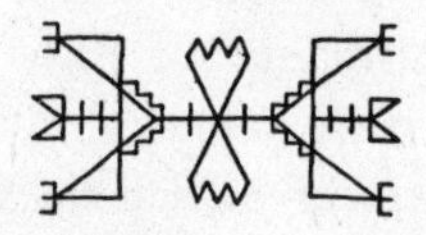

DAS AUFWERFEN DES BALLS

ES GAB bei unserem Volk – bis vor kurzem – ein Spiel, das mit einem Ball, vier Mannschaften und vier Toren ausgeführt wurde, die man in den vier Himmelsrichtungen aufstellte. Aber es sind nur noch wenige unter uns, die wissen, weshalb das Spiel heilig ist, oder was das Spiel vor langer Zeit ursprünglich bedeutete, als es nicht bloß ein Spiel, sondern einer unserer wichtigsten Riten war. Diesen Ritus will ich jetzt beschreiben, denn er ist der siebente und letzte heilige Ritus, der uns in jener Zeit in einem Gesicht vom Großen Geiste verliehen wurde.

Das »Aufwerfen des Balls« [Tapa wankanl iyeyapi] stellt den Lauf des menschlichen Lebens dar, wie es dazu verwendet werden sollte, den Ball zu erlangen, denn der Ball bedeutet Uakan-Tanka oder das Weltall, was ich später erklären werde. So wie das Spiel heute ausgeführt wird, ist es äußerst schwierig, sich des Balles zu bemächtigen, denn alle Wahrscheinlichkeiten sind dem Spieler ungünstig – das bedeutet die Unwissenheit –, und nur eine oder zwei Spielergruppen vermögen den Ball zu erhaschen und so einen Gewinn zu verzeichnen. Im ursprünglichen Ritus aber war jedermann imstande, den Ball zu bekommen, und wenn ihr bedenkt, was der Ball darstellt, seht ihr, daß viel Wahrheit in ihm liegt. Es war ein Lakota, Bewegt-sich-im-Gehn [Uaschkan Mani], der vor vielen Wintern diesen Ritus in einem Gesicht erhielt. Längere Zeit ließ er vor niemandem etwas darüber verlauten, bis eines Tages ein Lakota, Hohes Hohlhorn, in einem Traum sah, daß Bewegt-sich-im-Gehn einen heiligen Ritus erhalten hatte, der dem ganzen Volke gehören sollte. Darum errichtete Hohes Hohlhorn gemäß unserer Sitte auf einer Seite des Lagerkreises ein Ritualtipi, dann füllte er seine Pfeife in ritusgemäßer Weise, und mit vier andern heiligen Männern ging er zu Bewegt-sich-im-Gehn und bot ihm die Pfeife an:

»Hi ho! Hi ho! Hetschetu uelo! Es ist gut!« sagte Bewegt-sich-im-Gehn. »Was wollt ihr von mir?«

»Es wurde mir in einem Traume berichtet«, erklärte Hohes Hohlhorn, »daß du einen heiligen Ritus erhalten hast; dieser wird der siebente Ritus sein, den uns die Weiße-Büffelkuh-Frau zu Anbeginn versprochen hat. Der Stamm wünscht, daß du diesen Ritus jetzt ausführst!«

»Es ist so«, erwiderte Bewegt-sich-im-Gehn. »Verkünde allen Leuten, daß morgen ein heiliger Tag sein wird, und daß sie alle ihre Gesichter bemalen und ihre besten Kleider anziehen müssen. Wir wollen diesen Ritus abhalten, den mir der Große Geist durch den Bison geschickt hat.«

Hierauf hielt Bewegt-sich-im-Gehn die Pfeife himmelwärts und betete:

»O Altvater Uakan-Tanka, betrachte uns! Du hast uns die Pfeife geschenkt, damit wir Dir näher kommen. Mit der Pfeife sind wir durch dieses Zeitalter auf dem heiligen Pfade gewandelt. Wir haben hier auf Erden Deinen Willen getan, und jetzt wollen wir Dir wiederum diese Pfeife darbieten. Gib uns einen heiligen roten und blauen Tag! Möge er geweiht sein; mögen sich alle dessen freuen!«

Bewegt-sich-im-Gehn hieß dann Hohes Hohlhorn und die andern vier ehrwürdigen Männer folgende Dinge sammeln: eine Pfeife, etwas Kinnikinnik, Süßgras, eine gefleckte Adlerfeder, ein Messer, ein Beil, etwas Salbei, einen mit Büffelhaut überzogenen Ball aus Büffelhaar, einen Beutel mit Erde, etwas rote und blaue Farbe, einen Büffelschädel und ein blau bemaltes Trocknungsgestell.

Die fünf Lakotas gingen weg, um alles für den folgenden

Tag vorzubereiten. Inzwischen hatten sich viele Leute um das Ritualtipi angesammelt, denn augenscheinlich würde bald etwas Wichtiges geschehen. Ein Mann sagte: »Dies muß der siebente Ritus sein, denn bis jetzt haben wir bloß sechs gehabt, und ich glaube, es wird ein Spiel sein, welches das Leben darstellt. Ich denke, daß sie einen Ball werfen, denn ich hörte soeben, daß ein solcher zur Ausrüstung gehört. Morgen muß ein großer Tag sein!« Die ganze Nacht sprachen die Leute darüber, was am nächsten Tag geschehen werde, und jedermann war glücklich, weil sich jetzt erfüllen würde, was die Weiße-Büffelkuh-Frau versprochen hatte.

Vor Tagesgrauen war alles bereit, und der Boden des Tipis war mit Salbei bestreut worden. Gerade bevor die Sonne aufging, näherte sich Bewegt-sich-im-Gehn dem Tipi; er weinte, denn er dachte an die andern sechs Riten, die sein Volk hatte, und er wußte, daß die Weiße-Büffelkuh-Frau heute wieder bei ihnen sein würde. Viele Leute kamen heraus, um sich Bewegt-sich-im-Gehn anzuschließen, und auch sie weinten, als sie sich dem heiligen Tipi näherten. Bewegt-sich-im-Gehn betrat es zuerst, und nachdem er sich darin auf die Westseite gesetzt hatte, kratzte er mit einem Messer den Boden vor sich auf. Dann bat er die Gehilfen, ihm eine Kohle vom Feuer zu bringen. Er nahm Süßgras, und es über die Kohle haltend, betete er:

»Altvater Uakan-Tanka, Du warst immer und Du wirst immer sein. Du hast alles erschaffen – es gibt nichts, das nicht Dir gehörte. Du hast das rote Volk zu dieser Insel gebracht, und Du hast uns Wissen gegeben, damit wir alle Dinge kennen. Wir wissen, daß es Dein Licht ist, das mit der Morgendämmerung, mit Angpao, kommt, und wir wissen, daß es der Morgenstern ist, der uns Weisheit verleiht. Du hast uns die Kraft gegeben, die vier Wesen des Weltalls zu erkennen und zu wissen, daß diese vier in Wirklichkeit Eines sind. Wir sehen stets die heiligen Himmel, und wir wissen, was sie sind und was sie darstellen. Dieser Tag wird ein großer Tag sein, und alles, was sich auf der Erde und im Weltall bewegt, wird sich freuen. An diesem Tage lege ich Dein Duftgras auf das Feuer, das auch das Deinige ist, und der Rauch, der aufsteigt, wird sich im ganzen Weltall ausbreiten und wird sogar die Tiefen der Himmel erreichen.«

Bewegt-sich-im-Gehn senkte das Süßgras auf die Kohle, wobei er viermal anhielt; dann räucherte er die Pfeife, den Ball, den Bisonschädel und die ganze Ausstattung, die an diesem Tag gebraucht werden sollte.

»O Uakan-Tanka, mein Altvater«, betete Bewegt-sich-im-Gehn, »ich habe Dein Süßgras geräuchert, und der Rauch hat sich im Weltall ausgebreitet. Hier will ich die heilige Stelle errichten, und der Tag, der sich nähert, wird sie sehen. Sie werden einander von Angesicht zu Angesicht anschauen. Indem ich das tue, erfülle ich Deinen Willen. Dies ist Dein Platz, o Uakan-Tanka. Du wirst hier bei uns sein!«

Gerade als die ersten Sonnenstrahlen in das Tipi drangen, ergriff Bewegt-sich-im-Gehn die Steinaxt, bot sie dem Großen Geiste dar und schlug den Boden in der Mitte des heiligen Platzes, den er vor sich aufgekratzt hatte. Dann bot er die Axt dem Westen und schlug jene Seite des heiligen Platzes; und auf dieselbe Weise schlug er den Boden der drei andern Richtungen. Und nachdem er die Axt erdwärts gehalten hatte, schlug er nochmals in die Mitte.

Dann nahm er das Messer und schabte bedächtig die Erde von dem Platze, den er abgegrenzt hatte, und legte sie auf die Ostseite. Hierauf nahm er eine Handvoll der geweihten Erde, und nachdem er einen kleinen Teil davon der Macht des Westens dargeboten hatte, tat er diese Erde auf die west-

liche Seite des heiligen Platzes. Auf die gleiche Art wurde an die andern drei Richtpunkte und in die Mitte Erde gelegt. Dann häufte Bewegt-sich-im-Gehn mit der im Osten hingelegten Erde in der Mitte einen Hügel auf und streute diese Erde sorgfältig über den ganzen heiligen Platz, um sie zuletzt mit einer Adlerfeder glattzustreichen.
Bewegt-sich-im-Gehn ergriff dann einen spitzigen Stecken[73], bot ihn Uakan-Tanka dar und zog damit von Westen nach Osten eine Linie in den weichen Boden; nachdem er den Stab dem Himmel nochmals dargeboten, zog er von Norden nach Süden eine Linie. Schließlich wurde der Altar dadurch vervollständigt, daß auf die beiden in die Erde gezeichneten Pfade zwei Linien Tabak gestreut wurden; danach färbte er diesen Tabak rot. Dieser Altar stellte jetzt das Weltall dar und alles, was darin ist; in seinem Mittelpunkt hatte der Große Geist seinen Wohnsitz. Seine Anwesenheit im Altar ist eine wirkliche und darum wird er so sorgfältig und nach genau befolgten Riten gemacht.
Während Bewegt-sich-im-Gehn so verfuhr, sang er das heilige Pfeifenlied – das Tschannunpa uakan olowan –, dazu trommelte ein anderer Lakota einen leisen und raschen Donner:

»*Freund, tu das! Freund, tu das! Freund, tu das!*
Wenn du das tust, wird dein Altvater dich sehen.
Stehst du im heiligen Ringe,
Denk an mich, wenn du den heiligen Tabak in die Pfeife tust.
Wenn du das tust, wird Er dir alles geben, worum du bittest.

Freund, tu das! Freund, tu das! Freund, tu das!
Wenn du das tust, wird dein Altvater dich sehen.
Stehst du im heiligen Ringe,
So sende deine Stimme zu Uakan-Tanka.
Wenn du das tust, wird Er dir alles geben, wonach du trachtest.

Freund, tu das! Freund, tu das! Freund, tu das!
Wenn du das tust, wird dein Altvater dich sehen.
Stehst du im heiligen Ringe,
Schreiend und in Tränen, so sende deine Stimme zu Uakan-Tanka.
Wenn du das tust, wirst du alles haben, was du wünschest.

Freund, tu das! Freund, tu das! Freund, tu das!
Auf daß dein Altvater dich sehe.
Stehst du im Innern des heiligen Reifens,
Erhebe deine Hand zu Uakan-Tanka,
Tu das, und Er wird dir alles verleihen, wonach du verlangst.«

Es liegt viel Macht in diesem Gesang, denn er wurde uns von der Weißen-Büffelkuh-Frau gegeben, als sie uns unsere hochheilige Pfeife brachte. Dieses Lied wird sogar heute noch gebraucht, und es muntert mein Herz auf, wann immer ich es höre oder singe.

Während Bewegt-sich-im-Gehn den Altar herstellte und das heilige Lied sang, wurde ein kleines Mädchen, das in dem Ritus eine wichtige Rolle zu spielen hatte, von seinem Vater ins Tipi gebracht, und nachdem es im Sinne der Sonnenbahn im Zelt herumgegangen war, nahm es links von Bewegt-sich-im-Gehn Platz. Sein Name war Rasselndes-Hagel-Kind [Uasu Sna Uin]; es war die Tochter von Hohem Hohlhorn.

Bewegt-sich-im-Gehn nahm den heiligen Ball auf, der aus Bisonhaar gemacht und mit gegerbter Bisonhaut überzogen war. Er bemalte den ganzen Ball rot, mit der Farbe der Welt; und mit blauer Farbe, welche den Himmel bedeutet, stellte er die vier Richtungen durch vier Tupfen dar, und dann zog er quer dazu zwei blaue Kreise, die um den ganzen Ball liefen, und machte so zwei Pfade, welche die vier Richtungen verbanden. Durch die völlige Umkreisung des roten Balles mit den blauen Linien wurden in diesem Ball Himmel und

Erde in eins vereinigt, was aus ihm einen heiligen Gegenstand machte.

Bewegt-sich-im-Gehn legte Süßgras auf eine Kohle und reinigte die Pfeife im Rauch. Dann begann er, den Pfeifenstiel himmelwärts haltend, zu beten:

»O Uakan-Tanka, sieh diese Pfeife, die wir Dir opfern werden! Du, wir wissen es, bist der Erste, und Du bist immer gewesen. Wir wollen den heiligen Pfad des Lebens wandeln, mit der einen Hand die heilige Pfeife haltend, die Du uns gabst, und mit der andern unsere Kinder führend. In dieser Weise werden die Geschlechter kommen und gehen und werden nach dem Geheimnis leben. Dies ist Dein heiliger Tag, denn an diesem Tage werden wir einen Ritus einsetzen, der die Zahl der Pfeifenriten vollendet. O Uakan-Tanka, schau herab auf uns, die wir Dir die Pfeife opfern! An diesem Tage werden die vier heiligen Mächte des Weltalls mit uns sein. O Du Macht, dort, wo die Sonne untergeht, die Du die Wasser behütest, wir haben vor, diese Pfeife zu opfern; hilf uns mit deinen beiden guten Tagen! Hilf uns!«

Der für den Westen bestimmte Tabak wurde in die Pfeife gestopft; das gleiche geschah mit Tabakprisen, welche die andern Mächte oder Richtungen darstellten, mit den folgenden Gebeten:

»O Du, wo der Riese lebt, der Du mit deinem weißen Atem reinigst; und Du Geflügelter, der Du diesen geraden Pfad bewachst: wir tun dich in diese Pfeife, so hilf uns denn mit deinen beiden heiligen roten und blauen Tagen!

O Du, Macht des Ortes, wo die Sonne aufgeht, und Du Morgenstern, der Du die Dunkelheit vom Licht scheidest und den zweibeinigen Völkern Weisheit schenkst: mit dir wollen wir diese Pfeife opfern; hilf uns mit deinen beiden guten Tagen!

O Du, Macht von jenem Orte, dem wir immer zugekehrt sind, woher die Geschlechter kommen und wohin sie gehen; o Du, weißer Schwan, der Du den geweihten Pfad bewachst: es ist ein Platz für Dich in dieser Pfeife, die wir Uakan-Tanka opfern werden; hilf uns mit deinen zwei guten Tagen!
O Du geflügeltes Wesen des blauen Himmels, das Du starke Schwingen hast und Augen, die alles sehen; Du lebst in den Tiefen der Himmel und bist Uakan-Tanka sehr nahe. Wir haben vor, diese Pfeife zu opfern; hilf uns mit deinen beiden roten und blauen Tagen!
O Du, Altmutter, der alle irdischen Dinge entspringen, und Du, Mutter Erde, die Du alle Früchte trägst und nährst: sieh uns und höre! Auf Dir ist ein heiliger Pfad, auf dem wir wandeln und an das Geheimnis aller Dinge denken. Auf Dir wird dieses junge Mädchen geheiligt werden, denn sie ist es, die in der Mitte der Erde stehen und den heiligen Ball halten wird. Hilf uns, o Altmutter und Mutter, mit deinen beiden glücklichen Tagen, jetzt, da wir diese Pfeife Uakan-Tanka opfern!«
Während dieser Gebete wurde die Pfeife gefüllt und dann an das kleine blaue Gestell gelehnt, das aus gegabelten Stäben gemacht war; deren zwei waren in den Boden gesteckt und trugen den Dritten. Bewegt-sich-im-Gehn nahm den Ball auf und reichte ihn dem Mädchen. Er hieß es aufstehen, den Ball in der linken Hand halten und die rechte himmelwärts heben. Dann begann er zu beten, wobei er die Pfeife in der linken Hand hielt und die rechte zum Himmel reckte:
»O Altvater Uakan-Tanka, Vater Uakan-Tanka, schau uns an! Betrachte Rasselndes-Hagel-Kind, die mit dem Weltall in ihrer Hand hier steht. Auf dieser Erde wird alles, was sich bewegt, sich heute erfreuen. Die vier Mächte der Welt und

auch der Himmel sind mit dem Ball hier. All das sieht Rasselnder-Hagel-Frau. Die Morgendämmerung ist jetzt mit dem Licht des Großen Geistes auf ihr. Sie sieht ihre zukünftigen Geschlechter und den Lebensbaum in der Mitte. Sie sieht auch den heiligen Pfad, der vom Orte, den wir immer anblicken, dorthin führt, wo der Riese lebt. Sie sieht ihre Altmutter und Mutter Erde und alle ihre Verwandten in den Dingen, die sich bewegen und wachsen. Sie steht mit dem Weltall auf ihrer Hand da, und alle ihre Verwandten sind dort in Wirklichkeit Eines. O Altvater Uakan-Tanka, Vater Uakan-Tanka, es geschieht durch Deinen Willen, daß Dein Licht jetzt auf dieses Mädchen scheint. Wir alle fühlen heute Deine Anwesenheit. Wir wissen, daß Du hier bei uns bist. Dafür und für alles, was Du uns gabst, sagen wir Dir Dank.«

Bewegt-sich-im-Gehn wandte sich dann zum Bisonschädel, stellte sich vor ihn hin und sprach folgendermaßen zu ihm: »Hunka-Geist, heute haben sie dir eine Farbe gegeben, die ich jetzt auf dich bringe, denn du bist unserm Volk der Zweifüßler verwandt, und durch dich leben sie. Nachdem ich diese heilige Farbe auf dich gebracht habe, wirst du mit diesem Mädchen hinausgehen, und wirst deine Gnade über alle Wesen ausschütten.«

Bewegt-sich-im-Gehn bemalte hierauf den Bison, indem er rund um den Kopf eine rote Linie zog und dann eine gerade Linie von der Stirnmitte zwischen den Hörnern bis zwischen die Augenhöhlen hinunter. Als er das getan hatte, ging Bewegt-sich-im-Gehn zu Rasselndes-Hagel-Kind, setzte sich neben sie und sprach:

»Rasselndes-Hagel-Kind, du sitzest in geheiligter Weise hier. Es ist gut so, denn die Geister der Büffel sind gekommen, um dich zu sehen, und daher will ich dir das Gesicht, das ich erhalten habe, offenbaren: in meinem Gesichte ging ich auf den Ort zu, wo der Riese lebt, und ich sah ein großes Volk dahinziehen, so als befinde es sich auf einer Reise. Sie hatten auch ihre Wachen, ihre Häuptlinge und heiligen Gebetsmänner, ganz wie wir. Als ich bei ihnen anlangte, hielten sie an, und einer ihrer Führer trat hervor und sprach zu mir: „Zweifüßler, sieh diese Leute, die himmlischer Art sind! Sie werden jetzt ein hochgeachtetes Mädchen im Lebenswandel unterrichten, und in ihrem Leben wirst du die vier Alter erkennen."

Nun brachten sie ein zartes Mädchen herbei. Es setzte sich; dann sah ich, daß sie ein kleines Büffelkalb war. Es stand auf und begann zu gehen, doch es taumelte und legte sich hin. Sein Stamm, den ich nun als Büffelvolk sah, versammelte sich um es herum. Eine Büffelkuh beschnaubte es mit rotem Hauch. Und als sich das Kuhkälbchen wieder hinlegte, sah ich, daß es nun ein weißer Büffeljährling geworden war. Seine Mutter fuhr fort, ihren roten Atem auf es zu blasen und stieß es mit dem Maul an. Und als das kleine Tier zum zweitenmal aufstand, sah ich, daß es sich wieder verwandelt hatte und jetzt eine größere Büffelkuh war. Sie legte sich nieder, aber als sie wieder aufstand, war sie ausgewachsen. Sie rannte über den Hügel, und alle Büffel schnaubten, und zwar mit solcher Macht, daß es die Welt erschütterte. Ich sah dann in allen vier Richtungen Büffel, aber sie verwandelten sich in Menschen, und ich sah das kleine Mädchen mit einem Ball in der Hand im Mittelpunkt stehen. Es warf den Ball nach der Richtung, wo die Sonne untergeht, und alle Leute liefen hin und haschten danach. Sie gaben ihn in die Mitte zurück. Auf die gleiche Art warf das Mädchen den Ball in die Richtung, wo der Riese lebt, dann in die Richtung, wo die Sonne aufgeht, und nachher in die Richtung, der wir uns immer zuwenden, und jedesmal wurde der Ball dem Mädchen im Mittelpunkt zurückgebracht. Das letztemal warf das Mädchen den Ball senkrecht in die Höhe, und augenblicklich verwandelten sie sich alle wieder in Büffel; darum war natürlich keiner mehr imstande, den Ball zu fangen, denn das Büffelvolk hat nicht Hände wie wir. Das kleine Mädchen, jetzt wieder ein Büffelkälbchen geworden, stieß den Ball zu mir her, und der Führer des Büffelvolkes sagte zu mir: „Diese Welt gehört wirklich den Zweifüßlern, denn wir vierfüßiges Büffelvolk können nicht mit einem Ball spielen; du sollst ihn darum nehmen, zu deinem Volke zurückkehren und ihm das erklären, was wir dich hier gelehrt haben."«

Bewegt-sich-im-Gehn erklärte nun Rasselndes-Hagel-Kind und allen um sie versammelten Leuten den Ritus:

»Im Bison sind vier Alter, wie sie es mir in meinem Gesichte gezeigt haben[74]. Rasselndes-Hagel-Kind und der Bison, der durch seinen Schädel dargestellt ist, sollen miteinander dieses Tipi verlassen, und sie soll, wie ich es euch im Gesichte erklärte, den Ball werfen. Es ist der Wille des Großen Geistes, daß dies geschehe. Vergeßt nicht, daß der Ball die Welt ist, und daß er ebenso unser Vater Uakan-Tanka ist, denn die Welt – oder das Weltall – ist Sein Heim. Darum wird jedem, der den Ball fängt, eine große Gnade zuteil werden. Ihr müßt alle versuchen, den Ball zu fangen, und Rasselndes-Hagel-Kind wird das Büffelkalb in der Mitte sein. Sie wird jetzt hinausgehen und auf ihrem Weg viermal anhalten. Jeder Schritt, den sie macht, wird ihrem Volk zum Wohle gereichen.«

Der ganze Stamm hatte sich rings um das Tipi versammelt, um zu hören, was gesagt wurde. Alle hatten ihre besten Kleider angezogen, und jeder war glücklich. Hohes Hohlhorn schritt als Erster aus dem Tipi; er trug die heilige Pfeife.

Hinter ihm folgte seine Tochter Rasselndes-Hagel-Kind; sie hatte den Ball in ihrer rechten Hand. Dann kam Bewegt-sich-im-Gehn; er hielt den Bisonschädel und schnaubte. Viermal stieß er Rasselndes-Hagel-Kind mit dem Schädel an, und jedesmal kam ein roter Hauch aus dessen Nüstern. Während er dies tat, sang er eines seiner heiligen Lieder:

»Auf geheiligte Weise, aus allen Richtungen
Kommen sie herbei, um dich zu sehen.
Rasselndes-Hagel-Kind saß in züchtiger Weise.
Sie alle kommen, um sie zu sehen!«

Zum Schluß, als sie das viertemal anhielten, stand Hohes Hohlhorn an der einen und Bewegt-sich-im-Gehn an der andern Seite des Mädchens, alle drei zur Richtung gewendet, wo die Sonne untergeht. Das Mädchen warf nun den Ball gegen Westen, und einer aus der Menge fing den Ball; nachdem er ihn umarmt und an sich gedrückt und dann den sechs Richtungen dargeboten hatte, händigte er ihn dem in der Mitte stehenden Mädchen ein. Auf die gleiche Weise wendeten sich die drei gegen den Ort, wo der Riese Uasiya lebt, und der Ball wurde in dieser Richtung geworfen. Alle Leute stürzten sich darauf, und schließlich wurde er in die Mitte zurückgegeben. Dann warf das Mädchen den Ball gegen den Ort, wo die Sonne aufgeht, und dann in der Richtung, der wir immer zugekehrt sind. Ein jeder, der das Glück hatte, den Ball zu fangen, erhielt ein Pferd oder sonst ein wertvolles Geschenk. Beim fünftenmal wurde der Ball senkrecht in die Luft geworfen, und es entstand ein großes Gedränge, bis jemand schließlich den Ball ergreifen und ihn dem Mädchen in der Mitte zurückgeben konnte.
Als das Ballwerfen beendigt war, bot Hohes Hohlhorn Bewegt-sich-im-Gehn die Pfeife; dieser hielt ihren Stiel himmel-

wärts und schickte sich an, eine Stimme zum Großen Geiste zu senden:

»Hi-ey-hey-i-i!« schrie er viermal. »Ich sende eine Stimme zu Dir, o Uakan-Tanka – zu Dir, der Du immer warst und über allen Dingen bist. Vater Uakan-Tanka, Du bist der Häuptling aller Dinge; alles gehört Dir, denn Du bist es, der das Weltall erschaffen hat. Auf diese große Insel hast Du unser Volk gesetzt, und Du hast uns die Weisheit verliehen, die alle Dinge enthüllt. Du hast uns den Mond und die Sonne, die vier Winde und die vier Mächte des Weltalls erkennen lassen. Wir wissen, daß die Geschlechter von dem Orte kommen, dem wir immer zugekehrt sind, und daß sie auch dorthin zurückkehren; auf diesem geraden, roten Pfade, der dorthin führt, wo der Riese lebt, sind wir in heiliger Weise gewandelt. Und vor allem andern wissen wir, daß unsere vier nächsten Verwandten immerdar unser Altvater und Vater Uakan-Tanka und unsere Altmutter und Mutter Maka, die Erde, sind. O Uakan-Tanka, betrachte heute Rasselndes-Hagel-Kind, die den Ball in Händen hält, welcher die Erde ist. Sie hält das in Händen, was den kommenden Geschlechtern, die morgen Deine Erde erben werden, Kraft verleiht. Und die Schritte, die sie tun sollen, werden sicher sein und frei von der Dunkelheit der Unwissenheit. Rasselndes-Hagel-Kind steht hier; sie hält Deine Erde, und von diesem Tage an wird der Ball den künftigen Geschlechtern gehören, und sie werden fröhlich sein, wenn sie Hand in Hand mit ihren Kindern gehen. Hilf ihnen, den heiligen Pfad ohne Unwissenheit zu beschreiten! Mögen die Himmel über uns auf uns hinblicken und uns gnädig sein! Altvater Uakan-

---

TAFEL 15 · *Oben:* Sonnenornament von einem Pfeifentipi der Sioux. *Unten:* Drei Pfeifen. Indianermuseum der Stadt Zürich.

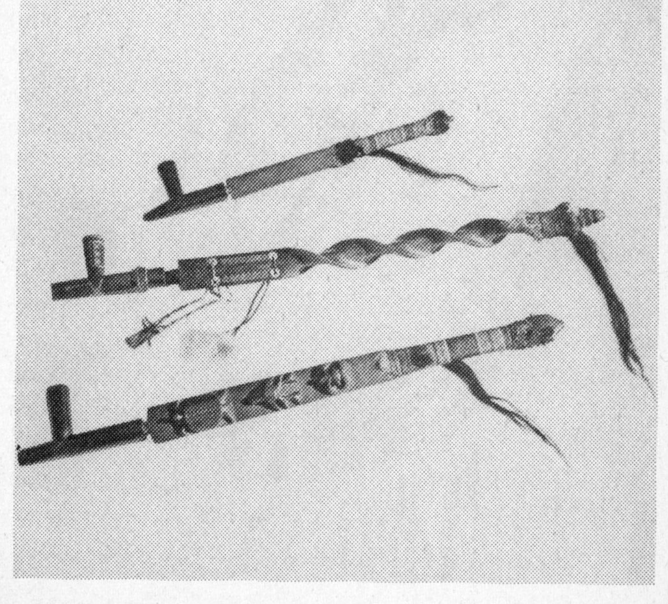

Tanka, Vater Uakan-Tanka, mögen wir Deinen Willen stets erkennen und ausführen! Mögen wir nie die hier eingegangene Verwandtschaft einbüßen! Mögen wir sie immerdar hegen und lieben! O Uakan-Tanka, sei barmherzig mit mir, auf daß mein Volk leben möge!«

Die heilige Pfeife wurde hierauf von allen Anwesenden geraucht oder berührt, und jene, die das Glück gehabt hatten, den heiligen Ball zu fangen, erhielten Geschenke an Pferden oder Bisondecken. Das ganze Volk hatte ein großes Fest, und jedermann war glücklich, denn was Ptesan-Uin, die Weiße-Büffelkuh-Frau, am Anfang versprochen hatte, war nun erfüllt und vollzogen.

Ich, Schwarzer Hirsch, muß euch jetzt verschiedene Dinge erklären, die ihr in diesem heiligen Ritus vielleicht nicht verstanden habt. Erstens ist es ein kleines Mädchen und nicht eine reife Frau, das im Mittelpunkt steht und den Ball wirft. Dies muß so sein, weil der Große Geist ewig jugendlich und rein ist; und so ist dieses kleine Kind, das soeben von Uakan-Tanka gekommen ist, rein und ohne jegliche Finsternis.

Genau wie der Ball von der Mitte nach den vier Richtungen geworfen wird, so ist der Große Geist in jeder Richtung und überall in der Welt; und der Ball fällt auf das Volk herab wie die Macht des Großen Geistes, die nur von wenigen Menschen aufgenommen wird, besonders in diesen letzten Zeiten.

Ihr habt gesehen, daß die vierbeinigen Bisonleute nicht imstande waren, dieses Spiel mit dem Ball zu spielen, darum gaben sie es den Zweifüßlern. Das ist sehr wahr, weil, wie ich vorher sagte, die zweibeinigen Menschen von allen er-

---

TAFEL 16 · Lahmer Bisonstier [Lame Bull]. Bewahrer der Heiligen Pfeife bei den Atsina-Indianern.

schaffenen Wesen des Weltalls allein imstande sind – wenn sie sich läutern und demütigen –, mit Uakan-Tanka eins zu werden oder Ihn zu erkennen.
In dieser heutigen, für unser Volk finstern Zeit rennen wir nach dem Ball, und einige versuchen nicht einmal, ihn zu ergreifen; es bringt mich zum Weinen, wenn ich daran denke. Doch ich weiß: bald wird er erreicht sein, denn das Ende nähert sich rasch; dann wird er wieder in die Mitte zurückgebracht werden, und unser Volk wird mit ihm sein. Es ist mein Gebet, daß dies geschehe; und um bei dieser Wiedereinsetzung des Balles zu helfen, habe ich diese heiligen Dinge beschrieben.

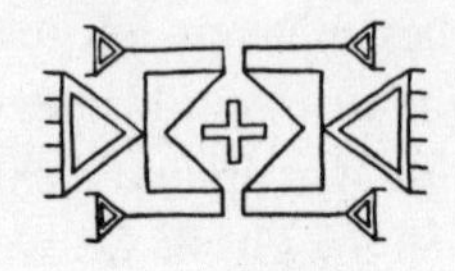

DER INDIANISCHE ÜBERLEBENSKAMPF

SEIT DEM ERSTEN ERSCHEINEN DES AUSSERGEWÖHNLICHEN Werkes »Die heilige Pfeife«, das uns jetzt in neuer Auflage vorliegt, sind 22 Jahre vergangen. Trotz der inzwischen zahlreich publizierten Indianerliteratur hat das Buch seinen zeitlosen Wert behalten und ist wie kein anderes geeignet, uns die Tür zur religiösen Welt des indianischen Menschen zu öffnen. Schwarzer Hirsch war nicht der einzige Sioux, der versuchte, Informationen über das Leben seines Volkes an den weißen Mann weiterzugeben. Im Jahre 1927 erschien von Häuptling »Standhafter Bär« das Buch »Mein Volk die Sioux«. Der Autor schildert in seinem Werk in erster Linie das Alltagsleben seines Stammes und streift die religiöse Welt nur ganz oberflächlich. Seine Beschreibung des Sonnentanzes zum Beispiel könnte durch das Fehlen jeder Information über die religiösen Hintergründe bei manchem Leser einen ganz falschen Eindruck hinterlassen. Trotzdem sind die Aufzeichnungen des Oglala-Sioux historisch äußerst wertvoll; schildern sie doch ein Stück Geschichte aus indianischer Sicht. Das war in der damaligen Zeit keine Selbstverständlichkeit. Das Buch lag 1930 auch in deutscher Übersetzung vor.

Weitere Verbreitung fanden im deutschen Sprachraum die Bücher des Santee-Sioux Charles Alexander Eastman, in denen wir zum erstenmal persönliche Aussagen über die religiöse Gedankenwelt der Indianer finden. Eastman wurde im Jahre 1858 in der Nähe des Lake Calhoun in Minnesota geboren. Die Mutter starb bei der Geburt, und so wurde der kleine »Hakadah« (Der beklagenswerte Letzte), wie sein erster Name lautete, von seiner Großmutter erzogen. Sein Vater »Many Lightnings« (Viele Blitze) geriet beim Minnesota-Aufstand 1862 in Gefangenschaft der Weißen. Er kam während dieser Zeit stark unter den Einfluß christlicher Missionare und ließ sich auf den Namen James Eastman taufen. Als der längst als verschollen geltende Mann zu seinem Volk zurückkehrte, war sein sehnlichster Wunsch, seine Kinder auf eine Missionsschule schikken zu können. So wurde auch »Der beklagenswerte Letzte« aus seinem traditionellen indianischen Lebensraum herausgerissen und mußte versuchen, sich in der Welt des weißen Mannes zurechtzufinden. Dank seiner Intelligenz gelang ihm diese wahrlich nicht leichte Umstellung. Er ließ sich auf den Namen Charles Alexander taufen, schloß ein Medizinstudium ab und nahm die Stelle eines Reservationsarztes auf der Pine Ridge Reservation in Süddakota an. Hier war es Eastman nun zum erstenmal möglich, seinem schwergeprüften Volk persönlich helfen zu können. Seit der Zerstörung der natürlichen Lebensbedingungen wütete ein neuer Feind unter den Indianern, den man nicht mit Waffen bekämpfen konnte: die Tuberkulose. Drei Jahre erfüllte Eastman diese schwere Aufgabe, dann wurde er zum Sekretär des »Christlichen Vereins junger Männer« (Y.M.C.A.) ernannt. Später finden wir ihn im Archiv des Bureau of Indian Affairs in Washington, wo er das ungeheure Gebiet der Sioux-Stämme bearbeitete.

Im Jahre 1902 kam Eastmans erstes Buch »Indian Boyhood« heraus, das wenige Jahre später auch in deutscher Sprache unter dem Titel »Ohijesa – Jugenderinnerungen eines Sioux-Indianers« vorlag. Das Buch hatte im deutschen Sprachraum großen Erfolg und erlebte verschiedene Auflagen. Von Eastmans zahlreichen Werken wurden noch zwei weitere ins Deutsche übersetzt. In »Winona – Indianergeschichten aus alter Zeit« versucht der Autor, ein authentisches Bild der indianischen Frau zu geben; im Buch »Die Seele des Indianers« laut seinen eigenen Aussagen »das religiöse Leben des amerikanischen Indianers so zu zeichnen, wie es vor der Ankunft der Weißen aussah«.

Vergleichen wir die Werke von Eastman und Schwarzer Hirsch miteinander, so erscheinen uns die Aussagen von Eastman doch recht dürftig, wenn nicht gar oberflächlich. Er war im Gegensatz zu Schwarzer Hirsch schon zu früh aus der indianischen Kultur herausgerissen, zu sehr dem christlichen Gedankengut verbunden, als daß er noch die tiefe innere Beziehung zur religiösen Welt seiner Väter sich hätte erhalten können.

Aus den Worten von Schwarzer Hirsch hingegen spricht die reine, unverfälschte Seele des Indianers zu uns.

Die Veröffentlichung der »Heiligen Pfeife« löste zuerst bei vielen Indianern Mißmut, ja teilweise sogar heftigen Protest aus. Es war ihnen unverständlich, daß diese heiligsten Dinge, durch Generationen mündlich an wenige Auserwählte weitergegeben, nun Nichtindianern zugänglich gemacht wurden.

Inzwischen haben sich die Wogen etwas geglättet, ja, wenn man die zahlreichen Indianer berücksichtigt, die uns jetzt von einer sinnvollen, naturverbundenen Lebensweise erzählen und gerade bei der Jugend ein so großes Echo finden, könnte man fast von einer Missionsarbeit der Indianer unter ihren ehemaligen Feinden, den Weißen, sprechen!

*

Das wachsende Verständnis und Interesse einiger Kreise am Schicksal des indianischen Menschen und gewisse Zugeständnisse der amerikanischen Regierung dürfen aber nicht darüber hinwegtäuschen, daß die Probleme der Indianer auch heute noch weitgehendst ungelöst sind und ein »stiller Krieg« an allen Fronten weitergeht. Die Ereignisse am »Wounded

Knee« 1973 waren ein Fanal. Mit dieser spektakulären Aktion versuchte eine Gruppe engagierter Indianer die Weltöffentlichkeit auf ihre Situation aufmerksam zu machen. Die traurige historische Geschichte von »Wounded Knee« ist bekannt. Bei dem Massaker am 29. Dezember 1890 wurden 350 Indianer, davon 250 Frauen und Kinder, getötet. Eine Woche zuvor war Sitting Bull, der geistige Führer der Sioux, mit einigen seiner Leute ermordet worden. Alle weiteren blutigen Unternehmungen gegen die Indianer wurden mit Absicht verschwiegen, und auch die Weltpresse nahm kaum Notiz davon. Die Indianerkriege waren ja offiziell beendet! Wer erinnert sich noch an das Jahr 1906, in dem 300 hungernde Ute-Indianer aus ihrer Reservation in Utah ausbrachen, um am Powder River auf die Jagd zu gehen. Ein starkes Truppenaufgebot vernichtete nach langer Verfolgung den größten Teil der Ute, der Rest wurde eingesperrt.
Im Jahre 1924 bekamen die Indianer das amerikanische Bürgerrecht, das allerdings nicht von allen Staaten anerkannt wurde. Im Südwesten waren die Apachen bis Anfang der dreißiger Jahre unseres Jahrhunderts vogelfrei und konnten ohne Strafverfolgung erschossen werden.
Ausgelöst durch eine unabhängige Organisation, das »Institute for Government Research«, kam es ab 1926 zu einer vorübergehenden leichten Besserung für einige indianische Stämme. Der technische Leiter dieser Organisation, Lewis Meriam, schilderte in dem sogenannten »Lewis Meriam Report« die bedenklichen Zustände auf den Reservationen. Aber erst acht Jahre später setzte eine wirkliche Reform ein, die mit der Unterzeichnung der »Indian Reorganization Act« durch Franklin D. Roosevelt am 18. Juni 1934 ihren Anfang nahm. Laut diesem Gesetz sollte es den Indianern ermöglicht werden, ihre zerstückelten Reservationen wieder zusammenzufügen.

Im Jahre 1907 zählte man noch 270000 Indianer in den USA. Sie besaßen rund 21 Millionen Hektaren Land; fast die Hälfte davon war gutes Farm- oder Waldland. Im Laufe der Jahre verkaufte das BIA die besten Ländereien an gut zahlende Farmer. Dadurch wurden die meisten Reservationen zerstückelt.
Roosevelt hatte den tüchtigen und engagierten Ethnologen John Collier als Chef des Bureau of Indian Affairs eingesetzt. Collier war schon durch seinen Beruf mit dem Indianer und seiner Kultur vertraut. Er verstand es, sich nicht nur im Parlament Gehör zu verschaffen, sondern auch das indianische Selbstbewußtsein wieder zu wecken und die deprimierten Menschen zu neuer Initiative anzuspornen. Leider blieb die durch Roosevelt in Kraft gesetzte Verfügung vielerorts nur ein Stück Papier. Oftmals versuchten weiße Farmer sogar noch nachträglich, sich gutes Land, das den Indianern durch Zufall verblieben war, mit Hilfe korrupter Beamter anzueignen. So kam es zum Beispiel am 29. März 1938 in Minnesota zu einer dramatischen Szene. Ein Oberaufseher namens Balson erschien auf der Reservation und erklärte den versammelten Chippeway-Indianern, sie müßten vom Cass Lake, ihrem angestammten Land, fort und nach dem etwa 200 Kilometer entfernten Duluth umsiedeln. Plötzlich sprangen zwölf Frauen aus dem Kreis der versammelten Indianer, ergriffen den völlig überraschten Kommissionär und setzten ihn gefangen, nachdem sie ihm zuerst noch eine tüchtige Tracht Prügel verabreicht hatten. Er wurde erst wieder freigegeben, als die aufgebrachten Indianer die Zusicherung erhielten, in ihrem Land bleiben zu können.
Zur Zeit der beiden Weltkriege erinnerte man sich der Indianer als Menschenreserve, die – wie auch die schwarze Bevölkerung – gut genug war, für die Amerikaner gegen einen ihr unbekannten Feind zu kämpfen. 1917 holte man sogar die Apa-

chen aus den Gefängnissen und schickte sie nach Europa an die Front.
Im Zweiten Weltkrieg waren mehr als 25 000 Indianer zum aktiven Wehrdienst eingezogen, 40 000 setzte man in der Rüstungsindustrie ein. Kaum war der Krieg zu Ende, wurden die Arbeitsplätze von heimkehrenden Weißen eingenommen. Für die indianischen Männer war es schwer, sich wieder an ein Leben ohne Beschäftigung in den Reservationen zu gewöhnen. Die Arbeitslosenquote lag seit je weit über der der weißen und der schwarzen Bevölkerung. Zu diesem Zeitpunkt breitete sich der Alkoholismus erneut stark in den Reservationen aus, ein Problem, das wir auch bei uns kennen. Mit steigender Arbeitslosigkeit nimmt auch der Alkoholkonsum zu.
Das Schicksal zweier Männer spiegelt die Nichtachtung wider, der der Indianer in der breiten Masse des amerikanischen Volkes ausgesetzt ist.
Der Pima-Indianer Ira Hayes kämpfte im Zweiten Weltkrieg im Pazifik gegen die Japaner und hißte zusammen mit fünf Kameraden unter Lebensgefahr die amerikanische Flagge auf einem Gipfel der Inselfestung Iwo Jima. Bei einem Gegenangriff der Japaner fielen drei seiner Gefährten. Ira wurde nach seiner Rückkehr in allen Massenmedien als Nationalheld gefeiert, doch bald vergaß man den »farbigen Helden von Iwo Jima«. Ira fand keine Arbeit und zog sich enttäuscht zu seinem Volk auf die Reservation zurück. Auch hier wartete nur ein Leben voller Untätigkeit auf ihn, und er starb als »Drunken Indian«. Nach seinem Tod erinnerte man sich noch einmal des mutigen Soldaten und beerdigte ihn auf dem Heldenfriedhof von Arlington.
Auf demselben Friedhof liegt auch der indianische Soldat John Rice begraben. Nach dem Krieg lebte er nahe bei Sioux City im Staate Iowa. Als er starb, wollten ihn seine Angehörigen

begreiflicherweise auf dem Friedhof der Stadt beerdigen, doch die Behörde wünschte dort keine Indianer und verweigerte die Beisetzung. Darauf aufmerksam gemacht, veranlaßte Präsident Truman, daß auch dieser Indianer auf dem Friedhof von Arlington seine letzte Ruhe fand.

*

Im Jahre 1953 wurde der Republikaner Dwight Eisenhower Präsident der Vereinigten Staaten. Unter seiner Ära setzten Veränderungen ein, die alle Fortschritte der letzten Jahre wieder rückgängig machen sollten. Noch im gleichen Jahr beschloß der Kongreß, die »Indian Reorganization Act« zu streichen und durch die »Termination Act« zu ersetzen. Was können wir darunter verstehen? Es ist der gesetzliche Weg, den Indianern ihre Selbständigkeit zu nehmen. Unter dem Vorwand, den Indianern das volle Bürgerrecht zu gewähren, und durch das In-Aussicht-Stellen eines Barbetrages versuchte man die Zustimmung der Stämme zur Auflösung ihrer Reservationen zu bekommen. Der Geldbetrag sollte sich aus dem Gewinn ergeben, den man durch den Verkauf des Reservationslandes erzielte.
Um die Zustimmung eines kleinen Teils der Indianer zu diesen Plänen verstehen zu können, muß man sich Folgendes vor Augen halten: Die Bildungsmöglichkeiten in den Reservationen waren gering. In den wenigen staatlichen Schulen oder Missionsschulen fehlte jedes Verständnis für das ganz anders geartete Wesen des indianischen Menschen. Das ließ bei den Kindern erst gar keine Freude am Lernen und damit den Willen zur Weiterbildung aufkommen. Da eigene Industrie oder handwerkliche Betriebe fast fehlten, war es kaum möglich, irgendeine Arbeit zu finden. Weiße Unternehmen zeigten nur

wenig Interesse, in den abgelegenen Gebieten einen Betrieb zu eröffnen. So fanden sich in einzelnen Reservationen Gruppen, die den falschen Verlockungen erlagen und sich bereit erklärten, ihr Land zu verkaufen.

Stellen wir uns die Situation vor, die den Indianer außerhalb seiner Reservation erwartete. Durch seine völlig andere Mentalität war er dem Macht- und Konkurrenzkampf in den Städten nicht im mindesten gewachsen. Die Entschädigungssumme war rasch verbraucht, besonders wenn man mit einer ganzen Familie in die Stadt zog. Auch die Möglichkeiten, Arbeit zu finden, waren durch das Fehlen jeglicher beruflichen Ausbildung gering. Außerdem wurde in jedem Fall ein weißer Bewerber vorgezogen. So reihte sich der Indianer bald in die große Masse der Arbeitslosen ein, die in den Slums der Städte und Siedlungen ihr erbärmliches Dasein fristeten. Er merkte zu spät, daß ihm die Reservation, so jämmerlich sie auch sein mochte, doch eine gewisse Geborgenheit gegeben hatte. Nur in Einzelfällen gelang die Integration in die weiße Gesellschaft.

Eines der gravierendsten Beispiele einer verfehlten Indianerpolitik ist das Schicksal der Menominee, eines Volkes aus der Sprachfamilie der Algonkin. Menominee ist ein Chippewa-Wort und heißt »Wildreis-Leute«. Nach ihrer Schöpfungsmythe sind sie eine Verschmelzung der auf der Südseite des Menominee River hausenden »Leute des Goldadlers Kineu«, der Donnerer, und des auf der Nordseite lebenden Bären »Owassee« und seines Volkes. Der Bär stieg aus dem Boden herauf, und der Adler kam vom Himmel herab; beide Urfamilien vereinigten sich später zum Stamm der Menominee.

Ihre Reservation mit ungefähr 3500 Menschen lag im Staate Wisconsin auf der Höhe der Green Bay am Michigan-See, etwa 55 Kilometer landeinwärts, und war dem Stamm »für ewig zugesprochen und dem Schutz der Regierung unterstellt«. Senator Watkins von Wisconsin bemühte sich eingehend, den Menominee die Termination Act (Termination Policy) schmackhaft zu machen. Die Regierung hatte ihre guten Gründe dafür, lag doch die Reservation in einem außerordentlich waldreichen Gebiet. Der Stamm verstand es ausgezeichnet, sich diesen Holzreichtum zunutze zu machen. Auf genossenschaftlicher Grundlage betrieb er ein großes Sägewerk und wurde mit der Zeit wirtschaftlich so stark, daß er ohne finanzielle Unterstützung des Bureau of Indian Affairs ausgekommen wäre.

Große Industrieunternehmungen versuchten seit langem mit allen Mitteln, über das BIA an die Nutzung der Holzvorräte heranzukommen. Die Menominee wehrten sich energisch und gingen 1951 bis vor das Bundesgericht. Nach langwierigen Verhandlungen gewannen sie den Prozeß, und das BIA wurde zur Zahlung von zehn Millionen Dollar als Entschädigungssumme verpflichtet. Der amerikanische Kongreß machte die Auszahlung dieser Summe von der Zustimmung der Menominee zur Auflösung ihrer Reservation abhängig. Unter diesem Druck, den man nur als Erpressung bezeichnen kann, stimmte schließlich ein Teil des Stammes diesem Ansinnen zu. Somit waren die Menominee ohne Reservation, dafür kam jeder Stammesangehörige in den Genuß von verkäuflichen Anteilscheinen und wurde Aktionär des Sägewerkes. Eine Bank vertrat die Rechte der Minderjährigen.

Die Menominee wurden nun im Staate Wisconsin steuerpflichtig (nur Reservationsindianer sind steuerfrei), andererseits hatte der Staat die Sozialleistungen seinen neuen Bürgern gegenüber zu übernehmen. Um nicht in finanzielle Schwierigkeiten zu geraten, setzte man die Steuern so hoch wie möglich an. Der Sägemühle wurde eine Steuerlast von annähernd 90

Prozent auferlegt, eine Belastung, der kein Betrieb gewachsen ist. Dies führte zu einer unheilvollen Kettenreaktion: Die treuhänderischen Banken forderten eine Arbeitsrationalisierung, 50 Prozent der Arbeitskräfte wurden entlassen und mußten nun vom Staat unterstützt werden. Die Steuerschraube wurde noch mehr angezogen, und bald einmal sahen sich die Menominee gezwungen, ihre Anteilscheine zu verkaufen. Auch sie wurden armengenössig, und die bis dahin von Indianern betriebenen Schulen und das Spital mußten geschlossen werden. Tuberkulose und Kindersterblichkeit nahmen rapid zu – der Stamm der Menominee drohte unterzugehen. Nun mußte der Bund finanziell einspringen, um die größte Katastrophe abzuwenden.

In der Zwischenzeit war Eisenhower längst nicht mehr im Amt, und nach der Ermordung von John F. Kennedy hatte Lyndon B. Johnson die Nachfolge angetreten. Er erkannte den Widersinn und die Ungerechtigkeit der Termination Policy und forderte deren Beendigung. In einer Rede vom 6. März 1968 führte er unter anderem Folgendes aus: »Keine aufgeklärte Nation, keine verantwortungsbewußte Regierung, kein fortschrittliches Volk kann träge herumsitzen und diese schockierende Situation sich selbst überlassen. Ich schlage daher ein neues Ziel für unsere indianischen Programme vor, ein Ziel, das den alten Streit über die Termination der indianischen Reservationen und ihre Entwicklungsprogramme beendet und die Selbstbestimmung der indianischen Stämme betont, ein Ziel, das die alte Vormundschaft beendet und die Selbsthilfe in den Vordergrund stellt. Unser Ziel muß sein: dem Indianer einen Lebensstandard zu geben, der dem des ganzen Landes entspricht – dem Indianer die freie Wahl zu lassen, entweder auf Wunsch in seiner Heimat zu bleiben, ohne seine Kultur zu verlieren, oder die Möglichkeit, auf

Wunsch in die amerikanischen Städte zu ziehen, ausgerüstet mit der beruflichen Fähigkeit, gleichberechtigt und mit Würde neben den andern Amerikanern zu leben – dem Indianer volle Teilnahme am Leben des modernen Amerika mit allen wirtschaftlichen Möglichkeiten und aller sozialen Gerechtigkeit zu sichern.«

Johnson gab noch im gleichen Jahr sein Amt ab, und Richard Nixon wurde sein Nachfolger.

Georg McGovern, weiterhin Präsident des Bureau of Indian Affairs, besuchte verschiedene zuständige indianische Führer, um mit ihnen die Vorschläge Johnsons zu besprechen und dadurch die nötigen Unterlagen für eine Eingabe an den Kongreß zu erhalten. Das Schicksal der Menominee und anderer von der Termination besonders betroffener Stämme war für alle Indianer ein deutliches Warnsignal.

McGovern fand bei Präsident Nixon verständnisvolle Unterstützung. Schon während seines Wahlfeldzuges hatte Nixon in einer Rede Folgendes ausgeführt: »Wir müssen anerkennen, daß die amerikanische Gesellschaft vielen verschiedenen Kulturen erlauben kann, in Harmonie zu gedeihen, und wir müssen die Indianer, die das wünschen, unterstützen, damit sie ein nützliches und glückliches Leben in einer indianischen Umgebung führen können. Als Innenminister möchte ich selbst dieser Darlegung meinen eigenen tiefen Respekt vor der großen Weisheit der indianischen Kultur hinzufügen... Ich bin schon immer skeptisch gewesen, ob alle Stämme die Termination freiwillig angenommen haben, die sie erduldeten. Der Fall der Menominee scheint meine Ansicht zu bestätigen...«

Die Menominee waren in der Zwischenzeit nicht untätig gewesen. Unter ihnen zeichnete sich Ada Deer durch besondere Aktivität aus. Ein »Komitee zur Rettung des Menominee-

Volkes »und seiner Wälder« war gebildet worden, und Mrs. Deer, die Vizepräsidentin, hatte durch Vorträge aufklärend im ganzen Lande gewirkt. Sie wurde tatkräftig vom »National Congress of American Indians« (NCAI) unterstützt, einer Organisation, die 1944 gegründet worden war und die Vereinigung der indianischen Völker zum Ziel hatte. Sie trat als Sprecher aller Stämme auf und hatte unter ihren Mitgliedern auch eine Reihe indianischer Juristen. (Es ist verständlich, daß es durch die kurzsichtigen und von Profitdenken diktierten Verfügungen der amerikanischen Regierung manchmal zu starken Spannungen innerhalb der Stämme und Trübung der Beziehungen untereinander kam.)

Der Republikaner Nixon hatte im Kongreß einen schweren Stand. Im Senat standen 42 Republikaner 58 Demokraten gegenüber, und im Repräsentantenhaus nur 192 Republikaner gegen 243 Demokraten. Am 16. Oktober 1973 stimmten endlich 404 Abgeordnete des Repräsentantenhauses für die Annahme der »Menominee Restoration Act, H.R. 10717«, und am 22. Dezember des gleichen Jahres wurde das Gesetz von Präsident Nixon unterzeichnet. Es sollte allerdings noch einige Zeit vergehen, ehe es in die Tat umgesetzt wurde.

Am 22. Februar 1975 übernahm das Bureau of Indian Affairs erneut die Treuhänderschaft über die Menominee. Der Stamm hatte wieder eine Reservation und mußte keine Steuern mehr zahlen. Auch die Nutzung des Waldes war von nun an allein Sache der Indianer. Die Nachwirkungen des sich über mehr als zwei Jahrzehnte hinziehenden zermürbenden Kampfes waren noch lange zu spüren.

*

Neben der berüchtigten Termination Policy gab es auch andere Mittel und Wege, bedenkenlos gegen indianischen Besitz vorzugehen. Als man anfing, die Wasserkraft des Missouri nutzbar zu machen, wurde in erster Linie Land von Indianern überflutet. Greifen wird nur kurz die Dämme und Stauseen heraus, die auf dem ehemaligen Gebiet der Sioux liegen. Im Norden des Staates Norddakota befindet sich die Fort Berthold Reservation. Durch den 1953 eingeweihten 3 Kilometer langen Garrison Dam wurde der Missouri zum Lake Sakakawea gestaut; 623 Quadratkilometer, ein Viertel der Reservation, wurden dadurch überflutet. Zurück blieben fünf voneinander getrennte Teile. Alle Proteste der Indianer blieben erfolglos, trotzdem ein Projekt ausgearbeitet war, welches das Indianerland nicht betroffen hätte. Weiter Missouri abwärts stoßen wir auf den Lake Oahe, der bis nach Süddakota hineinreicht und einen Teil der Standing Rock Reservation zerstörte. Die abgestorbenen Baumwipfel der überfluteten Wälder bieten ein deprimierendes Bild.

Südlich des Lake Oahe folgt die ebenfalls noch in Mitleidenschaft gezogene Cheyenne Reservation. Allein im Staat Süddakota wird der Missouri viermal gestaut, und immer ist eine Reservation betroffen.

Die Bitterkeit der in Mitleidenschaft gezogenen Stämme faßt der Cree-Indianer Isiah Awashish in folgenden wahren Worten zusammen: »Wenn sie das Land überfluten, wird alles zerstört sein. Bei einem Waldbrand ist es anders. Nach zwei Jahren wachsen die Bäume und Pflanzen wieder, und die Tiere kommen zurück. Doch mit dem Wasser kommt der Tod.«

*

Woher nahmen die indianischen Völker die Kraft, diesen nun schon 400 Jahre währenden Kampf zu überstehen? Sie schöpften den Willen zum Überleben aus ihrem geistigen Erbe, das sie sich unter schwersten Bedingungen bis in die Jetztzeit bewahrt haben.

Die nichtindianische Seite möchte es anders sehen: Wurde dem Indianer nicht durch den christlichen Glauben die Kraft gegeben, alle Ungerechtigkeiten und Verfolgungen zu ertragen? Man kann diesem Wunschdenken mit Sicherheit entgegenhalten, daß die christliche Religion unter den Indianern nur beschränkt Fuß fassen konnte. William Wuttnee, ein bekannter Cree-Indianer von der Red Pheasant Reservation in Saskatchewan, heute Anwalt und Leiter des National Indian Council of Canada, führte an einer Tagung der United Churchs Board of Evangelism and Social Services 1964 Folgendes aus:

»... Die Indianer sind von den christlichen Kirchen verraten und gegeneinander aufgehetzt worden, der christliche Glaube ist ihnen aufgezwungen worden... Die Kirchen lehrten dem Indianer, daß sein Glaube an den Großen Geist heidnisch und schlecht sei. Die Kirche hat dem Indianer gegenüber das Vertrauen gebrochen...«

Sicher gab es Ausnahmen, Missionare, die nicht nur fanatisch ihren Glauben vertraten, sondern sogar »das Gute in der heidnischen Religion« entdeckten, Geistliche, die sich für die Indianer einsetzten und – wenn nicht anders möglich – mit ihnen in die Reservationen zogen.

Die Worte des Cree richten sich dann auch nicht gegen diese einsichtigen Gottesmänner, sondern brandmarken die Praktiken der verschiedenen religiösen Institutionen, denen es nur darum ging, einer andern Kirche die Seelen abzujagen. Wuttnee hatte dies am eigenen Leibe erfahren. Er besuchte zuerst eine Schule der Anglikaner, kam dann unter katholischen Einfluß, löste sich später aber ganz von den Missionaren und ist heute Agnostiker, ein Verfechter der neuen englischen Philo-

sophie, die sich nur mit dem für unsern Verstand sicher Erkennbaren beschäftigt.
Der Konkurrenzkampf der verschiedenen christlichen Kirchen nahm gegen Ende des letzten Jahrhunderts solche Formen an, daß sogar die Regierung eingreifen mußte und den verschiedenen Konfessionen fest umgrenzte Gebiete auf den Reservationen zuteilte. Dadurch entstand manchmal die paradoxe Situation, daß Mitglieder einer besonderen Glaubensrichtung in einem fremden Glaubensbezirk wohnten und so die in ihrem Gebiet liegende Kirche gar nicht besuchen durften.
Natürlich ist die Begegnung mit dem Christentum nicht spurlos an der indianischen Kultur vorbeigegangen, und christliches Glaubensgut fand Eingang in verschiedene religiöse Bewegungen.
Eine dieser sehr frühen Bewegungen ist »Die Gute Botschaft« des Seneca Ganiodayo, besser bekannt unter seinem englischen Namen Handsome Lake. Ganiodayo (1735–1815) lebte lange Zeit unter den Quäkern und verfiel dann dem Alkohol, von dem er sich aber aus eigener Kraft wieder befreien konnte. In einer Vision erschien ihm das »Große Geheimnis« und zeigte ihm den Weg, auf dem er sein Volk aus dem tiefen Elend, in das es durch die Kriege zwischen den Engländern und der jungen Union geraten war, herausführen konnte. Seine Lehre vereint irokesische Glaubensformen mit denen der Quäker. So finden wir darin die Beichte und als ganz wichtiges Moment die völlige Entsagung vom Alkohol. Ganiodayos Religion hielt sich bis heute und hat unter den Irokesen eine große Gefolgschaft.
Während wir die »Gute Botschaft« von Handsome Lake noch als vorwiegend indianisch betrachten können, trifft dies bei der Shaker-Kirche der Nordwestküsten-Indianer, im speziel-

len der Coast-Salish, nur bedingt zu. Gegründet wurde diese indianisch-christliche Sekte von John Slocum, einem Squaxon-Indianer am Puget Sound. Die Coast-Salish, zu denen die Squaxon gehören, wurden durch die Besiedlung und Industrialisierung in einen rapiden Entwicklungsprozeß hineingezwungen, in dem ihnen der Verlust ihrer Kultur drohte. John Slocum fiel bei einer ihrer Winterzeremonien in Trance (nach indianischer Auffassung starb er) und erzählte nach dem Erwachen von seinem Aufenthalt im Himmel, wo er den Auftrag erhalten habe, seinen Stammesbrüdern eine neue Religion zu bringen. Slocum befolgte das Gebot und versammelte eine immer größer werdende Gemeinde um sich. Er verstand es geschickt, Gedankengut aus der christlichen und indianischen Glaubenswelt zu etwas Neuem zu vereinen. Viele der alten Gesänge wurden übernommen, allerdings mit christlichen Texten; dazu spielten die Krankenheilungen, ähnlich denen der früheren Medizinmänner, während der Gottesdienste eine wesentliche Rolle. Die in den achtziger Jahren gegründete Shaker-Kirche hat unter den Indianern von Nordwest-Kalifornien bis weit nach British Columbia hinauf ihren festen Platz gefunden. Ihren Namen verdankt die Kirche dem Umstand, daß bei Heilungen während des Gottesdienstes die Gläubigen ein Schütteln der Hände überfällt. Die Kirche hat aber nichts mit der spirituellen Sekte gleichen Namens zu tun.

*

Was ist im indianischen Volk von den Zeremonien noch lebendig geblieben, die uns Schwarzer Hirsch in seiner einfachen Sprache so eindrucksvoll geschildert hat?
Greifen wir zwei Betrachtungen heraus. Das Ballspiel als siebente Rite, wie sie die Weiße Bisonkuh-Frau versprochen hat-

te und sie später auch ausgeführt wurde, besteht heute nicht mehr. Wohl kennen die Indianer noch das Ballspiel, doch ist die symbolische Bedeutung verlorengegangen.

Der Sonnentanz hatte ein wechselhaftes Schicksal. Man sollte an dieser Stelle noch ergänzen, daß der Sonnentanz nicht nur bei den Oglala, sondern bei den meisten Präriestämmen gefeiert wurde. Sein Ursprung liegt auch nicht bei den Sioux, vielmehr bei den Cheyenne-Arapaho, ist also vom Westen, von den Rocky Mountains, gegen Osten in die Prärien hinausgetragen worden. Das erste Auftreten bei den Oglala kann aber trotzdem in der Art erfolgt sein, wie sie uns Schwarzer Hirsch schildert. Wir wissen, wie wichtig für den Indianer Träume sind. Kablaya wird einmal von der Feier des Sonnentanzes gehört haben, sie erschien ihm später im Traum, und die Durchführung der Zeremonie wurde somit zum Auftrag für ihn.

Bei den Sioux bildete der Sonnentanz den Höhepunkt der religiösen Feiern. Um so schwerer traf sie im Jahre 1881 das Verbot durch die Regierung. Zuerst versuchten die Sioux, das Verbot zu ignorieren, doch dann bekamen die Indianeragenten 1883 den Auftrag, die ohnehin kläglichen Lebensmittelrationen, welche sie an die Stämme verteilen mußten, ganz einzustellen. Die indianischen Menschen, in ihren engen Reservationen zusammengedrängt, konnten sich gegen diese Willkür nicht wehren, wollten sie nicht elend verhungern. Der Boden des ihnen verbliebenen Landes war für den Feldbau oft ungeeignet, und die kleinen Ernten von Mais und andern Gemüsen wurden vielmals durch Dürre oder Überschwemmungen vernichtet.

In dieser Zeit der großen Not vernahmen die indianischen Menschen von der Botschaft eines Propheten vom fernen Volk der Paiute im heutigen Staate Nevada. Dieser Mann namens Wovoka hatte eine Vision, in der ihm eine göttliche

Stimme einen Auftrag gab, der in Folgendem gipfelte: »Predige deinen Brüdern und Schwestern, nur Gutes zu tun und einander mehr zu lieben. Lehre sie einen bestimmten Tanz, dann werden die Verstorbenen und die Bisonherden zurückkehren, die Weißen aber werden verschwinden.«
Diese sogenannte »Geistertanzbewegung« breitete sich rasch aus, erlebte aber verschiedene Veränderungen, da jeder Stamm, der die neue Lehre annahm, sie mit seinen eigenen kultischen Gebräuchen vermischte. Der Gerechtigkeit halber muß erwähnt werden, daß der Tanz bald einiges seiner friedlichen Grundbestimmung einbüßte.
Die Regierung in Washington sah in der Geistertanzbewegung eine ernste Gefahr und ergriff dementsprechende Maßnahmen. Das bittere und brutale Ende kennen wir: Es ist das Massaker am Wounded Knee.
Noch bevor der Paiute Wovoka seine Eingebung hatte, machte sich um etwa 1870 bei den Mescalero-Apachen eine andere religiöse Bewegung bemerkbar. Sie kam aus Mexiko, der Heimat des Peyote, eines kleinen stachellosen Kaktus mit lateinischem Namen Lophophora williamsii. Seit Jahrhunderten hatte diese unscheinbare Pflanze in den Riten der mexikanischen Völker eine große Rolle gespielt, da der Genuß ihres Fleisches eine halluzinogene Wirkung hat. Der Gebrauch geht in Mexiko auf prähistorische Zeiten zurück, und im Aztekenreich nahm der Peyote sogar in der Staatsreligion einen wichtigen Platz ein.
Die spanische Kirche sah in dem Genuß des Peyote eine vom Teufel diktierte Handlung, doch ließ sich der Peyotismus trotz aller Verbote nicht verdrängen und spielt noch heute bei einzelnen Stämmen, wie etwa den Huichol, eine dominierende Rolle.
Die Apachen hatten den Peyote schon sehr früh kennenge-

lernt, doch erst unter dem Eindruck der ständig wachsenden Machtlosigkeit gegenüber dem weißen Mann gewann der Kult in Nordamerika festen Boden. Das Versagen des Geistertanzes und die Suche nach einer neuen religiösen Kraft machen diese Entwicklung doppelt verständlich. Daneben kam der Peyotismus durch seine halluzinogene Wirkung dem Wunsch nach einer Vision dem nordamerikanischen Indianer sehr entgegen.

Die Kulthandlungen beginnen jeweils am Abend im Tipi des Initiators. Er bestimmt als erstes den Zeremonienmeister, der für sein Amt eine Kürbisrassel, eine Adlerknochenflöte (wie sie beim Sonnentanz verwendet wurde), einen Fächer, wenn möglich aus Fasanenfedern, und einen Stab benötigt. Unterstützt wird der Zeremonienmeister von einem Trommler und einem »Hüter des Feuers«. Auf dem halbmondförmigen Altar, der den »Peyote-Weg« symbolisiert, liegt der in Scheiben geschnittene Peyote. Vom Altar halb umschlossen befindet sich die Feuerstelle. Der Zeltwand entlang haben die Teilnehmer auf Salbeiblättern Platz genommen. Nach Sonnenuntergang wird das Feuer angezündet und jeder erhält einige Salbeibüschel, mit denen er sich einreibt. Nun verteilt der Zeremonienmeister den zerschnittenen Peyote und singt anschließend das »Erste Lied«, bei dem er auf einer Wassertrommel begleitet wird. Dann singen die Teilnehmer einzeln hintereinander viermal ihr Gebet, immer begleitet von einer Kürbisrassel. In der Zwischenzeit essen die andern ihre Peyoteration. Um Mitternacht bringt eine Frau einen Kessel Wasser; der Hüter des Feuers beräuchert das Wasser, dann wird es an die Leute verteilt. Die ganze Versammlung verläßt darauf das Tipi, der Zeremonienmeister bläst auf der Adlerflöte in alle vier Himmelsrichtungen. Vielmals schließt sich daran noch eine Heilungszeremonie an.

Zurückgekehrt in das Zelt, folgen die Beichten, die man still zur Kenntnis nimmt, ohne daß eine Diskussion erfolgt oder eine Strafe verhängt wird. In der Zwischenzeit werden weitere Peyote-Scheiben gegessen. Die Visionen, die durch den Genuß des Peyote hervorgerufen werden, sind von grandioser Farbenpracht. Manchmal sind es ganze Szenen, ein andermal nur kaleidoskopartige Gebilde.

Bei Sonnenaufgang geht die Zeremonie mit dem Gesang des Morgenliedes und einer Mahlzeit aus geröstetem Mais, Fleisch und Beeren oder Früchten sowie Wasser zum Trinken zu Ende.

Wir konnten an dieser Stelle nur den stark gerafften äußeren Ablauf der Zeremonie bringen. Dazu bestehen zwischen den einzelnen Stämmen in der Ausübung zum Teil größere Differenzen.

Die Peyote-Religion bot den bedrängten indianischen Völkern von neuem Halt und bildete in gewissem Sinne eine Fortsetzung des Geistertanzes.

Langsam wurde man sich auch im Bureau of Indian Affairs der neuen gefährlichen Entwicklung bewußt, welche sich unter den Indianern anbahnte, und es wurde beraten, wie man die Bewegung unterbinden könnte. Um diesem, durch die christlichen Kirchen eifrigst unterstützten Kesseltreiben zu entgehen, schloß sich eine Gruppe Indianer zur »Firstborn Church of Christ« zusammen.

Dieser christlich tönende Deckname bot allerdings auch nur ungenügend Schutz, obwohl der Ethnologe James Mooney, der wohl als einziger Weißer bei den Geistertänzen aktiv mitgewirkt hatte, beratend zu Seite gestanden hatte.

Die Bezeichnung »Church« (Kirche) ist irreführend und nicht im Sinne unserer christlichen Konfessionen zu verstehen. Auch darf man dabei nicht an ein bestimmtes Kultgebäude denken. Das Ritual wird vorwiegend in einem Zelt von einer kleinen Gruppe unter Leitung eines Zeremonienmeisters abgehalten, wobei die Teilnehmer auf dem Erdboden sitzen.

Am 18. Oktober 1918 gründeten sechs Stämme in Oklahoma die »Native American Church«, die sie in weiser Voraussicht vom Staate amtlich beglaubigen ließen. Damit war die Gefahr eines Verbotes wenigstens für Oklahoma gebannt. Die Kirche breitete sich trotz aller Gegenarbeit immer weiter aus und konnte sich im Jahre 1944 auf nationaler Ebene neu unter dem Namen »Native American Church of the United States« konstituieren. Damit war sie zur Trägerin der stärksten, eigenständigen Religion der Indianer geworden. Das BIA erließ allerdings ein striktes Verbot des Genusses von Peyote. Eine Gruppe von Wissenschaftlern veröffentlichte daraufhin eine Schrift, in der sie nachweisen konnten, daß der Peyote-Kult eine echte Religion sei und der Peyote nicht zu den süchtigmachenden Pflanzen gerechnet werden dürfe. Man bewies sogar das Gegenteil, seine medizinische Wirkung, für die der bereits einmal erwähnte Ethnologe J. Mooney einige Beispiele anführen konnte. Das BIA verbot ihm daraufhin den Besuch der Indianerreservationen.

Das erlassene Verbot von Peyote wurde in den meisten Staaten bald wieder fallengelassen; Arizona entschloß sich als letzter Staat zu diesem Schritt.

Die »Amerikanische Eingeborenenkirche«, wie sie im deutschen Sprachraum auch genannt wird, dehnte sich in den folgenden Jahren über die Grenze bis nach Kanada aus und wurde 1955 zur »Native American Church of North America« erweitert.

Von der Mehrzahl der Indianer wird der in dieser Glaubensgemeinschaft verankerte Peyote-Kult als etwas typisch Eigenes betrachtet. In Wahrheit finden sich darin aber doch Einflüsse missionarischen Wirkens. Der Indianer hat Zeichen und Symbole, die ihn besonders ansprechen, aus der christlichen Religion übernommen und seiner Vorstellungswelt angepaßt. So werden bei einzelnen Stammesgruppen die Engel den vier Windgottheiten gleichgesetzt, oder die Friedenstaube wird zum Schlangenhalsvogel (Anhinga anhinga), in der deutschen Literatur oft fälschlich als Wassertruthahn bezeichnet. Der Vogel trägt die Gebete zum Himmel.

Wie groß heute die Zahl der in der »Native American Church of North America« zusammengeschlossenen indianischen Menschen ist, läßt sich nicht mit Bestimmtheit sagen. Man rechnet mit mehr als einem Drittel der annähernd eine Million zählenden indianischen Bevölkerung der Vereinigten Staaten.

Unabhängig von diesen religiösen Entwicklungen erlebte der Sonnentanz seine Rückkehr. Bereits im Jahre 1934 hob John Collier, der als Berater des Bureau of Indian Affairs schon so oft aktiv für die Indianer tätig gewesen war, das Verbot des Sonnentanzes auf. Noch im gleichen Jahr feierten die Oglala auf der Pine Ridge Reservation ihr althergebrachtes Fest, allerdings in gemilderter Form ohne das harte Opfer. Die Schwitzhütten und der mit den traditionellen Emblemen behängte »Heilige Pfahl« gehören wieder zum festen Ritual. Das Zeichen des »Heiligen Reifens«, der ein Kreuz umschließt, das die vier Weltmächte und die vier Alter symbolisiert, wird von den Tänzern mit Stolz getragen und schmückt die Eingänge indianischer Schulen.

Die Tradition der Heiligen Pfeife wird vom indianischen Volk lebendig erhalten. Der Medizinmann Lame Deer vom Stamm der Minneconjou-Sioux erläutert uns das mit folgenden Worten:

»Die Pfeife – das sind wir, ihr Rohr ist unser Körper, unser Rückgrat. Der rote Stein des Kopfes ist unser Fleisch und Blut.« HANS LÄNG

Akwesasne Notes. Mohawk Nation at Akwesasne, via Rooseveltown, 1968–

amedian: Berichte aus dem indianischen Amerika. Stuttgart 1973–

Du Bois, Cora: The 1870 Ghost-dance. Anthropological Records. Vol. 3, No. 1, Berkeley 1939

Erdoes, Richard: The Sun-dance People. New York 1972

Feest, Christian F.: Das rote Amerika. Wien 1976

Gerber, Peter: Die Peyote-Religion. Dissertation, Zürich 1975

La Barre, Weston: The Peyote cult. Erweiterte Aufl. New York 1975

Läng Hans: Indianer waren meine Freunde. Bern 1976

Mails, Thomas E.: The Mystic Warriors of the Plains. New York 1972

Müller, Werner: Glauben und Denken der Sioux. Berlin 1970

Schulze-Thulin, Axel: Weg ohne Mokassins. Düsseldorf 1976

Steiner, Stan: The New Indians. New York 1968

NACHWORT

DIE KULTUR DER NORDAMERIKANISCHEN PRÄRIE- und Waldindianer besitzt ein Sinnbild von grundlegender Bedeutung: die heilige Pfeife. Diese stellt dank ihrer sinnreichen Form und des damit verbundenen Rituals eine einfache und doch reichhaltige Zusammenfassung der indianischen Weltanschauung dar und ist somit ein sakrales Werkzeug, auf welchem das gesamte geistige und gesellschaftliche Leben jener Völker beruht.

Bevor wir jedoch auf die Bedeutung dieses Sinnbildes näher eingehen, wollen wir uns in einigen Worten mit dem indianischen Menschen befassen. Es ist eine eigentümliche Tatsache, daß sich der Indianer kaum in eine der bekannten Kategorien von Kultur oder Kulturlosigkeit einreihen läßt; er ist in dieser Beziehung eine Art Ausnahme, etwas wie ein verspätetes Stück Altertum, und läßt sich wohl am besten mit hochbegabten Urvölkern wie den alten Germanen oder den vorbuddhistischen Mongolen vergleichen. Der Indianer steht jedenfalls als ein eigenartig ganzer Mensch vor uns: sein scharfer Verstand, seine mystische und rednerische Begabung, dann seine Ritterlichkeit und Würde, und ganz allgemein das fesselnde Zusammenspiel von geballter Schlagkraft und stoischem Gleichmut, schließlich auch die kraftvolle Ursprünglichkeit seiner künstlerischen Kulturform, verleihen ihm eine besondere Schönheit, ein Etwas, das irgendwie mit Adler und Sonne verwandt ist und durch die Tragik seines Schicksals in einem fast mythischen Lichte erscheint. Die Indianerromane haben diese geschichtlich übergenug bezeugte Eigenart des roten Mannes im allgemeinen eher unterschätzt als verdeutlicht, sind sie doch meist in einer Zeit entstanden, die trotz viel oberflächlicher Romantik wenig Sinn für den archaischen Menschen oder überhaupt für fernliegende Werte hatte.

Der erste Schritt zum Verständnis des Indianers liegt vielleicht in der Feststellung, daß ein verhältnismäßiger Mangel an äußerlicher Kultur hier nicht ohne weiteres als ein MINUS zu bewerten ist, sondern im Gegenteil als der Ausdruck einer bewußten und entsprechend stolzen Weltanschauung; kein anderes Naturvolk hat sich so erbittert gegen die Annahme der weißen Zivilisation gewehrt.

Wenn man das Wort »Zivilisation« im rein äußerlichen Sinne versteht, den es meistens hat, und der ja nichts weiter bedeutet als die Verwischung des Menschen in weitverzweigten, unübersichtlichen, naturfernen und daher »abstrakten« Daseinsbedingungen, so verliert der Indianer durch das Wegfallen dieses Rahmens gewiß keine wesentlichen Werte; was »Zivilisation« alles sein kann – und zwar durch Verrat an der wahren Kultur –, haben wir in diesen letzten Jahrzehnten reichlich erlebt. Die unberührte Gottesnatur ist der Rahmen, den der Indianer zu seiner geistigen Selbstverwirklichung braucht; sie macht ihn dank einer besonderen Begabung zu dem, was er ist oder war. Das bedeutet, daß der Gegenstand seines Genius viel weniger die äußere, »künstlerische« Schöpfung ist, als vielmehr der ganze Mensch: dieser war dem freilebenden Indianer der eigentliche Stoff der geistigen und schöpferischen Kundgebung, wie das ja auch beim beschaulichen Weisen meistens der Fall ist, und ebenso beim kämpferischen Tatmenschen. Das indianische Wesen verbindet beide Züge, daher das Fehlen »statischer«, weitentwickelter, scheinbar selbstherrlicher Kunstwerke. Eine schöpferische Betätigung, die den Menschen gewissermaßen ausschaltet und von seinem Werke trennt, läuft nach dieser Auffassung dem Sinne des menschlichen Daseins zuwider; das Werk darf nie zum neuen und eigengesetzlichen Wesen, zum »Götzen« werden, der letzten Endes den menschlichen Schöpfer aufsaugt und erdrückt, wie das bei der Unmenge von Werken, die die moderne Zivilisation ausmachen, tatsächlich der Fall ist.
Die Natur ist dem Indianer die unmittelbare Kundgebung des Göttlichen, und daher ist sie ihm gleichzeitig Heiligtum; der Mensch ist ihre Mitte und ihr Priester, er ist nicht von ihr trennbar. Tacitus beschreibt ganz ähnliche Züge bei den alten Germanen: »Sie denken, es wäre lästerlich für die Hoheit der Götter, diese zwischen Mauern einzusperren und mit menschlichen Zügen darzustellen; sie weihen ihnen Haine und Wälder und rufen mit Götternamen jenes Geheimnis an, welches sie nur mit heiliger Furcht erahnen.« – Der bekannten amerikanischen Forscherin Alice C. Fletcher wurde von einem Indianerhäuptling gesagt: »Alles, was sich bewegt, wann und wo es auch sei, bleibt zeitweilig ste-

hen. Der fliegende Vogel macht halt an einem Ort, um sein Nest zu bauen, und an einem anderen Orte, um von seinem Fluge auszuruhen. Ein schreitender Mann bleibt stehen, wann er will. So ist Gott stehen geblieben. Die Sonne in ihrem Glanze und ihrer Schönheit ist ein Ort, wo Gott hielt. Der Mond, die Sterne, die Winde – Er ist mit allen gewesen. Die Bäume, die Tiere sind alle da, wo Er stehen blieb, und der Indianer denkt an diese Orte und sendet seine Gebete hin, um den Ort zu erreichen, wo Gott war, und dort Hilfe und Segen zu erlangen.« – Und ein Bewahrer der heiligen Pfeife vom Stamme der Atsina sagte zu unserem Freunde J. E. Brown, dem Herausgeber dieses Buches: »Obwohl wir auf jede mögliche Weise vom weißen Manne zerschmettert wurden, haben wir doch noch viel Ursache, Gott dankbar zu sein: denn selbst in dieser Zeit der Finsternis bleibt Sein Werk in der Natur unberührt, als ständige Erinnerung an die göttliche Gegenwart.« – Derselben Geisteshaltung entspringt folgende Bemerkung eines Siouxhäuptlings, der zum erstenmal eine Gemäldegalerie besuchte: »Das ist also die sonderbare Weisheit des weißen Mannes! Er schlägt den Wald nieder, der jahrhundertelang stolz und hoch dagestanden, zerreißt den Schoß unserer Mutter Erde und verdirbt die klaren Bäche und Flüsse; er verwüstet erbarmungslos die unnachahmlichen Malereien und Standbilder Gottes auf alle erdenkliche Weise, dann beschmiert er eine Leinwand mit Farben und nennt das ein Meisterwerk!«

Die Kunst ist für den Menschen da, und nicht der Mensch für die Kunst, denkt sich der Indianer; und in der Tat sind seine künstlerischen Erzeugnisse stets eine Erweiterung, Begleitung oder Umrahmung des Menschen, so daß die lebendige Beziehung zwischen Mensch und Werk nie aufgegeben wird. Kein Wunder, daß gerade die Gewandungskunst hier einen Höhepunkt von Eindeutigkeit und fesselnder Eigenart erreicht hat: man denke an die höchst künstlerische Verwendung der Adlerfeder – vor allem beim Kopfschmuck der Präriestämme, der an Hoheit seinesgleichen sucht –, dann an die in Fransen verströmenden, mit Sinnbildern bestickten und bemalten Winter- und Festkleider, an die oft reichbestickten Mokassins, die den Füßen alle Schwere und Einförmigkeit zu nehmen scheinen, und schließlich auch an die in ihrer edlen Schlichtheit so überzeugenden Frauengewänder; an die Zelte der Büffeljäger mit ihren hieratischen Bemalungen, und dergleichen mehr. Diese Kunst ist – in ihren knappen wie in ihren reichen Ausdrükken –, wenn auch nicht eine der vielseitigsten, so doch zweifellos eine der genialsten aller Formensprachen.

So wie der rote Mann ein Menschentypus voll kraftvoller und beschaulicher Eigenart ist, so hat auch seine Kunst etwas Einmaliges: sie ist von überraschender Frische, streng, unmittelbar, kühn und daseinsfroh. Man darf ihr jedoch nicht unrecht tun, indem man sie als etwas betrachtet, was sie gar nicht sein will und was der indianische Geist von vornherein ausschließt: sie will nur ein Teil sein, nicht ein Ganzes wie die Kunst der tempelbauenden und bilderschaffenden Völker. Was der Indianer in seiner schöpferischen Betätigung ausläßt, weil er an die Unnachahmlichkeit der Schöpfungswunder glaubt, das müssen ja die erwähnten Völker in ihr allumfassendes Kunstschaffen einbeziehen, denn hier wirkt sich das Heilige in den Kunstformen aus, die irgendwie mit der Offenbarung zusammenhängen. Die Friedenspfeife und die Bilderschrift des Indianers haben nichts mit den Voraussetzungen einer bildenden Kunst zu tun; bei ihm scheint, wie schon erwähnt, die naturverbundene Bedürfnislosigkeit des beschaulichen Weisen und gleichzeitig des kämpferischen Tatmenschen die ganze Kultur zu bestimmen.

Treffend hat Benjamin Franklin diese Geisteshaltung gekennzeichnet: »Wir nennen sie Wilde, weil ihre Sitten anders sind als die unserigen, die uns die vollkommensten zu sein scheinen; sie denken dasselbe von den ihrigen... Da sie wenig künstliche Bedürfnisse haben, bleibt ihnen viel freie Zeit übrig, die Seele durch das Gespräch zu bilden. Unsere arbeitsame Lebensweise kommt ihnen im Vergleich zur ihrigen knechtisch und niedrig vor; und die Schulbildung, nach der wir uns selbst bewerten, betrachten sie als nichtig und eitel.« *[Remarks concerning the Savages of North America.]* – Für den Indianer liegt der Wert des Menschen im Charakter, nicht im unverbindlichen Wissen oder Können, und der Wert des Lebens in der Charakterbildung, in der Angleichung des Willens an die Vorbilder der gottdurchdrungenen Natur.

*

Wenn der Indianer den Ritus der heiligen Pfeife vollzieht, grüßt er den Himmel, die Erde und die vier Himmelsrichtungen, sei es, indem er ihnen das Mundstück der Pfeife anbietet, wie es zum Beispiel bei den Sioux der Brauch ist, oder indem er den Rauch gegen die Richtungen bläst, manchmal auch gegen das »Feuer der Mitte«, das vor ihm brennt; die Reihenfolge dieser Bewegungen ist je nach den Stämmen verschieden, der statische Plan bleibt jedoch immer derselbe, denn er ist das metaphysische Schema, welches dem Ritus zugrundeliegt.
Um dieses Schema kurz zu erläutern, wird es am besten sein, den Indianer selber reden zu lassen: »Ich fülle diese heilige Pfeife mit der Rinde der roten Weide; doch bevor wir sie rauchen, sollt ihr sehen, wie sie beschaffen ist und was sie bedeutet. Diese vier Bänder, die vom Stiele hängen, sind die vier Viertel des Weltalls. Das schwarze Band ist für den Westen, wo die Donnerwesen wohnen, die uns den Regen senden; das weiße Band ist für den Norden, von wo der große, weiße, reinigende Wind kommt; das rote für den Osten, wo das Licht aufstrahlt und wo der Morgenstern wohnt, der den Menschen das Wissen gibt; das gelbe Band ist für den Süden, wo der Sommer herkommt und die Gewalt des Wachstums. Doch diese vier Geister sind im Grunde nur Ein Geist, und diese Adlerfeder ist für den Einen, welcher wie ein Vater ist; aber sie ist auch für die Gedanken der Menschen, die sich zu den Höhen erheben sollen wie die Adler. Ist nicht der Himmel ein Vater und die Erde eine Mutter? Sind nicht alle Lebewesen ihre Kinder, ob sie nun Füße, Flügel oder Wurzeln haben? Und diese Haut des Büffels hier am Mundstück ist für die Erde, von der wir kommen und aus deren Brust wir alle unser Leben saugen wie Neugeborene, zusammen mit allen Tieren, Vögeln, Bäumen und Gräsern. Weil die Pfeife all dies bedeutet, und mehr noch als irgendein Mensch verstehen kann, ist sie heilig.« [*Black Elk Speaks,* recorded by John Neihardt; auf deutsch erschienen unter dem Titel *Ich rufe mein Volk*, Walter-Verlag, Olten].
So ist das Weltall vier Urbestimmungen untertan, nämlich dem »Wasser«, der »Kälte«, dem »Lichte« und der »Wärme«. Die Axe »Wasser-Licht« entspricht dem Gegensatze »Feuchtigkeit-Trockenheit«, welche den Gegensatz »Wärme-Kälte« durch-

kreuzt. Vier ist die heilige Zahl: alle kosmischen Möglichkeiten entquellen der göttlich-kosmischen Vierheit. Zu dieser Vierheit kommen noch Himmel und Erde, fügen ihr jedoch nichts hinzu, da sie ja himmlisch sowohl als auch irdisch, göttlich sowohl als kosmisch gedacht werden kann; sie ist auf jede Ebene übertragbar, auf jeden Plan des Daseins bis ins reine Sein.

Die metaphysische Bedeutung von Himmel und Erde ist überall dieselbe: der Himmel bedeutet die göttliche Ursache, in der alle Möglichkeiten enthalten sind, und die Erde den kosmischen Urstoff, welcher allen Wesen ihr Dasein verleiht; davon lassen sich allerdings noch beschränktere Ursachen ableiten, die innerhalb der kosmischen Kundgebung selber liegen. Das Feuer der Mitte ist der Geist, das heißt die erleuchtende Gottesgegenwart in der Welt, also gewissermaßen der »Himmel auf Erden«, dessen Herabkunft der Blitz versinnbildlicht; dieser ist heilig, und zwar nicht bloß bei den Indianern, sondern auch bei den verschiedensten Völkern der Alten Welt; fast überall werden Blitz und Donner mit der Offenbarung in Beziehung gebracht. Die vier Himmelsrichtungen sind die Verlängerungen oder Endpunkte des Feuers der Mitte, und dieses Bild veranschaulicht recht deutlich die kosmischen Ausstrahlungen des Allgeistes; die Himmelsrichtungen stellen also die vier Wirkungsweisen des Geistes dar.

Es darf hier nicht unerwähnt bleiben, daß das Weltbild der Sioux – wie andere Mythologien – gewisse Verschiebungen und Verzweigungen aufweist, die wir nicht im Einzelnen berücksichtigen können; dazu kommt, daß bei anderen Stämmen die Sinnbildlichkeit der Vierzahl manchmal Formen annimmt, die von der Überlieferung der Sioux ziemlich stark abweichen, wenigstens äußerlich.

So werden die vier Urgesetze bei den Arapahos durch vier Greise dargestellt, die aus der Sonne geboren sind und über die Erdenbewohner wachen; ihnen entsprechen sinnbildlich der Tag, der Sommer, die Nacht, der Winter, und diese kommen gewissermaßen je vom Südosten, vom Südwesten, vom Nordwesten und vom Nordosten. Oft wird auch die Vierheit in eine Zwölfheit abgewandelt, indem man jeden Bestandteil in drei Anblicken betrachtet, ganz abgesehen von der Axe Himmel-Erde, die der ursprünglichen Vierheit zwei neue, metaphysisch aber andersartige Bestandteile hinzufügt. All diese Besonderheiten beeinträchtigen die dem indianischen Weltbilde zugrundeliegende Vierheit in nichts Wesentlichem, sowenig als die vielgestaltige und zunächst etwas verwirrende Zahlenmystik und Mythologie der Sioux die klare Sinnbildlichkeit der heiligen Pfeife, die wie eine praktische Zusammenfassung der gesamten Lehre ist, zu beeinträchtigen vermag. Die Vier Winde, von denen die dakotische Kosmologie berichtet, sind als die Wirkungsweisen der kosmischen Himmelsrichtungen oder Weltviertel aufzufassen; sie umkreisen die Welt am Horizont und bestimmen durch die vielfachen Verbindungen ihrer Einflüsse das irdische Leben. So ist auch der Ritus der Friedenspfeife kreuz- und kreisförmig zugleich; der von zwei Linien kreuzweis durchspannte Kreis kann als Wahrzeichen der indianischen Überlieferung überhaupt gelten. Nach Schwarzem Hirsch ist »alles, was von einem Indianer gemacht ist, in einem Kreise gemacht; denn die Macht des Weltalls wirkt immer in Kreisen, und jedes Ding neigt zur Rundheit. In den alten Tagen, als wir noch ein starkes und glückliches Volk waren, kam all unsere Macht vom heiligen Kreise des Stammes: Solange dieser Kreis ganz blieb, blühte unser Volk. Der blühende Baum war der lebendige Mittelpunkt des Kreises, und der Kreis der vier Himmelsrichtungen nährte ihn. Der Osten gab den Frieden und das Licht, der Süden die Wärme, der Westen den Regen, und der Norden mit seinem kalten, mächtigen Winde die Kraft und Ausdauer. Dieses Wissen kam zu uns von der Äußeren [Himmlischen] Welt, mit unserer Überlieferung. Alles, was die Macht des Weltalls wirkt, das schafft sie in Kreisform. Der Himmel ist rund, und ich habe gehört, daß die Erde rund wie eine Kugel ist; und auch die Sterne sind rund. Der Wind, wenn er am stärksten ist, dreht sich im Kreise. Die Vögel bauen ihre Nester kreisförmig, denn sie haben dieselbe Religion wie wir... Unsere Zelte waren rund wie die Nester der Vögel, und sie waren immer in Kreisen aufgestellt: der Kreis des Stammes, ein aus vielen Nestern bestehendes Nest; der Große Geist wollte, daß wir hier unsere Kinder ausbrüten.« *[Black Elk Speaks.]*

*

Manche Forscher glauben voreilig behaupten zu können, die indianische Überlieferung kenne den Gottesbegriff nicht, weil nämlich die meisten indianischen Ausdrücke für »Gott« alle möglichen Anblicke der Gottheit bezeichnen, und dazu noch das geheimnisvolle und mannigfaltige Hineinspielen des Göttlichen in unsere Welt.

Der Name »Großer Geist« als Übersetzung des Sioux-Wortes Uakan-Tanka – oder entsprechender Wörter in anderen Indianersprachen – wird von manchen Ethnologen beanstandet, wohl weil sie alles durch die philosophischen Kategorien des klassisch-europäischen Denkens hindurch sehen. Wir bezweifeln nicht, daß Uakan-Tanka auch mit »Großes Geheimnis« oder »Große Geheimnismacht« übersetzt werden kann, und daß »Großer Geist« wahrscheinlich nicht völlig zutreffend ist; nichtsdestoweniger genügt diese Übersetzung durchaus, denn sie drückt das, um was es sich handelt, so gut als möglich aus; zwar hat das Wort »Geist« etwas Unbestimmtes an sich, aber gerade deshalb ist es nicht ausschließlich und kann recht gut dem polysynthetischen Begriffe uakan genügen. Schließlich stellt sich ja weniger die Frage, ob die indianischen Wörter unserem Ausdrucke »Geist« völlig gerecht werden oder nicht, als die, ob wir das indianische Wort mit »Geist« übersetzen dürfen.

Der Umstand, daß der Große Geist nicht nur »Gott an sich«, sondern auch »Gott in seiner Kundgebung« ist, erklärt auch, warum die Sioux-Indianer das Wort uakan gebrauchen, wenn sie ein Ding bezeichnen wollen, das ihnen ein Hineinspielen des Göttlichen – der ontologischen Ursache – ins Irdische zu bedeuten scheint. Der Indianer schaut die göttlichen Ideen in den großen Naturerscheinungen und auch in den Tieren; in diesem Zusammenhange seien hier folgende Erklärungen aus einem Brief von J. E. Brown erwähnt: »Wer den Glauben des roten Mannes von außenher betrachtet, wird schwerlich die hohe Bedeutung verstehen, die den Tieren und überhaupt den Dingen des Weltalls zukommt. Für diese Menschen ist jedes Erschaffene wichtig, denn sie verstehen die metaphysische Beziehung zwischen dieser und der »wirklichen« Welt. Kein Ding beschränkt sich für sie auf seine bloße Erscheinung; im Wahrnehmbaren sehen sie bloß einen schwachen Widerschein der grundsätzlichen Wirklichkeit. Deshalb ist jedes Ding uakan, heilig, und besitzt eine eigene Macht, je nach dem Wirklichkeitsgrade, der widergespiegelt wird; viele Dinge besitzen eine Macht zum Bösen wie zum Guten, und jedes Ding wird mit Ehrfurcht behandelt, denn die ihm innewohnende besondere Macht kann auf den Menschen übertragen werden; die Indianer wissen, daß es nichts im Weltall gibt, was nicht in der menschlichen Seele seine Entsprechung hat. Der Indianer demütigt sich vor der gesamten Schöpfung, besonders wenn er den Großen Geist in der Einsamkeit anruft, weil alle sichtbaren Dinge vor dem Menschen erschaffen wurden und daher als seine älteren Brüder alle Ehrfurcht verdienen; der Mensch aber, obschon er zuletzt erschaffen wurde, ist das Erste aller Wesen, denn er allein kann den Großen Geist erkennen.«

Die Erkenntnis, daß der Mensch allein den Großen Geist zu erkennen vermag, hat Schwarzer Hirsch einmal in folgenden Worten erklärt: »Ich bin blind und sehe die Dinge dieser Welt nicht; aber wenn das Licht von oben kommt, dann erleuchtet es mein Herz, und ich kann sehen, denn das Auge meines Herzens sieht alles. Das Herz ist das Heiligtum, in dessen Mitte sich ein kleiner Raum befindet, wo der Große Geist wohnt; und dies ist das Auge. Dies ist das Auge des Großen Geistes, mit dem Er alles sieht, und mit dem wir Ihn sehen. Wenn das Herz nicht rein ist, dann kann der Große Geist nicht geschaut werden, und solltet ihr in dieser Unwissenheit sterben, so kann eure Seele nicht sogleich zu Ihm zurückkehren, sondern muß durch Irrfahrten in der Welt gereinigt werden. Um die Mitte des Herzens zu kennen, wo der Große Geist wohnt, müßt ihr rein und gut sein und auf die Art und Weise leben, die der Große Geist uns gelehrt hat. Der Mensch, der also rein ist, enthält das Weltall in der Tasche seines Herzens.« – Diesen Betrachtungen seien noch folgende Aussprüche Schwarzen Hirschs aus *Black Elk Speaks* hinzugefügt: »Ich sah mehr, als ich beschreiben kann, und ich verstand mehr, als ich sah; denn ich sah auf eine heilige Weise die Formen aller Dinge im Geiste und die Form aller Formen, so wie sie als ein einiges Wesen zusammenleben müssen. – Tolles Pferd, ein berühmter Weiser und Kriegshäuptling der Sioux, kam in jene Welt, wo es nichts als die Geister

[Urformen, Ideen] aller Dinge gibt, und dies ist die Wirkliche Welt, die hinter der unsrigen verborgen liegt; alles, was wir hier sehen, ist wie ein Schatten der Wirklichen Welt. – Ich wußte: Das Wirkliche ist jenseits, und der verdunkelte Traum davon ist hienieden.«

*

Wie schon angedeutet, kann der Indianer nicht ein »Pantheist« im philosophischen Sinne des Wortes genannt werden; er bildet sich nicht ein, der Große Geist sei die Welt und habe folglich Teile, und wir selber seien Teile der Gottheit; sondern er weiß, daß die Welt geheimnisvoll in die Gottheit eingeschlossen ist, so daß die Gottheit in allen Dingen wirkt, ohne jedoch »in der Welt« zu sein. Und das hilft uns, besser zu verstehen, warum die Natur mit all ihren großen Erscheinungen – Erde, Himmel, Gestirne, Elemente, Tiere – ein notwendiger Stützpunkt für die indianische Überlieferung ist oder war, etwa so wie die Gotteshäuser für die Religionen der Alten Welt; alle der Natur aufgezwungenen Begrenzungen, alle künstlichen, erdrückenden, festgefügten, sich ihrerseits dem Menschen aufzwingenden Werke, erschienen dem alten Indianer als gefährlich und widergöttlich und tragen in sich die Keime des Todes. Aus dieser Schau der Dinge ergibt es sich, daß das Schicksal der Rothäute tragisch im eigentlichen Sinne des Wortes ist: tragisch ist eine auswegslose Lage, die sich nicht aus irgendeinem Zufall, sondern aus dem unvermeidlichen Zusammenprall zweier Grundsätze ergibt. Nicht bloß, weil sie die Schwächeren waren, unterlagen diese hochsinnigen Steinzeitmenschen, sondern weil sie einen Geist darstellten, der sich mit dem recht unchristlichen Krämergeist der ihnen gegenüberstehenden »Bleichgesichter« nicht vereinbaren ließ; darüber hinaus handelte es sich noch um eine Gegensätzlichkeit viel allgemeinerer Art: die zwischen städtischer Kultur – als Brutstätte einer unübersehbaren Welt von Künstlichkeit und Verknechtung – und dem freien, unmittelbar gottgewollten und daher heiligen Reiche der Natur. Dieser gewaltigen Natur, denkt heute noch mancher Indianer, gehört letzten Endes der Sieg.

FRITHJOF SCHUON

ANMERKUNGEN

[1] Die Lakota sind der Teton-Zweig der Dakota- oder Sioux-Stämme. Schwarzer Hirsch [Hächaka Ssapa, engl. Black Elk] gehörte zu den Ogalalla, der führenden Gruppe der Teton-Sioux. – Der gesamte Stamm der Sioux besteht aus sieben Unterstämmen [Otschenti Tschakowin, »die Sieben Ratsfeuer«]: Mdewakanton [Medewacanton], Ssissitonuan [Sisseton], Uachpetonuan [Wahpeton], Uachpekute [Wahpekute], Ihanktonuan [Yankton], Ihanktonuanna [Yanktonais], Titonuan [Teton]; die wichtigste Gruppe sind die Teton, denn sie umfassen zwei Drittel aller Sioux. Jeder der sieben Unterstämme zerfällt in mehrere Zweige: so zerfallen die Teton in folgende sieben Zweigstämme [nicht zu verwechseln mit den »Sieben Ratsfeuern«]: Ogalalla, Ssitschanru [Brûlés], Ohenompa [Two Kettles], Ssihassapa [Blackfeet, wohl zu unterscheiden von dem mächtigen Stamm der Algonkin-Schwarzfüße], Itazipko [Sans Arcs], Hunkpapa, Minikanzu [Minneconjou]. – Während die Teton wie gesagt die »Lakota« bilden, werden die Yankton und Yanktonais als »Nakota«, und die übrigen Sioux als Santi oder »Dakota« zusammengefaßt; letzterer Ausdruck wird aber oft auf alle Sioux ausgedehnt. – Die sprachlichen Unterschiede zwischen diesen drei Gruppen sind geringfügig; dagegen bezeichnet man mit dem Worte »Sioux« auch eine Sprachfamilie, die über den Rahmen der eigentlichen Sioux hinausreicht und Stämme wie die Mandanen, die Absaroka [Krähen-Indianer], die Omaha und Winnebägo in sich schließt. – Das Wort »Sioux« kommt vom Odschibwä-Wort »Nadowessiwag«, was »Schlangen« oder »Feinde« bedeutet; der Leser wird sich hier an Schillers »Nadowessische Totenklage« erinnern.

[2] In diesem Buche wird das Lakota-Wort »uakan« als »heilig«, »geheiligt«, »geweiht«, manchmal als »Geheimnis« und »geheimnismäßig« übersetzt, eher denn als »Macht« oder »machtvoll«, wie es viele Ethnologen zu tun pflegen. Die beiden letzteren Ausdrücke mögen einer genauen Übersetzung entsprechen, sind aber nicht wirklich vollständig, denn man muß sich vergegenwärtigen, daß bei den Sioux, wie bei allen überlieferungs-

gebundenen Völkern, die Macht [oder die Heiligkeit] eines Wesens oder Dinges in der Unmittelbarkeit seines Verhältnisses zu seinem Urbilde liegt – oder besser ausgedrückt: in seiner Fähigkeit, das Urbild so unmittelbar als möglich widerzuspiegeln; dieses Urbild ist in Uakan-Tanka, dem Großen Geiste, enthalten, und dieser ist Eins. Die Bezeichnung »Macht« mag den Leser irreleiten, der geneigt ist, an eine bloß irdische oder psychisch-magische Macht zu denken. – Der Name Uakan-Tanka – und die entsprechenden Namen in anderen Indianersprachen – wird von Indianern selber manchmal als »Großes Geheimnis« oder »Mysterium« [The Great Mystery] übersetzt.

[3] Schwarzer Hirsch betonte mit Nachdruck, daß dies nicht bloß als ein Ereignis in der Zeit, sondern auch als ewige Wahrheit verstanden werden müsse. »Jeder Mann«, sagte er, »der an die Sinne und die Dinge dieser Welt gebunden ist und deshalb in Unwissenheit dahinlebt, wird von Schlangen aufgezehrt – von seinen eigenen Leidenschaften.«

[4] Das konische Lederzelt der Prärie-Indianer. [S. 16].

[5] Das Ritualzelt der Sioux wird aus 28 Stangen errichtet. Eine dieser Stangen ist der »Schlüssel«, der alle andern festhält, und von dieser Stange sagen die weisen Männer, sie stelle Uakan-Tanka dar, der das Weltall stütze, das durch das Zelt als ein Ganzes dargestellt werde.

[6] Das Herumgehen im Sinne der Sonnenbahn oder des Uhrzeigers wird fast immer von den Sioux angewendet; gelegentlich jedoch wird die Gegenbewegung in einem Tanz oder vor oder nach einer großen Katastrophe angewendet, denn diese Bewegung ist eine Nachahmung der Donnerwesen, die stets in gegennatürlichem Sinne handeln, in erschreckender Art daherkommen und oft Zerstörung bringen. – Der Grund für den sonnengleichen Umgang wurde von Schwarzem Hirsch einmal auf folgende Weise erklärt: »Ist nicht der Süden die Quelle des Lebens und kommt nicht der blühende Stab wirklich von dort? Und schreitet nicht der Mensch von dort gegen die untergehende Sonne seines Lebens? Nähert er sich nicht dann dem kälteren Norden, wo die weißen Haare sind? Und kommt er nicht dann, wenn er noch lebt, an der Quelle des Lichts und des

Verstehens an, die der Osten ist? Und kehrt er nicht dorthin zurück, wo er begann, zu seiner zweiten Kindheit, um dort sein Leben dem All-Leben zurückzugeben und sein Fleisch der Erde, von der er kam? Je mehr ihr dies bedenkt, um so mehr Sinn werdet ihr darin finden.« [Ich rufe mein Volk, von Schwarzem Hirsch.]

[7] Stehendes Hohlhorn sollte als Führer seines Volkes seinen Sitz auf der Westseite, dem Ehrenplatz, einnehmen, weil man von der Westseite des Tipis nach Osten sieht, aus welcher Richtung das Licht kommt, das die Weisheit bedeutet; und diese Beleuchtung soll ein Häuptling immer haben, denn er muß sein Volk auf eine heilige [uakan] Weise, gemäß dem Geheimnis führen.

[8] Uakan-Tanka als »Altvater« ist der Große Geist, unabhängig von jeglicher Auswirkung, eigenschaftslos, unbegrenzt, also das Unbedingte, gleich der christlichen Gottesnatur oder dem hinduistischen Brahma-Nirguna. Uakan-Tanka als »Vater« ist der Große Geist, betrachtet in Beziehung zu seiner Kundgebung, sei es als Schöpfer, Erhalter oder als Zerstörer, gleich dem christlichen »Gott« oder dem hinduistischen Brahma-Saguna.

[9] Wie bei Uakan-Tanka zwischen »Altvater« und »Vater« unterschieden wird, so wird auch Maka, die Erde, unter zwei Anblicken als »Mutter« und »Altmutter« betrachtet. Erstere ist die Erde als Erschafferin aller wachsenden Formen, in der Wirkung, während »Altmutter« sich auf den Grund oder die Substanz aller wachsenden Dinge bezieht, auf das Vermögen. Diese Unterscheidung ist dieselbe wie die von den christlichen Scholastikern zwischen natura naturans und natura naturata gemachte.

[10] Der Bison oder Büffel war für die Sioux das wichtigste aller vierbeinigen Tiere, denn er lieferte ihnen fast ihre gesamte Nahrung, ihre Kleider und sogar ihre Behausung, die aus den gegerbten Häuten bestanden. Weil der Bison all dies in sich enthielt, und aus manch andern Gründen, war er ein natürliches Sinnbild des Weltalls, der Gesamtheit aller Erscheinungsformen. Alles ist in diesem Tier sinnbildlich enthalten: die Erde und alles, was aus ihr wächst, alle Tiere und sogar die »zweibeinigen Völker«; jeder bestimmte Teil des Tieres stellt für den In-

dianer einen dieser »Teile« der Schöpfung dar. Der Bison hat auch vier Beine, und diese stellen die vier Zeitalter dar, die eine allgemeine Bedingung innerhalb der Schöpfung sind.

11 Uambali galeschka, der Gefleckte Adler, fliegt am höchsten von allen Geschöpfen und sieht alles. Deshalb wird er manchmal als Uakan-Tanka betrachtet. Er ist ein Sonnenvogel, seine Federn gelten als »Strahlen« der Sonne; wenn ein Indianer eine dieser Federn trägt, so stellt sie die göttliche Gegenwart dar, oder ist in Wirklichkeit diese Gegenwart. Dadurch, daß einer die Kriegshaube aus Adlerfedern trägt, wird er wirklich der Adler, das heißt, er gleicht sich grundsätzlich – oder tatsächlich – der Ausstrahlung von Uakan-Tanka an. Aus diesen Erläuterungen sollte klar geworden sein, was in dem häufig mißverstandenen »Geistertanzlied« ausgedrückt ist: »Uambali galeschka, uanyan nihi yo-uwe«, »Der Gefleckte Adler kommt, um mich fortzutragen.« – Obschon es auf Lakota nur den englischen – nicht den deutschen – W-Laut gibt, behalten wir in einigen Fällen den Buchstaben W bei, nämlich wenn das Wort mit dem Buchstaben U unlesbar würde, wie bei yo-uwe. Ui ist nicht als Umlaut, sondern wie das französische oui zu lesen; ebenso ist ue niemals ü. – Bei dieser Gelegenheit sei bemerkt, daß es auf Lakota kein Zungen-R, sondern nur ein sehr gutturales Gaumen-R gibt, das wir hier mit R schreiben, obschon es eher mit Gh dargestellt werden sollte.

12 Der »Rote Pfad« ist der, welcher von Norden nach Süden verläuft. Er ist der gute, gerade Weg, denn für die Sioux ist der Norden die Reinheit und der Süden der Lebensquell. In der Kosmologie der Sioux gibt es noch den blauen oder schwarzen Pfad, der den Osten mit dem Westen verbindet; er ist der Pfad des Irrtums und der Zerstörung. »Wer auf diesem Pfad wandelt, ist« – wie Schwarzer Hirsch sagte – »einer, der sich zerstreut, der von seinen Sinnen beherrscht wird und der mehr für sich selbst als für sein Volk lebt.«

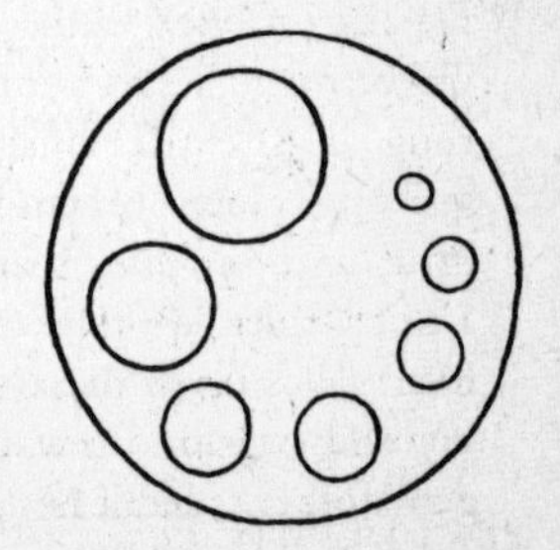

13 Die sieben Kreise sind im Kreis her-

um der Größe nach angeordnet, so daß der kleinste wieder neben den größten zu stehen kommt.

[14] Nach den Aussagen von Schwarzem Hirsch waren den Sioux zwei der Riten vor dem Kommen der heiligen Frau bekannt; es sind dies die Reinigungsriten der »Schwitzhütte« und der Beschwörungsritus zur Erlangung eines Gesichtes. Das Pfeifenritual wurde dann diesen beiden geistigen Verfahren angefügt.

[15] »Es ist gut«, sagte Schwarzer Hirsch, »die Mahnung des Todes vor uns zu haben, denn sie hilft uns, die Unbeständigkeit des Lebens auf dieser Erde zu verstehen, und dieses Verständnis kann uns helfen, uns auf den eigenen Tod vorzubereiten. Wer gut vorbereitet ist, weiß, daß er nichts ist im Vergleich mit Uakan-Tanka, der allein wirklich ist; dann kennt er diese göttliche Welt, die allein wirklich ist.«

[16] Gemäß der Mythologie der Sioux ist zu Beginn des Zeitalters im Westen ein Büffel aufgestellt worden, der die Wasser aufzuhalten hat, welche die Erde bedrohen. Jedes Jahr verliert dieser Büffel ein Haar, und in jedem der vier Zeitalter verliert er ein Bein. Wenn alle Haare und alle vier Beine ausgefallen sind, werden die Wasser die Welt von neuem überschwemmen – der Zeitkreis kommt zu seinem Ende. – Derselbe Mythus findet sich in bemerkenswert übereinstimmender Form in der Überlieferung der Hindu wieder, wo jedes Bein des Bullen Dharma – des göttlichen Gesetzes – ein Alter [yuga] des ganzen Zeitkreises [mahayuga] darstellt; in jedem Alter zieht der Bulle ein Bein zurück. Während des Verlaufs dieser vier Alter wird die wahre Geistigkeit in zunehmendem Maße verdunkelt, bis der Zeitkreis mit einer Katastrophe sein Ende findet; dann wird die ursprüngliche Geistigkeit wieder hergestellt, und ein neuer Zeitkreis beginnt. – In beiden Überlieferungen, in der indianischen wie in der hinduistischen, wird geglaubt, daß in unserer Zeit der Bison – oder der Bulle – auf seinem letzten Bein steht und nahezu kahl ist. Man findet entsprechende Mythen in anderen Kulturkreisen.

[17] Durch einen besonderen Beschluß der Regierung, sei es aus Unkenntnis oder aus bösem Willen, wurde 1890 dieses »Zurückhalten der Seele« verboten, und es wurde sogar verlangt, daß an einem gesetzlich festgelegten Tag alle von den Sioux zurück-

behaltenen Seelen freigelassen werden müßten. – Für eine Beschreibung dieses Ritus, wie er 1882 ausgeführt wurde, siehe: Alice C. Fletcher, The Shadow or Ghost Lodge, 16. und 17. Annual Report of the Peabody Museum, Vol. III, nos. 3 und 4, Cambridge 1884.

18 Der Bison, der das Weltall darstellt, enthält alle Dinge, wie das Pferd im vedischen Ritus des Ashwamedha. Der Teil, der die Menschheit und besonders die heilige Weiße-Büffelkuh-Frau darstellt, ist ein bestimmtes Fleischstück von der Schulter des Tieres.

19 Das aromatische Gras [uatschanra], das die Indianer in Zöpfe flechten, versieht den gleichen ritenmäßigen Dienst, wie der Weihrauch in den verschiedenen Kulten der »Alten Welt«.

20 Der Stamm oder das Volk wird als Kreis gedacht, entsprechend der kreisförmigen Aufstellung der Zeltdörfer. Im Ritus wird dieser Kreis durch einen Reifen versinnbildlicht, weshalb Schwarzer Hirsch vom »heiligen Reifen des Volkes« spricht, wenn vom Stamme der Sioux die Rede ist. Im englischen Urtext von »Ich rufe mein Volk« [Black Elk speaks] finden wir auch den Pleonasmus »the circle of the nation's hoop«, »der Kreis des Volksreifens«.

21 Um darzutun, daß nicht nur die Sioux das Rauchen in dieser Weise auffaßten und betrieben, sei lediglich folgendes Zeugnis von Lewis H. Morgan in „League of the Iroquois" [Rochester 1851, S. 164] angeführt: »Die Irokesen glauben, der Tabak sei ihnen als Mittel zur Verbindung mit der geistigen Welt geschenkt worden. Indem sie ihn verbrennen, können sie mit seinem aufsteigenden Weihrauch ihre Bitten zum Großen Geist senden und sie seiner Huld genehm machen.«

22 »Wir erheben unsere Hände, wenn wir beten, denn wir hängen gänzlich vom Großen Geiste ab; es ist Seine offene Hand, die unsere Bedürfnisse stillt. Nachher schlagen wir den Boden, denn wir sind elende Wesen, kriechende Würmer vor seinem Angesicht.« So sagte ein Schwarzfuß-Sioux zu Pater de Smet: Life, Letters and Travels [Francis P. Harper, New York, 1905, p. 253].

23 Auf diese Weise wird der grobstoffliche Körper den Elemen-

ten, von denen er kam, zurückgegeben; er wird den Wirkungen des Himmels ausgesetzt; den vier Winden, dem Regen, den »Geflügelten« der Luft, von denen jeder – und auch die Erde – einen Teil in sich aufnimmt.

24 Die Heiligkeit der Verwandtschaft ist einer der wichtigsten Aspekte der indianischen Kultur; weil das Ganze der Schöpfung in Wirklichkeit Eines ist, sind alle Teile innerhalb des Ganzen verwandt. So nennen sich die Indianer gegenseitig nicht bei ihren persönlichen Namen, sondern mit einem Ausdruck, der ihre Verwandtschaft bezeichnet und der mehr durch die Altersstufe als durch Bande des Bluts bestimmt ist. Ein junger Mann spricht einen älteren Mann oder eine ältere Frau stets als Ate [Vater] oder Ina [Mutter] an, oder, wenn sie viel älter sind, mit Tunkaschila [Großvater] oder Untschi [Großmutter]; und umgekehrt reden die älteren die jüngeren mit »Sohn« oder »Tochter«, »Enkel« oder »Enkelin« an. – Für die Indianer sind alle Verwandtschaften auf der Erde sinnbildlich für die wahre und große Verwandtschaft, die immer zwischen Mensch und Großem Geiste besteht, oder zwischen Mensch und Erde, letztere als kosmischer Urgrund betrachtet. Indem sie diese Bezeichnungen benützen, rufen die Indianer das Urwesen an oder erinnern sich wenigstens seiner; das Individuum und tatsächlich jedes einzelne Ding ist für sie bloß eine matte Spiegelung dieses Urwesens.

25 Kinnikinnik, oft Tschanschascha genannt, ist ein Bestandteil des heiligen Tabaks der Sioux; er ist die getrocknete innere Rinde der roten Erle oder des red dogwood [Cornus stolonifera]; diese wird wegen ihrer Bitterkeit selten allein geraucht; ihr wird gewöhnlich ein gleicher Teil »gezöpfelter Tabak« der Rie beigefügt und dazu eine kleine Portion einer Aroma spendenden Wurzel oder eines Krautes, oft die Wurzel »Sweet Anne«. Diese Bestandteile werden stets auf ritusgemäße Weise gemischt. – Mit dem Übernamen Rie [Ree] belegten die Teton auch eine bestimmte Gruppe der nördlichen Cheyennen. Hier sind aber die auch abgekürzt Rie genannten Arikara, der am weitesten nördlich wohnende Stamm der Pani [Pawnee] gemeint, von denen die Sioux ihren Tabak bezogen.

[26] Dies ist die Bitte an das erlegte Tier um Vergebung, und damit wird ihm der Lebensatem, den man ihm geraubt hatte, hier rituell durch die heilige Pfeife zurückgegeben.

[27] Das Fell, sinnbildlich als Büffel verstanden, ist wie dieser das Weltall, und in früheren Zeiten, als jedermann einen dieser Mäntel besaß, wurde er nicht bloß als Wärmespender benützt, sondern bedeutete für den Mann ein Sinnbild reinen Einsseins mit der Allheit.

[28] Die drei Füße des Dreistangengestells waren nach West, Nord und Ost gerichtet; es wurde somit nach der Südseite offen gelassen, welche für die Sioux die Richtung ist, in der die Seelen der Toten gehen. Das heilige Bündel wird an der Südseite angebunden, gerade unterhalb der Stelle, wo die drei Stangen sich kreuzen. Dieser Schnittpunkt, welcher die Mitte ist, stellt Uakan-Tanka dar, den die Seele bald aufsuchen wird, und von diesem Punkt hängt ein Riemen, welcher den Weg darstellt, der von der Erde zu Uakan-Tanka führt, bis zum Boden. Auf diesem Wege wandert nun die Seele, und die Lage des Bündels gibt an, daß die Reise nahezu beendet ist.

[29] Es handelt sich wieder um die mythologische und himmlische Weiße-Büffelkuh-Frau.

[30] Der Ausdruck »rote und blaue Tage« ist in Wirklichkeit weit mehr als ein Wunsch für gutes Wetter, denn die Sioux glauben, daß dies die Tage am »Ende der Welt« sind, wenn der Mond rot und die Sonne blau wird. Weil aber für den überlieferungsgebundenen Menschen jedes Ding des Makrokosmos seine Entsprechung im Mikrokosmos hat, so mag auch für das Individuum hier und jetzt ein »Ende der Welt« sein, wann immer ihm Erleuchtung oder Weisheit durch den Großen Geist zuteil wird, so daß sein Ego oder seine Unwissenheit stirbt.

[31] Wahrscheinlich der rotköpfige Specht, dessen gewöhnlicher Name kanketscha ist; dieser Vogel lebt im Osten, wo das Licht herkommt.

[32] Beim Füllen einer Pfeife wird der ganze Raum [dargestellt durch die Mächte der sechs Richtungen] und werden alle Dinge [dargestellt durch die Tabakkrumen] innerhalb eines einzigen Punktes zusammengezogen [im Kopf oder Herzen der Pfeife],

so daß die Pfeife das Weltall enthält, oder wirklich »ist«. – Wenn aber die Pfeife das Weltall ist, so ist sie auch der Mensch; und der Indianer, der eine Pfeife stopft, soll mit ihr einswerden, womit er nicht allein den Mittelpunkt der Welt errichtet, sondern auch seine eigene Mitte; er weitet sich hiedurch derart, daß die sechs Richtungen des Raumes, die außen waren, in ihn selbst hereingebracht sind. Wenn diese Ausweitung [Expansion] wirksam wird, hört der Mensch auf, ein Teil zu sein und wird »ganz«; der Trug der Vereinzelung [Individuation] ist aufgehoben. – Um diese geheimnisvolle Einheit zwischen Mensch und heiliger Pfeife deutlicher zu zeigen, führen wir folgenden Text der Osage-Indianer an:

»*Dieses Volk hatte eine Pfeife,*
Die es zu seinem Leibe machte.
O Hon-ga, ich habe eine Pfeife, die ich zu meinem Körper machte;
Wenn du sie auch zu deinem Leibe machst,
Wirst du einen Leib haben, der frei von allem Todbringenden ist.
Schau das Halsstück an, sagten sie,
Das ich zu meinem eigenen Halsgelenk gemacht.
Schau den Mund der Pfeife an,
Den ich zu meinem eigenen Mund gemacht.
Schau die rechte Seite der Pfeife an,
Die ich zur rechten Seite meines eigenen Körpers gemacht.
Schau das Rückgrat der Pfeife an,
Das ich zu meinem eigenen Rückgrat gemacht.
Schau die linke Seite der Pfeife an,
Die ich zur linken Seite meines eigenen Leibes gemacht.
Schau die Höhlung der Pfeife an,
Die ich zu meiner eigenen Leibeshöhle gemacht.
Schau den Riemen an, der Pfeifenkopf und Stiel zusammenhält,
Und den ich zu meiner eigenen Luftröhre gemacht.
Gebrauche die Pfeife als eine Opfergabe in deinen Anrufungen,
Deine Gebete werden allsogleich erhört werden.«

(War Ceremony and Peace Ceremony of the Osage Indians, von Francis La Flesche; Bulletin of the Bureau of American Ethnology, Nr. 101, Washington 1939, Seite 62, 63.)

[33] Englisch »crying«, das heißt »schreiend«, »weinend«. Da dieses »Jammern« bei indianischen Riten gang und gäbe war, handelt es sich wahrscheinlich um eine Art klägliches Psalmodieren oder Singen, welches den Großen Geist von der Not und der Aufrichtigkeit des Menschen überzeugen soll.

[34] Hier denkt Schwarzer Hirsch an die geschichtliche Begebenheit, von welcher am Anfang dieses Kapitels die Rede war.

[35] Weil für die Sioux jedes Zelt – das Tipi – die Welt in einem Bilde ist, bedeutet – oder vielmehr »ist« – das Feuer in der Mitte Uakan-Tanka »in der Welt«. Um die Heiligkeit des Feuers der Mitte zu betonen, muß daran erinnert werden, daß zur Zeit, als die Sioux noch Nomaden waren, ein Mann zum »Feuerbewahrer« ernannt wurde, der sein Zelt für gewöhnlich in der Mitte des Lagerkreises errichtete. Wurde das Lager verlegt, so trug der »Bewahrer« das Feuer in einem kleinen Baumstamm mit, und sobald das Zeltdorf wieder erstellt wurde, holte jeder Haushalt sein Feuer von dieser Quelle. Dieses Feuer wurde nur nach einer großen Katastrophe, oder wenn das ganze Lager einer vollständigen Reinigung bedurfte, ausgelöscht, und dann ein neues entzündet, jedesmal auf ritenmäßige Weise.

[36] Es muß vermerkt werden, daß in dem vollständigen Pfeifenritual drei getrennte Phasen bestehen: die »Reinigung« mit dem Rauch des heiligen Grases, die »Ausdehnung«, wodurch das ganze Weltall in die Pfeife gebracht wird, und schließlich die »Einswerdung« oder das Opfer des Ganzen im Feuer, welches Uakan-Tanka »in der Welt« darstellt.

[37] Der indianische Autor hat hier aus den Augen verloren, daß er daran war, ein Ritual zu beschreiben und nicht dessen Einsetzung; darum ersetzt er den »Seelenbewahrer« durch »Hohes Hohlhorn« und fällt in den Bericht über den Ursprung zurück. Der erste Seelenbewahrer war in der Tat Hohes Hohlhorn.

[38] Jedesmal, wenn man eine »ursprüngliche«, dem ganzen Stamme gehörende heilige Pfeife raucht, bewahrt man die Asche auf; zu einer bestimmten Zeit wird sie auf einen hohen Berggipfel getragen, wo man sie in die vier Winde verstreut, am liebsten auf Harney's Peak in den Black Hills [Pa Ssapa], den die Sioux als die Mitte der Welt betrachten.

[39] Dieses Wort Hokschitschankiya wird in der Umgangssprache nicht gebraucht. Es bedeutet »ursprünglicher Same«, »Wurzel«, »Quelle«, »geistige Gegenwart«.

[40] Der Sinn dieser ritenmäßigen Handlung wird klar, wenn man sich daran erinnert, daß das Tipi der Kosmos ist, und der Raum außerhalb des Tipis sinnbildlich das Unendliche, der Große Geist. – Auf diese selbe Weise ließen die Prärie-Indianer die Seelen frei, die sie in den Skalpen der Feinde genommen hatten: »Der Häuptling... schaut aufwärts durch die Dachöffnung in den blauen Himmel darüber, dann stößt er die dünnen Stäbe, an denen die Skalpe aufgehängt sind, durch die Öffnung gegen den Himmel und reißt sie wieder zurück. Durch diese Handlung werden die Geister der Erschlagenen freigelassen.« [Francis La Flesche: War and Peace Ceremony of the Osage Indians. op. cit.]

[41] Nach dem Glauben der Sioux wandern die freigelassenen Seelen südwärts über den »Geisterpfad« [die Milchstraße], bis sie an eine Stelle kommen, wo sich der Weg teilt. Hier sitzt eine alte Frau, Maya owitschapaha genannt, »jene, die sie über den Damm herabstößt«, das heißt, welche die Seelen richtet. Die Guten läßt sie auf dem Pfad weiterwandern, der nach rechts führt, aber die Schlechten »stößt sie über den Rand« nach links. Die, welche nach rechts gehen, erlangen Uakan-Tanka, während die, welche nach links gehen, »umherirren« müssen. – Bei den Krähen-Indianern ist die Sinnbildlichkeit umgekehrt: die Guten können sich »frei bewegen« wie Vögel, während die Schlechten »festgebunden« sind. – Von anderen Stämmen wird der Glaube berichtet, daß die »Ewigen Jagdgründe« vom Diesseits durch einen breiten, reißenden, trüben Strom getrennt seien, über welchen als Brücke nur ein Baumstamm führe; nur der Gerechte und Tapfere überschreitet ihn sicheren Fußes, während der Schlechte, durch Drachengespenster erschreckt, um sich blickt und in den finsteren Strom stürzt. Man muß hier unwillkürlich an die haaresbreite Höllenbrücke Sirat denken, die nach islamischer Lehre jede Seele zu beschreiten hat.

[42] In diesem Satz nimmt der Autor den Ton einer allgemeinen Ritusbeschreibung wieder auf, um mit seinem Bericht im fol-

genden Satz weiterzufahren. – Anmerkung des Übersetzers: In der amerikanischen Ausgabe dieses Buches wurden diese Unebenheiten bereinigt, auch andere Stellen vereinfacht, während diese deutsche Ausgabe – wie auch die französische – dem Diktat des indianischen Autors durchaus treu bleibt.

43 Der gewöhnliche Gebetsschrei, der während der Tänze, zwischen den Strophen, und sogar manchmal in den Strophen des Pfeifengesanges frei ausgestoßen wird, ist yehey oder iyehey, eine Art Jauchzer, mit ganz hoher Fistelstimme geschrien und durch Mark und Bein gehend.

44 Wir erinnern daran, daß dieser »Reifen« der »Kreis« des Sioux-Stammes ist, und daß sich diese Sinnbildlichkeit an die kreisrunde Aufstellung der Zeltdörfer anlehnt.

45 Der große »Donnervogel« des Westens, Uakinyan-Tanka, ist einer der wichtigsten und tiefsten Anblicke der indianischen Kosmologie. Die Indianer beschreiben ihn als »in einer Hütte auf einem Berggipfel an der Weltecke, wo die Sonne untergeht«, lebend. »Es sind ihrer viele, aber sie sind nur Einer. Er ist gestaltlos, aber er hat Schwingen mit je vier Gelenken. Er hat keine Füße, dennoch hat er ungeheure Klauen. Er hat keinen Kopf und trotzdem einen riesigen Schnabel mit Zahnreihen gleich denen eines Wolfes. Seine Stimme ist der Donnerschlag, und rollender Donner wird durch den Schlag seiner Schwingen auf die Wolken verursacht. Er hat ein Auge, und sein Blick ist Blitz. In einer großen Zeder neben seinem Haus hat er sein Nest aus dürren Knochen, und darin ist ein riesiges Ei, aus dem beständig seine Jungen schlüpfen. Er verschlingt seine Jungen, und jedes wird eines seiner vielen Doppel. Er fliegt, in einem Wolkenkleid verborgen, durch alle Weiten des Himmels... Seine Aufgabe besteht darin, die Welt vom Unreinen zu reinigen und die Ungeheuer zu bekämpfen, welche die Gewässer trüben... Sein Sinnbild ist eine an beiden Enden gegabelte Zickzacklinie.« [Berichtet von J. R. Walker in Anthropological Papers of the American Museum of Natural History, vol. XVI, 2. Teil. New York 1917.) – Dieser Donnervogel ist in Wirklichkeit Uakan-Tanka als Verleiher der Offenbarung, versinnbildlicht durch den Blitz. Er ist derselbe wie der große einäugige

Vogel Garuda der Hindu-Überlieferung, oder wie der chinesische Drache, der auf den Sturmwolken reitet und dessen Stimme der Donner ist. Erwähnt sei noch, daß der Donnervogel für den Indianer der Beschützer der heiligen Pfeife ist, denn die Pfeife ist wie der Blitz die Achse, die Himmel und Erde verbindet.

[46] Der Heraustritt ins Licht aus der Dunkelheit der Läuterungshütte stellt die Befreiung vom Welttruge dar, oder mikrokosmisch gesehen das Auslöschen des niederen Ichs; beide, Ego und Welt, sind »dunkel«, da ihnen nur eine bedingte und trügerische Wirklichkeit zukommt, denn letztlich gibt es keine andere Wirklichkeit als Uakan-Tanka, der hier durch das Tageslicht oder den Raum um die Schwitzhütte dargestellt wird. – Diese Befreiung von der Welt oder dieses Auslöschen der Selbstsucht ist folgendermaßen im Läuterungsritus der Osage-Indianer dargestellt: »Am Schluß des Ritus sagt der Häuptling zu den Männern, jeder müsse einen der Pfähle des kleinen Gehäuses ergreifen; und wenn sie es getan haben, ruft er aus: „Da gibt es keinen andern Weg hinaus, meine Tapferen!" Und alle miteinander stoßen die kleine Hütte aufwärts, in der Richtung der untergehenden Sonne.« [Francis La Flesche: War and Peace Ceremony of the Osage Indians, Washington 1938.]

[47] In diesem Buche haben wir Uitschascha uakan stets mit »heiliger Mann« oder »Priester« übersetzt, statt mit »Medizinmann«, wie es im allgemeinen getan wird. Der Lakota-Ausdruck für »Medizinmann« oder »Arzt« ist pejuta Uitschascha und nicht Uitschascha uakan. Man kann die bei der Verwendung dieser Ausdrücke häufig angerichtete Verwirrung nicht besser klären, als mit der von einem Ogalalla-Sioux – namens Das Schwert – J. R. Walker abgegebenen Erklärung: »Uitschascha uakan ist die Bezeichnung für einen Lakota-Priester der alten Religion; ein Lakota-Medizinmann wird pejuta Uitschascha genannt. Die weißen Leute nennen unsern Uitschascha uakan Medizinmann, was ein Irrtum ist. Überdies sagen sie, ein Uitschascha uakan mache Medizin [is making medicine], wenn er Riten ausführt. Auch das ist falsch. Die Lakota nennen nur dann etwas »Medizin«, wenn es gebraucht wird, um Kranke oder

Verwundete zu heilen; die richtige Benennung ist in diesem Fall pejuta.« [Anthropological Papers of the American Museum of Natural History, vol. XVI, Part 11, p. 152.]

48 Der Indianer vereint sich geistig mit der kosmischen Eigenschaft des Wesens oder Dinges, das ihm in einem Gesicht erscheint, sei es ein Säugetier, ein Vogel, eines der Elemente oder überhaupt irgend ein Anblick der Schöpfung. Damit ihn diese »Kraft« nie verlasse, trägt er stets irgendeine Form mit sich, die das Tier oder den Gegenstand darstellt, von dem er seine »Macht« verliehen erhielt. Diese Gegenstände sind fälschlicherweise oft »Fetische« genannt worden; in Wirklichkeit sind für den Indianer die Tiere und alle unbelebten Dinge die »Widerscheine« oder »Spiegelungen« des Göttlichen in einer irdischen Form. Der Indianer bindet sich nicht an die Form selbst, sondern an den Gehalt, den Urgrund, der irgendwie in der Form »enthalten« ist.

49 Schwarzer Hirsch selbst erhielt sein großes Gesicht, als er erst neun Jahre alt war. Für eine Beschreibung dieses Gesichtes siehe: Ich rufe mein Volk, 3. Kapitel.

50 Recht aufschlußreich ist in diesem Zusammenhange eine Schrift des Sioux-Indianers Ohiyesa [Ch. A. Eastman], The Soul of the Indian [deutsch: Die Seele des Indianers, im Inselverlag, 1938], der wir hier folgenden Passus entnehmen: »Der rote Mann unterschied zwei Teile des Geistes: den reinen Geist und den irdisch gebundenen. Der erste befaßt sich nur mit dem Wesen der Dinge, und ihn versuchte der Indianer zu stärken durch ein ganz geistiges Beten, bei dem der Körper durch Fasten und Entbehrungen gebändigt ward. Diese Art von Gebeten zielte nicht auf Gunst oder Hilfe. Alle selbstsüchtigen Wünsche, wie Erfolg auf der Jagd oder im Kampf, Erlösung von Krankheit oder Schonung des Lebens geliebter Menschen, wurden dem niederen, dem irdisch gebundenen Geist zugewiesen, und alle Glaubensbräuche, Beschwörungen oder Betgesänge, die dazu dienen sollten, einen Vorteil zu erlangen oder eine Gefahr abzuwenden, galten als Äußerungen des irdischen Ichs... Im Leben des Indianers gab es nur eine unvermeidliche Pflicht: die Pflicht zum Gebet, die tägliche Anerkennung des Unsichtbaren und Ewigen.«

[51] Fleht ein Mann um ein Gesicht, so ist es Brauch, daß sich seine Verwandten und Freunde in seinem Zelt versammeln, wo sie während der Tage und Nächte seiner Wehklage singen und beten. Wenigstens einmal des Nachts gehen sie alle ins Freie und schauen schweigend nach der Gegend, wo sich der Flehende befindet. Aufmerksam beachten sie jedes Zeichen, das aus dieser Richtung kommen kann; das Aufzucken eines Blitzes zum Beispiel wird für besonders bedeutungsvoll gehalten, da es ein Sinnbild der Offenbarung ist.

[52] Diese Botschaft »Sei aufmerksam!« drückt einen Gedanken und eine Haltung aus, die im Geiste der indianischen Völker eine wesentliche Stellung einnehmen. Sie besagt, in jeder Handlung, in jedem Ding und in jedem Augenblick sei der Große Geist anwesend, und man müsse andauernd und eindringlich dieser Göttlichen Anwesenheit »gewahr« sein. In der Sprache der Lakota wird diese Anwesenheit Taku Schkanschkan genannt, oder in der heiligen Sprache der Priester kurz Schkan. Man beachte das folgende Gespräch zwischen dem Lakota-Priester Finger und J. R. Walker: »Was läßt die Sterne fallen?« – »Taku Schkanschkan ... Er läßt alle Dinge fallen, die fallen, und alle beweglichen Dinge sich bewegen.« – »Wenn du dich bewegst, was veranlaßt dich, dich zu bewegen?« – »Schkan.« – »Was bewirkt, daß ein vom Bogen geschossener Pfeil sich durch die Luft bewegt?« – »Schkan... Taku Schkanschkan gibt dem Bogen den Geist und veranlaßt ihn, den Pfeil von sich auszuschikken.« – »Was bringt den Rauch dazu, aufwärts zu steigen?« – »Taku Schkanschkan.« – »Was bringt das Wasser in einem Fluß zum Fließen?« – »Schkan.« – »Was läßt die Wolken über die Welt ziehen?« – »Schkan.« – »Lakotamänner sagten mir, Schkan sei der Himmel. Ist das so?« – »Ja, Schkan ist ein Geist, und alles, was die Menschheit von ihm sehen kann, ist die Bläue des Himmels; aber er ist überall.« – »Ist Schkan Uakan-Tanka?« – »Ja!« [Anthropological Papers of the American Museum of Natural History, vol. XVI, part I].

[53] Heutzutage nehmen einige Lakota für das Hanbletscheyapi zu einer andern Ritualform Zuflucht als der in diesem Kapitel beschriebenen. Die Frauen richten den heiligen Platz auf dem

Berggipfel her, indem sie zuerst ein Salbeibett machen, das sich von West nach Ost erstreckt, mit einem Stein am Westende als Kissen. Blaue, weiße, rote und gelbe Opferflaggen sind so in den vier Richtungen um das Bett aufgepflanzt, daß sie ein Rechteck bilden; an diesen Stangen befestigt man Tabakbeutel als Opfergaben. Drei lange Schnüre, an die je einhundert kleine Tabakbeutel geknüpft werden, sind an den Stangen befestigt, von Süd nach West, von West nach Nord und von Nord nach Ost, während die von Ost nach Süd verlaufende Seite offen bleibt. Dann wird ein Stab aus Kirschbaumholz, der den Lebensbaum darstellt und an dessen Spitze eine Adlerfeder hängt, zu Häupten des Steinkissens in den Boden gesteckt. Der Flehende, der den ganzen Tag gefastet hat und eben durch die Reinigungsriten gegangen ist, nähert sich dann diesem geweihten Platz; er und alle anwesenden Leute wenden sich nach den vier Himmelsgegenden und richten an jede ein entsprechendes Gebet. Darauf betritt der Flehende den geweihten Platz mit seiner Pfeife, nur mit Lendenschurz und Wolldecke angetan. Die Kette aus Tabakbeuteln wird hinter ihm um das Stangenviereck gebunden, und der Wehklagende beginnt zu rufen, bittet den Großen Geist um Beistand und bleibt, immerzu betend, von einem bis zu vier Tagen innerhalb dieser geheiligten Umzäunung. Nicht selten werden dem Flehenden Finger, Hände, Arme und Füße festgebunden – eine Form der Selbstpeinigung, die äußerst beschwerlich ist, denn selbst im Sommer sind die Nächte im Dakotalande kalt.

54 Cottonwood, eine auch in Europa eingeführte Pappelart. Der Baum kann riesige Ausmaße erreichen. Er wird in Alleen gepflanzt, häufig den Flußufern entlang.

55 Im Hinduismus ist die Bedeutung des Weltbaumes derjenigen des Baumes bei den Lakotas gleich: »Der Weltenbaum, bei dem der Stamm, der auch Sonnenpfeiler, Opferpfosten und axis mundi ist, aufsteigt vom Altar im Nabel der Erde, durchdringt das Welttor und zweigt über dem Weltdach aus« [Atharva Veda Sanhitâ, X. 7. 21]; wie der »nicht-daseiende [nicht kundgegebene] Zweig, den unsere Abgeschiedenen als das Allerhöchste kennen.« [Atharva Veda Sanhitâ, X. 7. 21, übersetzt

von A.K. Coomaraswamy in Swayamatrna: Janua Coeli, Zalmoxis.]

[56] Ein coup, das heißt eine Berührung, wie diejenige, welche dem lebenden oder toten Feinde mit einer federgeschmückten Stange [coup-stick] zugefügt wurde.

[57] Schwarzer Hirsch erklärte uns einmal, der heilige Baum für die Sonnentanzhütte werde aus folgendem Grunde so geholt, als sei er ein Feind: »Bald nachdem uns die hochheilige Pfeife gebracht worden war, gingen wir auf eine Kriegerstreife und erbeuteten den Skalp eines Feindes; diesen Skalp banden wir dann an die heilige Pfeife, um auf diese Weise eine Seele in unserer Mitte zu halten; damit waren in der Pfeife die Zweibeinigen sowohl wie alle Dinge und Wesen des Weltalls dargestellt. Zur Erinnerung daran nehmen wir den Baum, als ob er der Feind wäre, denn, seht ihr, auch der Baum geht in unsere Mitte, wie es die Seele jenes erschlagenen Feindes tat. Ihr seht, daß die Unseren nie töteten wie die weißen Leute; für uns war es eine heilige Angelegenheit, und wir ehrten jene höchlich, die in Kämpfen umkamen, selbst wenn es unsere Feinde waren.« – Wir glauben, daß es nicht ohne Nutzen ist, diesen Bericht Schwarzen Hirschs durch folgende Erklärung eines Omaha zu vervollständigen: »Mein Sohn hat einen wunderbaren Baum gesehen. Die Donnervögel kommen und gehen auf diesem Baum und machen eine Feuerspur, die auf dem verbrannten Gras vier Pfade hinterläßt, welche sich nach den vier Winden erstrecken. Wenn sich die Donnervögel auf dem Baum niederlassen, bricht er in Flammen aus, und das Feuer steigt bis zum Wipfel. Der Baum brennt, aber niemand kann das Feuer sehen, ausgenommen in der Nacht. – Alle ratschlagten, was das zu bedeuten habe, und die Häuptlinge sagten: Wir werden ihn holen; legt eure Auszeichnungen an und macht euch wie zu einem Kampfe bereit. So zogen sich die Männer aus, bemalten sich, legten ihren Kriegsschmuck an und machten sich zum Baume auf, der an einem See stand. Sie rannten wie bei einem Wettlauf, um den Baum anzugreifen, als wäre er ein feindlicher Krieger. Ein Ponca erreichte den Baum als Erster und schlug ihn, wie er es bei einem Feinde getan hätte. Dann fällten sie den Baum, und

vier Männer trugen ihn, in einer Reihe gehend, auf ihren Schultern ins Dorf.« [Fletcher and La Flesche, The Omaha Tribe, 27th Annual Report Amer. Bureau of Ethnology, pp. 217–219.]

58 Diese Lanze oder Stange diente dazu, »Coup zu zählen« [to count coup], das heißt den Feind zu berühren – nicht ihn zu töten –, was als Heldentat betrachtet wurde. Das Wort »Coup« stammt aus dem Kauderwelsch der französisch-kanadischen Waldläufer und Fallensteller und bedeutet »Schlag« oder »Stoß«. Ein solcher »Coup« wurde von den Indianern höher geschätzt als das Töten und Skalpieren möglichst vieler Feinde. Ursprünglich waren die Indianerschlachten eher blutige Turniere mit feststehenden Regeln als wirkliche Kriegshandlungen.

59 Anmerkung des Übersetzers: Die hier beschriebene Sonnentanzhütte ist diejenige der Arapaho, nicht die der Teton-Sioux. Schwarzer Hirsch muß seit 1933 Sonnentänze auch bei den Arapaho gesehen haben und diesen Anblick mit seinen Jugenderinnerungen verquickt haben. Es darf nicht vergessen werden, daß der Sonnentanz an die fünfzig Jahre verboten war und erst im Jahre 1933 wieder erlaubt wurde, allerdings ohne die Selbstfolterungen. – Die Sonnentanzhütte der Teton wurde im letzten Jahrhundert von einem Lakota namens Buschotter ungefähr wie folgt beschrieben: »Oben gegabelte Pfosten werden in zwei konzentrischen Kreisen in die Erde gerammt. Diejenigen Pfosten, welche den innern, dem Sonnenpfahle nähern Kreis bilden, sind etwas höher als die Pfosten des äußern Kreises, so daß die für das Blätterdach notwendige Abschrägung entsteht. Über dem Platz vom innern Kreis bis zum Sonnenpfahl ist kein Dach, da die beim Sonnenpfahl stehenden Tänzer Sonne und Mond sehen müssen. Von jedem gegabelten Pfosten bis zum nächsten desselben Kreises wird eine Zeltstange gelegt; und auf diese so entstandenen zwei Kreise waagrecht liegender Stangen werden die Zweige gelegt, die das Dach bilden. Die Wände um den Außenkreis werden aus Blattwerk gemacht. Ein breiter Eingang wird offen gelassen, durch welchen ein Pferd schreiten kann, und durch den auch die zahlreichen Geschenke für die Armen herbeigebracht werden.« Diese mit den alten indianischen Zeichnungen übereinstimmende Beschreibung ist er-

wähnt von Dorsey und abgedruckt im »Eleventh Annual Report of the Bureau of Ethnology to the Secretary of the Smithsonian Institution 1889–90« [Seite 458].

[60] Dies ist der Rohlederriemen, der sich vom Mittelbaum zur Brust des Tänzers spannt.

[61] Diese Kohle wurde von einem Feuer genommen, das man die ganze vorangehende Nacht brennend erhalten hatte, und das jede Nacht während des Tanzes brannte. Es wird außerhalb der Hütte östlich davon angelegt, und nach Schwarzem Hirsch wird es angezündet, um das Volk an die ewige Gegenwart des Großen Geistes zu mahnen. Während des Tages ist dieses Feuer nicht nötig, weil dann die Sonne an diese Gegenwart mahnt.

[62] Die Sioux bemalen ihre Gesichter auch für den Tanz schwarz, der abgehalten wird, wenn sie vom Kriegspfad heimkehren, denn, wie Schwarzer Hirsch sagte: »Wir wissen, daß wir mit dem Beschreiten des Kriegspfades etwas Böses getan haben, und wir wünschen, unsere Gesichter vor Uakan-Tanka zu verbergen.«

[63] »Auch bei den Odschibwä, einem bedeutenden Stamm der Algonkin, kam der Pfeifenbewahrer dem Kriegshäuptling an Bedeutung am nächsten; er amtete in allen öffentlichen Beratungen.« [William W. Warren in Minnesota Historical Collections, V, p. 318.]

[64] Die himmlische Bisonkuh.

[65] Die vier Schritte stellen für die Sioux die vier Zeiten oder Phasen eines Zyklus dar: das Steinalter, das Bogenalter, das Feueralter und das Pfeifenalter; Stein, Bogen, Feuer, Pfeife bilden die rituelle Hauptstütze des betreffenden Alters. Die vier Alter können sich, vom mikrokosmischen Standpunkt aus, auch auf die vier Phasen des menschlichen Lebens von der Geburt bis zum Tod beziehen.

[66] Die Rie oder Arikara gehören zur Familie der Käddo und sind daher nahe verwandt mit den Pani [Pawnee]. Sie waren der am weitesten vorgestoßene Zweig der aus dem Südwesten gekommenen Panistämme.

[67] Anmerkung des Übersetzers: Dieser Platz, der wie ein Blumenbeet aufgelockert wurde, ist ein Sinnbild der Erde. Er hieß Tateouya topa [»Windursprünge vier«]. Bezüglich dieses bei vie-

len Riten der Dakota vorkommenden Erdsinnbildes sagte einmal ein Ogalalla-Indianer zu Miss A. Fletcher: »Wir glauben, daß die wirkliche Kraft der Erde in dem frisch bloßgelegten Erdboden wohnt, deshalb entfernen wir den Rasen, wenn wir den Erdboden für die Riten herrichten, damit wir uns diese wirkliche Kraft zugänglich und ihre wohltätige Wirkung uns zu eigen machen.« [»The Elk Mystery or Festival«, Reports of the Peabody Museum, vol. 3, p. 276 ff.] Unter der mystisch religiösen Hülle sind hier deutlich – den heutigen Indianern vielleicht unbewußt – Erinnerungen an den Ackerbau der Urzeit zu erkennen.

68 Anmerkung des Übersetzers: Nach Angaben anderer, noch älterer Ogalalla-Sioux sind diese Flaumfedern [watschinhé] ein Sinnbild des Atems oder des Lebens. Bei den Odschibwä [Algonkin] scheint der dem Uakan-Tanka genau entsprechende Begriff des Gitsche Manito aus dem Sonnenkult entstanden zu sein [Schoolcraft, Indian Tribes, vol. 1, p. 365, Fig. 17, Fig. 9, Fig. 16 und p. 399]. Ebenso wurden bei den Sioux die Gebete, die beim Sonnentanz und anderen Riten in älterer Zeit zweifellos an die Sonne gerichtet wurden, neuerdings an das »Große Geheimnis«, den »Großen Geist«, Uakan-Tanka gerichtet. Dies geht aus persönlichen Mitteilungen des bekannten Priesters Kurzer Büffel, Short Bull, Priester der Geistertanz-Religion und anderer Indianer an Frederick Weygold – einen Freund des Übersetzers – hervor. In neuerer Zeit wurde – nach Ansicht des Übersetzers, nicht des Herausgebers – der Begriff bei Sioux wie Odschibwä persönlich gedacht, von dem ursprünglichen Naturbilde losgelöst und war dadurch schwer nachträglich mit einem solchen zu vereinbaren. – Schwarzer Hirsch erwähnt nicht, daß der Maiskolben nach vier Seiten hin blau bemalt wurde [d. h. es sind in gleichen Abständen vier blaue, von oben nach unten laufende Streifen auf die Ähre gemalt]. Diese bedeuten die vier Windursprünge [d. h. sie sind ein Sinnbild der vier Winde oder Himmelsrichtungen]; um die Mitte wurde der Kolben blau bemalt, das nannten sie einen Gürtel. Diese quer um die Mitte laufende Linie ist, nach zahlreichen zuverlässigen Analogien zu urteilen, ein Sinnbild des Horizontes oder aber der

scheinbaren Kreisbahn der Sonne um die Erde. – Die Maisähre [zuweilen »Mutter Mais« genannt] ist bei Pani und Omaha, sowie bei den Stämmen des Südwestens ein weibliches Sinnbild der Fruchtbarkeit oder des Lebens. Hier jedoch wird die Maisähre ausdrücklich als männliches Wesen bezeichnet. Dies deutet, wie auch manches andere in den Riten, in der Mythologie und in der Bilderschrift der Dakota auf eine Beeinflussung durch die Algonkins hin. In der Mythologie der letzteren ist der Mais [Mondamin] ein männliches Wesen. Nach dem Mythos der Potawatomi zeugte Mondamin mit einem Weibe die ersten Indianer [nach Schoolcraft]. In der Mythologie und in den Riten aller dieser Stämme steht der Mais in engster Beziehung zur Erzeugung des Lebens. Bei den Pani und den Omaha wurde in diesem Verwandtschaftsritus den Kindern durch Bestreichung der vier Seiten des Körpers mit einem Maiskolben die Gabe der Fruchtbarkeit verliehen. Bei den Sia im Südwesten wurde der Leib des Weibes kurz vor der Geburt eines Kindes in ganz gleicher Weise mit einem Maiskolben bestrichen. [Vgl. 11th Annual Report B.A.E. p. 134, 136.]

69 Über diesen Kriegsritus siehe Anmerkung 58.

70 Anmerkung des Übersetzers: Schwarzer Hirsch nennt hier als ursprüngliche Schwenkstäbe nicht etwa die sonst üblichen, mit Adlerfedern besetzten Pfeifenstiele, sondern die Maisstengel der Arikara. Dies weist deutlich darauf hin, daß der Ritus von den Arikara, dem am weitesten nördlich gewanderten Zweig der Pani, übernommen sein könnte. Weil die Teton-Sioux auf ihrer Wanderung nach Westen das Missourital erst um die Mitte des 18. Jahrhunderts erreichten, ist sogar die Vermutung erlaubt, daß sie auch nicht viel früher mit den dort hausenden und ihnen den Weg versperrenden Arikara in Berührung kamen, somit auch der Hunka-Ritus erst damals bei ihnen eingeführt wurde, sofern sie ihn wirklich unmittelbar von diesen übernahmen, wie die Überlieferung eigentlich besagt; denn die darin vorkommende Verwendung von Maisstengeln des Feindstammes deutet darauf hin, daß mit diesen der ganze Ritus übernommen wurde, vorausgesetzt, daß der Überlieferung überhaupt ein geschichtlicher Kern zugrunde liegt. Bei den Pani

jedenfalls ist der Pfeifenritus, das »Eine-Verwandtschaft-Machen«, zu einem wahren Mysterienspiel ausgebaut. Die Annahme, von ihnen oder einem ihnen verwandten Volke aus habe das Pfeifenritual seine ausgedehnte Verbreitung genommen, würde auch die Vermutung stützen, die Urform der Kalumetpfeifen seien die Bahos, die Gebetstäbe der Hopi und anderer Pueblostämme gewesen, an denen mit Pollen gefüllte Säckchen befestigt waren. Das Vorhandensein des zauberkräftigen Pollens verrät auch – nach Ansicht des Übersetzers – das innere Wesen, den Grundcharakter des Ritus, der ohnehin an einen Fruchtbarkeitsritus oder Wachstumszauber denken läßt, dem wir in mancherlei Kulten des alten Mexiko – wenn auch in anderer Form – wieder begegnen. – Eigenartig ist, daß in den letzten Jahrzehnten, in denen das Ritual noch ausgeführt wurde [etwa seit 1900], der Pfeifenkopf wieder in Wegfall geriet und die befiederten Stäbe ohne diesen als Schwenkstäbe allein verwendet wurden. – Der Ritus ist bis jetzt nachgewiesen worden bei den verschiedensten Stämmen der Sioux- und Algonkingruppe, bei den Pani, den Natchez am untern Mississippi, und andern Stämmen an der Golfküste, und sogar bei so weit auseinanderliegenden Stämmen wie den Tschiroki in Georgia, den Nez Percés in Idaho und den Abnaki in Maine.

71 Anmerkung des Übersetzers: Nach anderen indianischen Gewährsleuten wurden die männlichen Hunka-Leute und der Schädel des Büffelstieres mit einem weiblichen Symbol [der Erde] und die Frauen mit einem männlichen Symbol [der Sonne bzw. ihrer Bahn] bemalt. Diese Anwendung der heterogenen Geschlechtssymbole findet sich auch bei den Hunkapfeifen der Pani, bei denen die grüne [weibliche] Erdpfeife mit den Federn des männlichen Adlers und die blaue [männliche] Himmelspfeife mit den Federn des weiblichen Adlers versehen wird.

72 Anmerkung des Übersetzers: Während des Gesanges der sieben Hunka-Lieder wird unausgesetzt mit der Rassel gerasselt und die Pfeife [in unserm Bericht bei der Einsetzung des Ritus bei den Ogalalla die Maisstengel] von Seite zu Seite geschwenkt, so daß die Auffassung dieser Pfeifen als schwebender oder fliegender Wesen gut zum Ausdruck gebracht wurde.

[73] Die Sioux ziehen die Ritualpfade meist mit dem kleinen Holzstab, der zum Stopfen der Pfeife benützt wird und so ein Gehilfe des Feuers und ein unentbehrliches Opfergerät ist. Die Sioux sagen, er stelle den menschlichen Willen dar, weil ein Anstoß, ein Entschluß von seiten des Menschen nötig sei, bevor er ein Opfer bringen oder Weisheit vom Großen Geiste erhalten könne.

[74] Als weitere Erklärung der vier im Bison enthaltenen Alter siehe Anmerkung 16.

REGISTER DER INDIANISCHEN NAMEN UND SACHBEGRIFFE

Die Zeichnungen an den Kapitelausgängen

stellen typische Schemata von Sioux-Ornamenten auf Kleidungsstücken usw. dar. Vgl. Carrie A. Lyford, Quill and Beadwork of the western Sioux, Indian Handcrafts I, Lawrence, Kansas, 1940.